맛을 내고 빛을 발하라

5% 요약성경 [명언]

오세환 엮음

성경의 핵심 구절(명언) 1,800여 개에

명사의 글 등을 덧붙여 5% 정도로 요약하여

성경의 대강을 깨닫게 하였다.

다산글방

머리말

성경은 살아 있는 책으로 분명 같은 구절도 읽을 때마다 읽는 사람마다 느끼는 영감이 다르다 따라서 성경은 여러 번 읽고 그대로 믿고 그대로 전하는 것이다. 그러나 1,753쪽 31,073절의 방대한 분량으로 **매일 5쪽을 읽으면 1년이 걸리고 읽어도 그 내용이 너무 어렵다.** 성경의 대강을 깨달은 다음에 더 알아가는 것이 좋을 것이다.

이 책은 **성경**(개역개정판)**의 핵심 구절**(명언) **1,800 여 개를 엄선하고**, 관련 있는 새 번역 성경, 명사들이 명언, 웨스트민스터 신앙고백, 요리문답 등 을 인용하여 5% 정도로 **요약한 책으로 이해가 쉽다.**

또 **가독성을 높이기 위하여** 문단에 제목을 달고 중요도를 3등급(예 *1.* ***1.*** ***1.***)으로 표시하고 글씨의 체나 크기도 달리하고, 이해가 어려운 단어는 ( )로 표시하고, 성경책의 순서대로 편집하여 스마트폰과 연결되도록 하였다. 특히 어려운 성경 구절은 **새 번역 성경 구절을 누운 글씨체로 표시하여** 즉시 비교할 수 있게 하였다.

이 책은 일반 성도들의 눈높이에 맞춘 **평신도용이며** 성경과 정통 교단의 교리와 『늘 묵상하고 싶은 성경말씀(2020.7월 발행)』 도서를 집필 기준으로 삼았다. 아무튼 이 책을 먼저 읽고 성경을 읽거나 목사님 설교 말씀을 들으면 이해가 편하다.

차례

5% 요약성경

신약성경

마태복음 [마] (1쪽) 〈마태, 65-70, 유대인 대상〉

└→ **약자** └→ (많이 사용하는) **신약성경의 페이지**

1. **(예수의 계보)** 아브라함과 다윗의 자손 예수 그리스도의 계보라 (1:1)

☞ 구약이 예인하고 기다리던 메시야의 도래와 온 인류의 구세주로 오심을 선포하는 구절이다/ ※ 아브라함→이삭→야곱→유다→베레스→헤스론→람→아미나답→나손→살몬→보아스→오벳→이새→다윗까지 열네 대요 (1:2-6)...

2. **(예수의 탄생)** 그에게 **잉태된 자는 성령으로 된 것이라 아들을 낳으리니 이름을 예수**(임마누엘)**라 하라** 이는 그가 자기 백성을 그들의 죄에서 구원할 자이심이라 하니라 (1:20-21)

📖 보라 처녀가 잉태하여 아들을 낳을 것이요 그의 이름은 임마누엘(뜻: 하나님이 우리와 함께 계시다)이라 하리라 (1:23, 사7:14)

3. **(동방박사들의 경배) 그들이 별**(아기 있는 곳 위에 머물러 있는 별)**을 보고 매우 크게 기뻐하고 기뻐하더라** (2:10) ... 아기께 경배하고 보배합을 열어 황금(왕께)과 유향(제사장께)과 몰약(선지자께)을 예물로 드리니라 (2:11)

4. **(요한. 예수의 천국 전파) 회개하라 천국이 가까이 왔느니라** (3:2, 4:17)
- 그(예수)는 성령과 불로 너희에게 세례를 베푸실 것이요 (3:11) ...알곡은 모아 곳간에 들이고 쭉정이는 꺼지지 않는 불에 태우시리라 (3:12)

5. **(요한의 세례를 받으시다)** (이제 허락하라) 우리가 이와 같이 하여 모든 의를 이루는 것이 합당하니라 하시니 이에 요한이 허락하는 지라 (3:15) 예수께서 **세례를** 받으시고 곧 물에서 올라오실새 **하늘이 열리고 하나님의 성령이 비둘기**

같이 내려 자기 위에 임하심을 보시더니 (3:16, 막1:10) 하늘로부터 소리가 있어 말씀하시되 **이는 내 사랑하는 아들이요 내 기뻐하는 자라 하시니라** (3:17, 막1:11)

6. (어부들을 부르시다) 나를 따라오라 내가 너희(베드로/형. 안드레/동생)를 **사람을 낚는** 어부가 되게 하리라 (4:19, 막1:17) **그들**(야고보와 그의 형제 요한)이 곧 배와 아버지를 버려 두고 예수를 따르니라 (4:22)

📖 사람이 떡으로만 살 것이 아니요 하나님의 입으로부터 나오는 모든 말씀으로 살 것이라 (4:4)

〈 **예수의 산상수**(보)**훈** (기독교 윤리대헌장) : 5:1-7:29〉

7. (복 있는 사람/ 팔복) 심령(마음)**이 가난한 자는 복이 있나니 천국이 그들의 것임이요 / 애통**(슬퍼)**하는** 자-위로/ **온유한** 자- 땅을 기업/ **의에 주리고 목마른** 자- 배부를 것/ **긍휼히 여기는***(자비한)* 자-긍휼히 여김을 받을*(자비롭게 대하실)* 것/ **마음이 청결한***(깨끗한)* 자-하나님을 볼 것/ **화평하게 하는** 자-하나님의 아들이라 일컬음/ **의를 위하여 박해를 받은** 자는 **복이 있나니 천국이 그들의 것임이라** (5:3-10)

8. (맛을 내고 빛을 발하라) 너희는 세상의 소금이니 소금이 만일 그*(짠)* 맛을 잃으면 무엇으로 짜게 하리요 (5:13) 너희는 세상의 빛이라 (5:14) 이같이 **너희 빛** (옳은 행실)**이 사람 앞에 비치게 하여 그들로 너희 착한 행실을 보고 하늘에 계신 너희 아버지께 영광을 돌리게 하라** (5:16)

☞ 착한 행실이 곧 세상의 빛이다

9. (율법을 다 이루리라) 내가 율법(모세오경)이나 선지자*(예언자들의 말)*를 폐하러 온 줄로 생각하지 말라 폐하러 온 것이 아니요 완전*(완성)*하게 하려 함이라

(5:17) ... 천지가 없어지기 전에는 율법의 일점 일획도 결코 없어지지 아니하고 (예수에 의해) 다 이루리라 (5:18)

<u>10.</u> **(예배보다 화목이 먼저다) 예물*(제물)*을 제단 앞에 두고 먼저 가서 형제와 화목*(화해)*하고 그 후에 와서 예물을 드리라** (5:24)

11. **(간음하지 말라** 5:27**)** 음욕을 품고 여자를 보는 자마다 마음에 이미 간음하였느니라 만일 네 오른 눈이 너로 실족하게*(죄를 짓게)* 하거든 빼어 내버리라 ... *온몸이 지옥에 던져지는 것보다 더 낫다* (5:28-29)

> 📖 한 눈으로 영생에 들어가는 것이 두 눈을 가지고 지옥 불에 던져지는 것보다 나으니라 (18:9)

<u>12.</u> **(보복하지 말라) 또 눈은 눈으로, 이는 이로 갚으라**(동해보복법) 하였다는 것을 너희가 들었으나 (너희는) 악한 자를 대적하지 말라 **누구든지 네 오른편 뺨을 치거든 왼편도 돌려 대며** (5:38-39) 네게 구하는 자에게 주며 네게 꾸고자 하는 자에게 거절하지 말라 (5:42)

<u>13.</u> **(원수를 사랑하라) 너희 원수를 사랑하며 너희를 박해하는 자를 위하여 기도하라** (5:44) 이는 해와 비를 악인(불의한 자)과 선인(의로운 자)에게 똑같이 주심이라 (5:45 정리) 너희를 사랑하는 자를*(자만)* 사랑하면 무슨 상이 있으리요 (5:46)

> 📖 너희가 사람의 잘못을 용서하지 아니하면 너희 아버지께서도 너희 잘못을 용서하지 아니하시리라 (6:15)/ 용서 하라 그리하면 너희가 용서를 받을 것이요 (눅6:37)

<u>14.</u> **(구제함을 은밀하게 하라) 사람에게 보이려고 그들 앞에서 너희 의***(의로운 일)* 를 행하지 않도록 주의하라 그리하지 아니하면 하늘에 계신 너희 아버지

께 상을 받지 못하느니라 (6:1) **그들은 자기 상을** (사람들에게) **이미 받았느니라** (6:2,5) 너는 구제할 때에 오른손이 하는 것을 왼손이 모르게 하여 **네 구제함을 은밀하게 하라** 은밀한 중에 보시는 너의 아버지께서 갚으시리라 (6:3-4)

📖 우리는 나눌 때 즐길 수 있다. 자기가 받은 것의 작은 부분을 나누어 주면서 더 큰 것을 받는 것이다 (찰리 존스)

15. **(주기도문/ 예수가 가르친 기도)** 너는 기도할 때에 **네 골방에 들어가 문을 닫고 은밀한 중에 계신 네 아버지께 기도하라** 은밀한 중에 보시는 네 아버지께서 갚으시리라 (6:6) 기도할 때에 이방인과 같이 중언부언하지 말라...**구하기 전에 너희에게 있어야 할**(*필요한*) **것을 하나님 너희 아버지께서 아시느니라** (6:7-8)
- 그러므로 너희는 이렇게 기도하라 : 주기도문 참조 (6:9-13)

📖 예수님도 열두 제자를 세우는 중요한 일을 앞두고 산으로 가셔서 밤이 새도록 기도하였다 (눅6:12)

16. **(보물을 하늘에 쌓아 두라** 6:20**)** **너희를 위하여 보물을 땅에 쌓아 두지 말라** 거기는(*땅에는*) 좀과 동록이 해하며(*좀이 먹고 녹이 슬어서 망가지며*) 도둑이 구멍을 뚫고 도둑질하느니라 (*훔쳐간다*) (6:19) **네 보물이 있는 그 곳에는 네 마음도 있느니라** (6:21) 너희가 하나님과 재물을 겸하여 섬기지 못하느니라 (6:24)

17. **(그의 나라와 그의 의를 구하라)** 그러므로 염려하여 이르기를 **무엇을 먹을까 무엇을 마실까 무엇을 입을까 하지 말라** (6:31) 이 모든 것이 너희에게 있어야 할 줄을 아시느니라 (6:32) **그런즉 너희는 먼저 그**(*하나님*)**의 나라와 그의 의를 구하라 그리하면 이 모든 것을 너희에게 더하시리라** (6:33) 그러므로 내일 일을 위하여 염려(*걱정*)하지 말라 내일 일은 내일이 (*맡아서*) 염려할 것이요 한 날의 괴로움은 그 날로(*그 날에 겪는 것으로*) 족하니라 (6:34)

18. **(비판하지 말라)** **비판**(*심판*)**을 받지 아니하려거든 비판하지 말라** (7:1) 어찌하여 형제의 눈 속에 있는 티는 보고 네 눈 속에 있는 들보는 깨닫지 못하느냐 (7:3)

> 📖 비판은 자존심을 상하게 한다 (데일 카네기)

19. **(구하라 주실 것이다/ 반복적 기도)** **구하라** 그리하면 너희에게 주실 것이요 **찾으라** 그리하면 찾아낼 것이요 **문을 두드리라** 그리하면 너희에게 열릴 것이니 (7:7) 구하는 이마다 받을 것이요 찾는 이는 찾아낼 것이요 두드리는 이에게는 열릴 것이니라 (7:8)

> 📖 인간은 스스로 믿는 대로 된다 (안톤 체호프)

20. **(구하는 자에게 좋은 것으로 주시리라)** 너희가 악한 자라도 좋은 것으로 자식에게 줄 줄 알거든 하물며 하늘에 계신 너희 아버지께서 구하는 자에게 좋은 것으로 주시지 않겠느냐 (7:11)

21. **(윤리의 기본원리/ 황금률)** 그러므로 무엇이든지 **남에게 대접을 받고자 하는 대로 너희도 남을 대접하라** 이것이 율법이요 선지자니라(*율법과 예언서의 본 뜻이다*) (7:12, 눅 6:31)

> 📖 더 많은 사랑을 원한다면 더 많이 사랑해야 한다. 더 많이 얻기 위해서는 더 많이 주어야 한다 (허시) / 네가 하기 싫은 일을 이웃에게 강요하지 말라 (논어)

22. **(좁은 문으로 들어가라 7:13)** **생명으로 인도하는 문은 좁고 길이 협착하여** (*비좁아서*) **찾는 자가 적음이라** (7:14) 주여 주여 하는 자마다 다 천국에 들어갈 것이 아니요 다만 하늘에 계신 **내 아버지의 뜻대로**(뜻을) **행하는 자라야** 들어가리라 (7:21)

23. **(예수의 구원 사역)** 건강한 자에게는 의사가 쓸 데 없고 병든 자에게라야 쓸 데 있느니라*(필요하다)* (9:12) **나는 의인을 부르러 온 것이 아니요 죄인을 부르러 왔노라** (9:13)

- 새 포도주(복음)는 새 *(가죽)*부대에 넣어야*(담아야)* 둘이 다 보전 되느니라 (9:17, 눅5:38)

- 예수께서 모든 도시와 마을(온 갈리리 4:23)에 두루 다니사 그들의 회당에서 **가르치시며** 천국 복음을 **전파하시며** 모든 병과 모든 약한 것을 **고치시니라** (9:35)

> 📖 인자가 온 것은 섬김을 받으려 함이 아니라 도리어 섬기려 하고 자기 목숨을 많은 사람의 대속물로 주려 함이라 (20:28,막10:45)

24. **(열두 제자 파송 명령)** 예수께서 그의 열두 제자를 부르사 더러운 귀신을 쫓아내며 모든 병과 모든 약한 것을 고치는 권능을 주시니라 (10:1) 천국이 가까이 왔다 하고 병든 자를 고치며 죽은 자를 살리며... **너희가 거저 받았으니 거저 주라** (10:7-8) 그 집에 들어 가면서 평안하기를 빌라 (10:12) (빈 평안이 그 집에) 합당하지 않으면 그 평안이 너희에게 *(되)*돌아올 것이니라 (10:13)

- 너희는 뱀 같이 지혜롭고 비둘기 같이 순결하라 (10:16)

- 오직 몸과 영혼을 *(둘 다)* 능히 지옥에 멸하실 수 있는 이를 두려워하라 (10:28) 누구든지 사람 앞에서 나를 부인하면 나도 하늘에 계신 내 아버지 앞에서 그를*(그 사람을)* 부인하리라 (10:33)

> ※ 12 제자 (10:2-5): **베드로**(시몬,게바.요한의 제자). **안드레**(시몬의 동생. 요한의 제자). **야고보**(보아너게.세베데의 아들). **요한**(마가/로마식 이름, 보아너게. 야고보의 형제). **빌립. 바돌로매**(나다나엘). **도마**(디두모). **마태**(레위 세리). **야고보**(알패오의 아들). **다대오. 시몬. 가룟유다** / 베드로가 유다 대신에 제비 뽑아 **맛디아**를 사도로 세우다 (행1:26)

25. **(내가 너를 쉬게 하리라)** 수고하고 무거운 짐 진 자들아 다 **내게로 오라 내가 너희를 쉬게 하리라** (11:28) 나는 마음이 온유하고 겸손하니 **나의 멍에를 메고 내게 배우라** 그리하면 너희 마음이 쉼을 얻으리니 (11:29) 이는 내 멍에는 쉽고*(편하고)* 내 짐은 가벼움이라 (11:30)

26. **(네 가지 땅에 떨어진 씨 비유)** **길 가**(깨닫지 못해 뿌려진 것을 빼앗기는 자) **얕은 돌밭**(말씀을 듣고 환난 때에 곧 넘어지는 자) **가시 떨기**(세상 유혹에 쉽게 넘어지는 자)에 뿌려진 씨와 (13:19-22 요약) **좋은 땅**에 뿌려졌다는 것은 말씀을 듣고 깨닫는 자니 **결실하여 어떤 것은 백 배, 어떤 것은 육십 배, 어떤 것은 삼십 배가 되느니라** (13:23)

☞ 씨는 천국의 복음 즉 말씀을 말한다. 마13장에는 **천국**을 씨 뿌리는 비유, 가라지 비유(둘 다 추수 때까지 두라 13:30), 겨자씨, 누룩, 보화, 진주, 그물 등 비유로 설명하고 있다.

27. **(오병이어의 기적)** **떡 다섯 개**(五瓶)**와 물고기 두 마리**(二漁)를 가지사 하늘을 우러러 축사하시고 무리에게 주니 다 배불리 먹고 남은 조각을 열두 바구니에 차게 거두었으며 **먹은 사람은 여자와 어린이 외에** *(어른 남자만도)* **오천 명이나 되었더라** (14:19-21)

28. **(물 위로 걸으신 기적)** (밤 사경에) 예수께서 **바다 위로 걸어서 제자들에게 오시니** (14:25)...보고 놀라 유령이라...소리 지르거늘 (14:26) 안심하라 내니 두려워 말라 (14:27) 오라 하시니 **베드로가** 배에서 내려 **물 위로 걸어서** 예수께로 가되 바람을 보고 무서워 빠져 가는지라 (14:29-30) 예수께서 즉시 손을 내밀어 그를 붙잡으시며 이르시되 **믿음이 작은 자여 왜 의심하였느냐** (14:31)

📖 산을 움직이는 믿음은 나를 움직이는 믿음이다. (유태영)

29. **(왜곡된 율법을 비판)** 이 백성이 입술로는 나를 공경하되 마음은 내게서 멀도다 (15:8, 사29:13) 사람의 계명으로 교훈을*(훈계를 교리로)* 삼아 가르치니 나를 헛되이 경배*(예배)*하는도다 (15:9)

30. (베드로가 그리스도라 고백하다) 시몬 베드로가 대답하여 이르되 **주는 그리스도시요 살아 계신 하나님의 아들이시니이다** (16:16) **너는 베드로**(반석/바위라는 뜻)**라** 내가 이 반석 위에 내 교회를 세우리니 음부의 권세가*(죽음의 문들이 그것을)* 이기지 못하리라 (16:18) **내가 천국 열쇠를 네게 주리니**...네가 땅에서 무엇이든지 풀면 하늘에서도 풀리리라 (16:19)

31. (예수의 수난을 예고하다) 많은 고난을 받고 죽임을 당하고 제삼일에 살아나야 할 것을 제자들에게 비로소 나타내시니 (16:21) 누구든지 나를 따라오려거든 자기를 부인하고 **자기 십자가를 지고 나를 따를 것이니라** (16:24, 막8:34, 눅9:23) **사람이 만일 온 천하를 얻고도 제 목숨을 잃으면 무엇이 유익하리요** 사람이 무엇을 주고 제 목숨과 바꾸겠느냐 (16:26) 그 때에 각 사람이 행한 대로 갚으리라 (16:27)

32. **(광채를 입고 변형되시다/ 변화산 사건)** 그들(베드로 야고보 요한) 앞에서 **변형되사** 그(예수) 얼굴이 해 같이 빛나며 옷이 빛과 같이 희어졌더라 (17:2) (구름 속에서 소리가 나서 이르시되) **이는 내 사랑하는 아들이요 내 기뻐하는 자니 너희는 그의 말을 들으라** 하시는지라 (17:5)

33. **(믿음으로 못할 것이 없다)** 너희에게 믿음이 겨자씨(깨알의 1/50) 한 알 만큼만 있어도 이 산을 명하여*(산더러)* 여기서 저기로 옮겨지라 하면 옮겨질 것이요 또 너희가 못할 것*(일)*이 없으리라 (17:20)

📖 긍정적인 태도(믿음)는 강력한 힘을 갖는다 그 어느 것도 그것을 막을 수 없다 (매들린 랭글)

34. **(낮추어라)** **너희가 돌이켜 어린 아이들과 같이**(자기를 낮추는 자가) **되지 아니하면 결단코 천국에 들어가지 못하리라** (18:3, 막10:15)

35. **(잃은 한 마리 양 비유)** (양 한 마리를 잃었다) 만일 찾으면 길을 잃지 아니한 아흔아홉 마리보다 **이것을** 더 기뻐하리라 (18:13)

36. **(합심 기도)** **무엇이든지 너희가 땅에서 매면 하늘에서도 매일 것이요 무엇이든지 땅에서 풀면 하늘에서도 풀리리라** (18:18) 너희 중의 두 사람이 땅에서 합심하여 무엇이든지 구하면... 그들을 위하여 이루게 하시리라 (18:19) **두세 사람이 내 이름으로 모인 곳**(*자리*)**에는 나도 그들 중에**(*가운데*) **있느니라** (18:20)

37. **(죄를 무한정 용서하라)** 주여 **형제가 내게 죄를 범하면 몇 번이나 용서하여 주리이까** 일곱 번까지 하오리까 (예수께서 이르시되) 일곱 번뿐 아니라 일곱 번을 일흔(490) **번까지라도 할지니라** (18:21-22)

38. **(어린 아이들을 용납하라)** 어린 아이들을 용납(*허락*)하고 내게 오는 것을 금하지 말라 천국이 이런 사람의 것이니라 하시고(19:14) 그들(어린 아이들)에게 안수하시고(*손을 얹어주시고*) (19:15)

39. **(영생 상속)** 사람으로는 할 수 없으나 **하나님으로서는 다 할 수 있느니라** (19:26) 내 이름을 위하여 집이나 형제나 자매나 부모나 자식이나 전토를 버린 자마다 **여러 배를 받고 또 영생을 상속하리라** (19:29)

40. **(포도원 품꾼 비유)** 네 것이나 가지고 가라 **나중 온 이 사람**(한 시간 일한 품꾼)에게 너(8시간 일한 품꾼)**와 같이** (약속한 한 데나리온의 품삯을) 주는 것이 내 뜻(은혜)이니라 (20:14) **이와 같이 나중 된 자로 먼저 되고 먼저 된 자로서 나중 되리라** (20:16)

☞ 이 포도원 품꾼과 탕자 비유는 천국은 공로(능력)가 아닌 오직 하나님의 은혜로 간다는 비유이다.

41. **(성공하려면 섬기는 자가 되어야 한다)** 누구든지 크고자 하는 자는 너희를 섬기는 자가 되고 너희 중에 누구든지 으뜸이 되고자 하는 자는 너희의 종이 되어야 하리라 (20:26-27)
- 인자가 온 것은 섬김을 받으려 함이 아니라 도리어 섬기려 하고 자기 목숨을 많은 사람의 대속물로 주려 함이라 (20:28)

📖 누구든지 첫째가 되고자 하면 뭇 사람의 끝이 되며 뭇 사람을 섬기는 자가 되어야 하리라 (막9:35)

42. **(믿고 구하는 것은 다 받는다)** 너희가 믿음이 있고 의심하지 않으면… 이 산더러 들려 바다에 던져지라 하여도 될 것이요 (21:21) **너희가 기도 할 때에 무엇이든지 믿고 구하는 것은 다 받으리라** (21:22)

📖 기도는 우리의 소원을 하나님께 아뢰는 일이다. 우리의 죄를 고백하며, 그리스도의 자비를 감사한 마음으로 인정하면서 **하나님의 뜻에 맞는 것들을** 그리스도의 이름으로 아뢰는 것이다 (요리문답 98)/ 기도는 인류가 가진 최고의 유용 가능한 에너지다 (부버)

43. **(하나님의 것은 하나님께 바치라)** 그런즉 가이사(로마 황제)의 것(세금)은 가이사에게, **하나님의 것**(십일조와 첫 열매)**은 하나님께 바치라** (22:21)

44. **(하나님과 네 이웃을 사랑하라/ 큰 두 계명)** **네 마음을 다하고 목숨을 다하고 뜻을 다하여 주 너의 하나님을 사랑하라** 하셨으니 이것이 크고 첫째 되는 계명이요 (22:37-38) 둘째도 그와 같으니 **네 이웃을 네 자신 같이 사랑하라** 하셔

으니 이 두 계명이 온 율법과 선지자(예언서)의 강령(본 뜻)이니라 (22:39-40)

45. **(자기를 낮추는 자는 높아지리라)** 누구든지 자기를 높이는 자는 낮아지고 누구든지 자기를 낮추는 자는 높아지리라 (23:12, 눅18:14)

☞ 겸손한 사람은 적을 만들지 않고 자신을 위대하게 만든다

46. **(십일조와 율법도 행하라)** 너희가 박하와 회향과 근채의 십일조는 드리되 *(드리면서)* **율법의 더 중한 바**(*중요한 요소인*) **정의와 긍휼과 믿음**(*신의*)**은 버렸도다 그러나** 이것(작은 십일조)도 행하고 **저것**(중한 율법)도 버리지 말아야 할지니라 (23:23)

47. **(말세의 징조) 주의 임하심과 세상 끝에는 무슨 징조가 있사오리까** (24:3)
① 나는 그리스도라 하여 많은 사람을 미혹하리라 (24:5) ② 난리와 난리 소문 (24:6) ③ 곳곳에 기근과 지진이 있으리니 (24:7) ④ 너희를 환난에 넘기고 죽이리니 (24:9) ⑤ 거짓 선지자의 미혹과(24:11) ⑥ 불법이 성하고 사랑이 식어지리라 (24:12) ⑦ 이 **천국 복음이 모든 민족에게 증언되기 위하여 온 세상에 전파되리니 그제야 끝이 오리라** (24:14) 천지는 없어질지언정 내 말은 없어지지 아니하리라 (24:35) **그러나 그 날과 그 때는 아무도 모르나니 하늘의 천사들도, 아들도 모르고 오직 아버지만 아시느니라** (24:36)

48. **(열 처녀 비유) 신랑이 더디 오므로 다 졸며 잘새 밤중에 소리가 나되 보라 신랑이로다 맞으러 나오라 하매** (25:5-6) 그들 (미련한 다섯 처녀)이 (기름)사러 간 사이에 신랑이 오므로 준비하였던 자들은 함께 혼인 잔치에 들어가고 문은 닫힌지라 (25:10) 그런즉 깨어 있으라 (25:13)

49. **(달란트 비유)** 어떤 사람(예수)이 타국에 갈 때(재능대로 소유를 맡기고)

(25:14) **주인이 돌아와**(재림 때에) **그들과 결산할새** (25:19)
- 네(다섯/두 달란트 받아 배로 남긴 종)**가 적은 일에 충성하였으매 내가 많은 것을 네게 맡기리니** 네 주인의 즐거움에 참여할지어다 하고 (25:21,23) 그(한 달란트를 땅에 감추어 두었다 그대로 캐온 악하고 게으른 종)에게서 **그 한 달란트를 빼앗아 열 달란트 가진 자에게 주라** (25:28) 무릇 있는 자는 받아 풍족하게 되고*(가진 사람에게는 더 주어서 넘치게 하고)* 없는 자는 그 있는 것 까지도 빼앗기리라 (25:29)

50. **(작은 자에게 한 것이 곧 주께 한 것이다)** 여기 내 형제 중에 **지극히 작은 자**(소자) **하나에게 한 것이 곧 내게 한 것이니라** (25:40)

51. **(마지막 만찬, 막14: 눅22: 고전11:)** 떡을 가지사 축복하시고… **받아서 먹어라 이것은 내 몸이니라** (26:26) 잔을 가지사 감사기도 하시고 … **너희가 다 이것을 마시라** 이것은 죄사함을 얻게 하려고 **많은 사람을** 위하여 흘리는 바 나의 피 곧 (새)**언약의 피니라** (26:27-28)

52. **(베드로가 부인할 것을 예언)** 오늘 밤에 너희가 다 나를 버리리라… 그러나 내가 살아난 후에 너희보다 먼저 갈릴리로 가리라 (26:31-32) 오늘 밤 닭 울기 전에 네(베드로)가 세 번 나를 부인하리라 (26:34)

☞ 이 사람은 예수와 함께 있었던 자라고 할 때에 (베드로가) 그 사람을 알지 못한다고 3번 부인하니 닭이 곧 울더라 (26:69-75 요약)

53. **(겟세마네에서 최후의 기도)** 내 아버지여 만일 할 만하시거든 이 잔(십자가 죽음)을 내게서 지나가게 하옵소서 그러나 **나의 원대로 마시옵고 아버지의 원대로 하옵소서** (26:39) 시험에 들지 않게 깨어 기도하라 (26:41)

54. **(칼을 쓰면 칼로 망한다)** **예수와 함께 있던 자 중의 하나** (베드로)**가 손을 펴 칼을 빼어 대제사장의 종**(말고 요18:10)**을 쳐 그** (오른쪽)**귀를 떨어 뜨리니 이에**(*귀를 만져 고쳐 주시면서* 눅22:51) **예수께서 이르시되** 네 칼을 도로 칼집에 꽂으라 **칼을 가지는 자는 다 칼로 망하느니라** (26:51-52)

55. **(예수의 무죄를 확신하다)** (빌라도가) 무리 앞에서 손을 씻으며 이르되 이 사람의 피에 대하여 나는 무죄하니 너희가 당하라 (27:24)

📖 유다가 은(삼십)을 성소에 던져 넣고 ... 스스로 목매어 죽은지라 (27:5)

56. **(십자가의 죽음 후 일어난 현상)** 이에 (영혼이 떠난 후에) **성소 휘장이 위로부터 아래까지 찢어져 둘이 되고** 땅이 진동하며 바위가 터지고 (27:51) 무덤이 열리며 자던 성도의 몸이 많이 일어나되(*잠자던 많은 성도들의 몸이 살아났다*) (27:52) (*백부장과 그와 함께 예수를 지키던 사람들이*) 지진과 그 일어난 일들을 보고 두려워하여 이르되 **이는 진실로 하나님의 아들이었도다** 하더라 (27:54)

- 안식후 첫날(주일)이 되려는 새벽에 (28:1) 큰 지진이 나며 주의 천사가 하늘로부터 내려와 돌을 굴려 내고 (28:2) 십자가에 못 박히신 예수를 너희가 찾는 줄을 내가 아노라 (28:5) (천사가 이르되) **그가 말씀하시던 대로** (*그는*) **살아나셨느니라** (28:6)

57. **(부활하신 예수의 지상명령(至上 命令))** 하늘과 땅의 모든 권세를 내게 주셨으니 그러므로 **너희는 가서 모든 민족을 제자로 삼아** (삼위일체의 하나님 곧)**아버지와 아들과 성령의 이름으로 세례를 베풀고** (28:18-19) 내가 너희에게 분부(*명령*)한 모든 것을 가르쳐 지키게 하라 볼지어다 **내가 세상 끝날까지 너희와 항상 함께 있으리라** (28:20)

마가복음 [막] (53쪽) 〈마가, 70년경, 로마인〉

1. **(복음을 전파하시다)** (요한이 잡힌 뒤에 예수께서 갈릴리에 오셔서 하나님의 복음을 전파하여 1:14) 이르시되 **때가 찼고 하나님의 나라가 가까이 왔으니 회개하고 복음을 믿으라** 하시더라 (1:15)

2. **(예수는 죄를 사하는 권세가 있다)** 그러나 **인자가** 땅에서 **죄를 사하는 권세**가 있는 줄을 너희로 알게 하려 하노라 (2:10)

☞ 예수 자신이 말한 별명은 인자(사람의 아들/ 3인칭), 길, 진리, 생명, 생명의 떡, 선한 목자, 양의 문, 빛, 부활이다

3. **예수님이 치유한 사건들 (마가복음을 중심으로)**

① 가버나움에서 더러운 **귀신 들린 사람**을 고치시다 → 잠잠하고 그 사람에게 나오라 (1:21-28, 눅4:31-37)

② **시몬 장모의 열병**이 떠나다 → 그 손을 잡아 일으키시니 (1:31, 마8:, 눅4:)

③ **나병환자**를 깨끗하게 하시다 →내가 원하노니 깨끗함을 받으라 (1:40-45, 마1:, 눅5:)

④ 지붕을 뜯고 내린 **중풍병자**를 고치시다 → 네 죄사함을 받았 느니라 (2:3-12, 마9:, 눅5:)

⑤ (안식일에) **손 마른 자**를 고치시다 → 네 손을 내밀라 (3:3-5, 마12:, 눅6:)

⑥ **군대 귀신 들린 자**를 고치시다 → 더러운 귀신아 그 사람에게 서 나오라/ 원대로 돼지 떼에게 들어가라 (5:1-20, 마8:, 눅8:)

⑦ 열두 해를 **혈루증으로 앓아 온 여자**가 고침을 받다 → 예수님의 옷에 손을 대니 / 딸아 네 믿음이 너를 구원하였으니 평안히 가라 (5:25-34 ,마9:, 눅8:)

⑧ 열두 살 된 **회당장**(야이로)**의 딸**을 살리다 → 믿기만 하라 /달리 다굼(일

어나라) 하시니/소녀에게 먹을 것을 주라 (5:35-43, 마9:, 눅8:)

⑨ 게네사렛에서 **옷가에 손을 대는 자**는 다 성함을 얻으니라 (6:56, 마14:)

⑩ 수로보니게 여인의 **귀신 들린 어린 딸**을 고치시다 → 돌아가라/ 귀신이 네 딸에게서 나갔느니라 (7:29, 마15:)

⑪ (갈릴리 호수에서) **귀먹고 말 더듬는 자**를 고치시다 → 손가락을 양 귀에 넣고 침을 뱉어 그의 혀에 손을 대시며/ 에바다 (열리라)하시니 (7:32-37)

⑫ (가버나움에서) **백부장의 종**(하인)**의 중풍병**을 낫게 하시다 → 말씀 만 하사 내 하인을 낫게 하소서 네 믿음대로 될지어다 (마8:5-13, 눅7:, 요4:)

⑬ 벳세다에서 **맹인**을 고치시다 → (그) 눈에 침을 뱉으시며 그에게 안수하시고 (8:22-26)

⑭ 맹인 **거지 바디매오**가 고침을 받다 → 가라 네 믿음이 너 를 구원하였느니라. (10:46-52, 마20:, 눅18:)

⑮ 불쌍히 여겨 **나인성 과부의 죽은 아들**을 살리시다 → 관에 손을 대시고 청년아 내가 네게 말하노니 일어나라 (눅7:11-17)

⑯ **죽은 지 나흘 된 나사로**(마르다와 마리아의 오빠/ 예수의 친구)**를 살리시다** → 나사로야 나오라/ 풀어 놓아 다니게 하라 (요11:1-44)

4. **(풍랑을 잔잔하게 하시다)** 큰 광풍이 일어나며 물결이 배에 부딪쳐 들어와 배에 가득하게 되었더라 (4:37) (주무시다) **예수께서 깨어 바람을 꾸짖으시며 바다더러 이르시되 잠잠하라 고요하라 하시니** 바람이 그치고 아주 잔잔하여지더라 (4:39, 마8:23-27, 눅8:24)

5. **(고향에서 배척을 받으시다)** 이 사람이 마리아의 아들 목수가 아니냐 …하고 **예수를 배척한지라** (6:3) 예수께서 그들에게 이르시되 **선지자가**(*예언자는*) 자기 고향과 자기 친척과 자기 집 외(*밖*)에서는 **존경을 받지 못함이 없느니라** 하시며 (6:4)

6. **(귀신 들린 아이를 고치시다)** **할 수 있거든이***(있으면이)* **무슨 말이냐** 믿는 자에게는 **능히 하지 못할 일이 없느니라***(믿는 사람에게는 모든 일이 가능하다)* (9:23) 귀신아 아이에게서 나오라 (9:25 요약) (제자들은 어찌하여 능히 귀신을 쫓아내지 못하였나이까) **기도 외에 다른 것으로는** 이런 종류가*(부류는)* 나갈 수 없느니라 하시니라 (9:29)

7. **(반대하지 않는 자는 우리 편이다)** (예수 이름으로 귀신을 쫓아 내는 자를 막는 것을 금하시며 9:38 요약) 우리를 반대하지 않는 자는 우리를 위*(지지)*하는 자니라 (9:40)

8. **(혼인은 한 몸을 이루는 것이다)** 사람이 그 부모를 떠나서 그 둘이 한 몸이 될지니라 이러한즉 이제 둘이 아니요 한 몸이니 그러므로 하나님이 짝지어 주신 것을 사람이 나누지 못할지니라 하시더라 (10:7-9, 마19:5-6)

9. **(축복과 겸하여 박해도 받는다)** **나와 복음을** 위하여 집이나 형제나 자매나 어머니나 아버지나 **자식이나 전토를 버린자는** (10:29) 현세에 있어*(지금 이 세상에서는)* 집과 형제와 자매와 어머니와 **자식과 전토를 백 배나 받되 박해를 겸하여 받고 내세에 영생을 받지 못할 자가 없느니라***(오는 세상에서는 영원한 생명을 받을 것이다)* (10:30)

10. **(섬기며 대속물로 주려 오셨다)** **인자가 온 것은** 섬김을 받으려 함이 아니라 도리어 섬기려 하고 **자기 목숨을 많은 사람의 대속물로***(구원하기 위하여 치를 몸 값으로)* **주려 함이니라** (10:45, 마20:28)

☞ 예수의 방식은 져 줌으로써 이기는 것이다

11. **(믿은 것과 구한 것은 그대로 되리라)** 누구든지 이 산(병, 장애물, 난관 등)더러 들리어 바다에 던져지라 하며 그 말하는 것이 이루어질 줄 **믿고 마음에**

의심하지 아니하면 그대로 되리라 (11:23) 무엇이든지 **기도하고 구하는 것은** 받은 줄로 믿으라 그리하면 너희에게 그대로 되리라 (11:24)

📖 꿈꿔라 무엇이든 꿈을 꿔야 이룰 수 있다 (괴테)

12. **(할 말을 주시리라/ 영감) 마땅히 할 말을 성령이 곧 그 때에 너희에게 가르치시리라** (12:12)

📖 너희가 나로 말미암아…**끌려 가리니**…(마10:18) **그**(*관가에 넘겨줄*) **때에** (성령이) **너희에게 할 말을 주시리니**(*지시를 받을 것이다*) (마10:19)

13. **(부활한 몸은 천사들과 같다)** (계대 결혼한 7형제는 다 죽고 남은 한 여자는 부활 때에 누구의 아내가 되리이까?) (예수의 답변) 사람이 죽은 자 가운데서 **살아날 때에는** 장가도 아니 가고 시집도 아니 가고 **하늘에 있는 천사**(부활한 신성한 몸)**들과 같으니라** (12:25)

📖 (하나님은) 산 자의 하나님이시라 (12:27)

14. **(겟세마네에서 기도)** 아빠 아버지여 아버지께는 모든 것이 가능하오니 **이 잔을 내게서 옮기시옵소서** 그러나 나의 원(뜻)대로 마시옵고 **아버지의 원(뜻)대로 하옵소서** 하시고(14:36) (제자들이 자는 것을 보시고) 시험에 들지 않게 (*유혹에 빠지지 않도록*) 깨어 있어 기도하라 마음에는 원이로되 육신이 약하도다 (14:38)

15. **(살아나시다)** 무덤에 들어가서 흰 옷을 입은 한 청년을 보고 놀라매 청년이(천사가) 이르되 놀라지 말라 너희가 십자가에 못 박히신 나사렛 예수를 찾는구나 **그가 살아나셨고** 여기 계시지 아니하니라 보라 그를 두었던 곳이니라 (16:5-6, 눅24:1-12 참조)

16. **(만민에게 복음을 전파하라) 너희는 온 천하에 다니며 만민에게 복음을 전파 하라** (16:15) 믿고 세례를 받는 사람은 구원을 얻을 것이요 믿지 않는 사람은 정죄를 받으리라 믿는 자들에게는 이런 표적이 따르리니 **곧 그들이 내 이름으로 귀신을 쫓아내며 새 방언을 말하며** (16:16-17) **병든 사람에게 손을 얹은즉 나으리라** 하시더라 (16:18)

17. **(승천하신 예수의 영광)** 주 예수께서 말씀을 마치신 후에 하늘로 올려지사(*들려 올라가셔서*) 하나님 우편에 앉으시니라 (16:19)

> 📖 이 (구약)성경이 곧 내(예수)게 대하여 증언하는 것이니라 (요5:39)

누가복음 [눅] (86쪽)

〈누가, 60-62년쯤, 이방인〉

1. **(성령 탄생을 예고하다)** (가브리엘 천사가 처녀 마리아에게 이르되) **은혜를 받은 자여 평안할 지어다**(*기뻐히여라, 은혜를 입은 자야*) **주께서 너와 함께 하시도다** (1:28) 보라 네가 잉태하여 아들을 낳으리니 그 이름을 예수라 하라 (1:31) 대저 하나님의 모든 말씀은 능하지 못하심이 없느니라(*하나님께는 불가능한 일이 없다*) (1:37) 말씀대로 내(마리아)게 이루어지이다 (1:38)

> ☞ **구원**(믿음)**은** 동정녀 탄생(성령 탄생)과 성육신(하나님이 인간의 몸으로 오심), 임마누엘(하나님이 우리와 함께 계신다)과 십자가의 죽음, (3일만에)부활과 (40일 후)승천과 재림(약속)을 믿는 것이다

2. **(사가랴 제사장의 예언)** *우리를 위하여 능력있는 구원자*(메시야)*를 자기의 종 다윗의 집에 일으키셨다* (새번역 1:69)

> 📖 내 사자를 보내리니 그가(세례요한) 내 앞에서 길을 준비할 것이요 (말3:1)

3. (예수 탄생 소식) (베들레헴에 호적하러 올라가니/ 미5:2 성취) (마리아가) 첫아들을 낳아 강보(*포대기*)로 싸서 구유에 뉘었으니 이는 여관에 있을 곳(방)이 없음이러라 (2:7) 오늘 다윗의 동네에 너희를 위하여 구주가 나셨으니 곧 그리스도 주시니라 (2:11)

- **지극히 높은 곳에서는 하나님께 영광이요 땅에서는 하나님이 기뻐하신 사람들 중에**(*에게*) **평화로다 하니라** (2:14)

4. (세례 요한의 예수 증언) (요한이 모든 사람에게 대답하여 이르되) 나는 물로 너희에게 세례를 베풀거니와 **나보다 능력이 많으신 이**(예수)가 오시나니 나는 그의 신발끈을 풀기도 감당하지 못하겠노라 **그는 성령과 불로 너희에게 세례를 베푸실 것이요** (3:16, 막1:7-8)

5. **(말씀에 순종하여 그물을 내리다)** 우리들이 밤이 새도록 수고하였으되 잡은 것이 없지마는 **말씀**(깊은 데로 가서 그물을 내려 고기를 잡으라 5:4)**에 의지하여** 내가 그물을 내리리이다 하고 (5:5) 그렇게 하니 고기를 잡은 것이 심히 많아 그물이 찢어지는지라 (5:6)

6. (죄인을 회개시키러 왔노라) 건강한 자에게는 의사가 쓸 데 없고 병든 자에게라야 쓸 데 있나니 **내가 의인을 부르러 온 것이 아니요 죄인을 불러 회개시키러 왔노라** (5:31-32)

7. (원수를 사랑하라) **너희 원수를 사랑하며 너희를** 미워하는 자를 선대하며 (6:27) **너희를** 저주하는 자를 위하여 **축복하며 너희를** 모욕하는 자를 위하여 기도하라 (6:28) **만일 너희를 사랑하는 자만을 사랑하면 칭찬받을 것이 무엇이냐 죄인들도 사랑하는 자는 사랑하느니라** (6:32)

- **비판하지 말라** 그리하면 너희가 비판을 받지 않을 것이요 **정죄하지 말라** 그리하면 너희가 정죄를 받지 않을 것이요 **용서하라** 그리하면 너희가 용

서를 받을 것이요 (6:37)

8. **(나눔의 상급)** *(남에게)* **주라** 그리하면 너희에게 줄 것이니, **곧 후히 되어***(되어서)* **누르고 흔들어 넘치도록 하여 너희에게 안겨 주리라 너희가** 헤아리는 그 헤아림으로*(되질하여 주는 그 되로)* 너희도 헤아림을 도로 받을 것이니라*(도로 되어서 주실 것이다)* (6:38)

☞ 남에게 준 만큼 내게 다시 돌아온다.

9. **(네 눈 속에 있는 들보를 보라)** 맹인이 맹인을 인도할 수 있느냐 둘이 다 구덩이에 빠지지 아니하겠느냐 (6:39) 어찌하여 형제*(남)*의 눈 속에 있는 티는 보고 네 눈 속에 있는 **들보**(서까래)**는 깨닫지 못하느냐** (6:41)

10. **(요한이 보낸 제자에게 답변하시다)** 요한이(감옥에서) 그 제자 중 둘을 불러 **주께** 보내어 이르되 **오실 그이가 당신이오니이까** (7:19, 마11:2-3) (너희가 가서 보고 들은 것을 요한에게 알리되) 맹인이 보며 못 걷는 사람이 걸으며 나병환자가 깨끗함을 받으며 귀먹은 사람이 들으며 죽은 자가 살아나며 가난한 자에게 복음이 전파된다 하라 (7:22, 마11:5)

11. **(70인 전도대의 보고)** 칠십 인이 기뻐하며 돌아와 이르되 주의 이름이면 *(이름을 대면)* 귀신들도 우리에게 항복*(복종)*하더이다 (10:17)

- 내가 너희에게 뱀과 전갈을 밟으며 **원수의 모든 능력을 제어할 권능***(권세)*을 **주었으니** 너희를 해칠 자가 결코 없으리라 (10:19)

12. **(착한 사마리아 인)** **예루살렘에서** 여리고로 내려 가던 나그네가 강도를 만나 쓰러져 있었다 **제사장과 레위인은 못 본 체 지나갔지만** 한 사마리아 인은 그를 구해 가축에 태워 여관집 주인에게 돈을 주고 그를 돌보아 주라고

부탁했다 (10:30-35 요약)

13. **(성령 곧 좋은 것으로 주신다)** 너희가 악할지라도 자식에게 좋은 것을 줄 줄 알거든 하물며 너희 **하늘 아버지께서 구하는 자에게 성령**(좋은 것 마7:11) **을 주시지 않겠느냐** (11:13)

- (예수를 낳은 마리아가 복이 있나이다 하니) 오히려 하나님의 **말씀을 듣고** 지키는 자가 복이 있느니라 하시니라 (11:28)

14. **(외식을 주의하라)** 성령을 모독하는 자는 사하심을 받지 못하리라 (12:10) 삼가 모든 탐심(*탐욕*)을 물리치라 사람의 생명이 그 소유(재산)의 넉넉한 데 있지 아니하니라 (12:15)

15. **(몸을 염려하지 말라)** **너희는 무엇을 먹을까 무엇을 마실까 하여 구하지 말며 근심하지도 말라** (12:29) **다만** 너희는 **그의 나라를 구하라** 그리하면 이런 (먹고 마시는) 것들을 너희에게 더하시리라 (12:31) 그러므로 너희도 (재림 때를)**준비하고 있으라** 생각하지 않은 때에 인자가 오리라 (12:40, 마24:44)

16. **(회개하지 아니하면 망하리라)** …아니라 너희도 만일 **회개하지 아니하면** 다 이와같이(*모두 그렇게*) 망하리라 (13:3. 5)

☞ 회개란 잘못을 깨닫고 심령의 변화를 일으켜 용서를 비는 것이다

17. **(끝자리에 앉으라)** 청함을 받았을 때에 차라리 가서 끝자리에 앉으라 (14:10) **무릇 자기를 높이는 자는 낮아지고 자기를 낮추는 자는 높아지리라** (14:11)

18. **(제자가 되는 길)** 누구든지 자기 십자가를 지고 나를 따르지 않는 자도(*따라오지 않으면*) 능히 내 제자가 되지 못하리라 (14:27)

19. **(잃은 양과 탕자 비유/ 회계)** 양 백 마리가 있는데 그 중의 하나를 잃으면 아흔아홉 마리를 들에 두고 그 잃은 것을 찾아내기까지 찾아다니지 아니하겠느냐 (15:4) (상속 재산을 탕진하고 품꾼으로 돌아온 탕자를 아들로 반기는) 아버지가 이르되 **얘 너는 항상 나와 함께 있으니 내 것이 다 네 것이로되** (15:31) 이 네 동생(탕자)은 죽었다가 살아났으며 내가 잃었다가 얻었기로 *(되찾았으니)* 우리가 즐거워하고 기뻐하는 것이 마땅하다 하니라 (15:32)

20. **(작은 일에도 충성하라)** 지극히 작은 것에 충성된 자는 큰 것에도 충성되고 지극히 작은 것에 불의한 자는 큰 것에도 불의하니라 (16:10) 집 하인이 두 주인을 섬길 수 없나니... **너희는 하나님과 재물을 겸하여 섬길 수 없느니라** (16:13)

📖 작은 일에 성실한 이를 보고 우리는 큰 일에도 성실하리라 믿는다 (정주영)

21. **(실족하게 하는 죄)** 그가 이 작은 자 중의 하나를 실족하게 할진대 차라리 연자맷돌이 그 목에 매여 바다에 던져지는 것이 나으리라 (17:2) (하루에 일곱 번이라도) 내가 회개하노라 하거든 너는 용서하라 (17:4)

📖 하나님의 나라는 너희 안에 있느니라 (17:21)

22. **(과부와 재판장 비유)** 불의한 재판장이 말한 것(늘 와서 나를 괴롭게 하리니 과부의 원한을 풀어 주리라)을 들으라 (18:6) 하물며 하나님께서 **그 밤낮 부르짖는 택하신 자들의 원한을 풀어 주지 아니하시겠느냐** (18:7) 속히 그 원한을 풀어 주시리라 (18:8)

23. **(바리새인과 세리 비유)** (세리는) 가슴을 치며 이르되 하나님이여 **불쌍히 여기소서 나는 죄인이로소이다** (18:13) 저 바리새인이 아니고 **이 사람**(세리)**이 의롭다 하심을 받고 그의 집으로 내려 갔느니라** (18:14)

24. **(어린 아이를 축복 하시다)** 어린 아이들이 내게 오는 것을 용납(허락)하고 금하지 말라 **하나님의 나라가 이런 자의 것이니라** (18:16, 막10:14) 하나님의 나라를 어린 아이와 같이 받아들이지(영접하지) 않는 자는 결단코 거기(천국) 들어가지 못하리라 (18:17, 막10:15)

📖 어린 아이 하나를 데려다가 그들(제자들) 가운데 세우시고 안으시며 (막9:36) /그 어린 아이들을 안고 그들 위에 안수하시고 축복하시니라 (막10:16)

25. **(큰 부자 관리)** **낙타가 바늘귀로 들어가는 것이 부자가 하나님의 나라에 들어가는 것보다 쉬우니라** (18:25) 그런즉 누가 구원을 얻을 수 있나이까 (18:26) 이르시되 **무릇 사람이 할 수 없는 것을**(일이라도) **하나님은 하실 수 있느니라** (18:27) → 즉 구원은 하나님의 능력으로 된다

📖 주 예수를 믿으라 그리하면 너와 네 집이 구원을 받으리라 (행16:31)

26. **(삭개오를 구원하시다)** 삭개오(여리고의 세리장)야 속히 (돌무화과나무에서) 내려오라 내가 오늘 네 집에 유하여야 하겠다 하시니 (19:5)
- **인자가 온 것은 잃어버린 자**(죄인)**를 찾아 구원하려 함이니라** (19:10)

27. **(가난한 과부의 헌금을 칭찬하다)** 이 과부는 그 가난한 중에서 자기가 가지고 있는 생활비 전부(두 렙돈: 하루 품삯의 1/50)를 넣었느니라 (21:4)

28. **(변론할 말을 주리라)** 내가 **너희의** 모든 **대적이** 능히 대항하거나 변박할 수 없는 **구변**(말 잘하는 재주)**과 지혜를 너희에게 주리라** (21:15)

29. **(감람 산에서 기도)** (기도) **습관을** 따라 감람 산에 가시매 (22:39) (제자들에게) 유혹에 빠지지 않게 기도하라 (22:40) 아버지여 만일 아버지의 뜻이거든 이 잔을 내게서 옮기시옵소서 그러나 **내 원대로 마시옵고 아버지의**

원대로 되기를 원하나이다 (22:42) **천사가** 하늘로부터 예수께 나타나 힘을 더하더라 (22:43) 예수께서 **힘쓰고 애써**(*고뇌에 차서*) 더욱 **간절히 기도하시니 땀이 땅에 떨어지는 핏방울 같이 되더라** (22:44)

30. 십자가상(9시-15시)의 칠언(가상칠언) / 순서대로

① **(용서) 아버지 저들을 사하여 주옵소서 자기들이 하는 것을 알지 못함이니이다** (23:34)

② **(낙원)** 오늘 네(회개한 행악자)가 나와 함께 낙원에 있으리라 (23:43)

③ **(효도)** (제자들을 보시며) 여자여 보소서 아들이니이다(*어머니, 이 사람이 어머니의 아들입니다*) 하시고. (요한에게 이르시되) 보라 네 어머니라(*자 이분이 네 어머니시다*) (요19:26-27)

④ **(영적인 고민) 엘리 엘리 라마 사박다니** 하시니 이는 곧 나의 하나님, 나의 하나님, 어찌하여 나를 버리셨나이까 하는 뜻이라 (마27:46, 시22:1)

⑤ **(육신적 고통)** 내가 목마르다 (요19:28)

⑥ **(승리의 선언)** (신포도주를 받으신 후에) **다 이루었다** (요19:30)

⑦ **(최후의 신앙 고백)** (해가 빛을 잃고 온 땅에 어둠이 임하여...성소의 휘장(예수의 육체 상징 히10:20)이 한가운데가 찢어지더라 23:44-45) **아버지 내 영혼을 아버지 손에 부탁하나이다** (23:46)

※ 휘장은 성소와 지성소를 구분하는 것으로 예수가 죽는 순간 찢어짐으로 동물 제사 없이 하나님께 나아가는 새로운 길이 열렸다

31. **(예수의 부활)** (*눈부신 옷을 입은 두 남자가...새24:4*) (*그분은*) 여기 계시지 않고 살아나셨느니라 (24:6) (갈릴리에 계실 때에...이르시기를) **인자가 죄인의 손에 넘겨져 십자가에 못 박히고 제 삼일에 다시 살아나야 하리라** 하셨느니라 (24:7)

32. **(엠마오로 가던 두 제자에게 나타나시다)** 미련하고 선지자들이 말한 모든

것을 더디 믿는 자들이여 **그리스도가 이런 고난을 받고 자기의 영광에 들어가야 할 것이 아니냐** 하시고…모든 성경에 쓴 바 자기에 관한 것을 자세히 설명하시니라 (24:25-27) 그들과 함께 음식 잡수실 때에 **떡을 가지사 축사하시고 떼어 그들에게 주시니 그들의 눈이 밝아져** 그인 줄 알아보더니…(24:13-35 요약) 우리에게 성경을 풀어 주실 때에 우리 속에서 **마음이 뜨겁지** 아니하더냐 (24:32) **주께서 과연**(*확실히*) **살아나시고 시몬에게 보이셨다** (24:34) 떡을 떼심으로 자기들에게 알려지신 것을 말하더라 (24:35)

33. **(열한 제자에게 나타나시다)** 내 손과 발을 보고 나인 줄 알라 또 나를 만져 보라 영(*유령*)은 살과 뼈가 없으되 너희 보는 바와 같이 나는 있느니라 (24:39) **이에 그들의 마음을 열어 성경을 깨닫게 하시고** (24:45) 아버지께서 약속하신 것(성령)을 **너희에게 보내리니** 너희는 위로부터 능력으로 입혀질 때까지(*오는 능력을 입을 때까지*) 이 성에 머물라 (24:49)

34. **(베다니에서 승천하시다)** 예수께서 그들을 데리고 베다니(뜻: 고난의 집) 앞까지 나가사 손을 들어 그들에게 축복하시더니 (24:50) **축복하실 때에 그들을 떠나 하늘로 올려지시니**(*올라가셨다*) 그들이 그에게(*예수께*) 경배하고 큰 기쁨으로 예루살렘에 돌아가(*서*) 늘(*날마다*) 성전에서 하나님을 찬송하니라 (24:51-53)

〈 나의 삶의 교훈 〉

① 환경을 변화시킬 수 없다면 자신을 변화시켜라.

② 안 된다 어렵다고 생각하지 말자. 최선을 다하면 되는 게 더 많다.

③ 믿음 안에서 문제는 기회요 축복이다.

④ 은사는 쓰면 쓸수록 풍성해지고 쓰지 않으면 곧장 사라져 버린다.

요

요한복음 [요] (142쪽)

〈요한, 85년 이후, 예수는 하나님의 아들〉

1. **(말씀이 육신이 되다/ 신성)** **태초**(창조 이전)**에 말씀**(예수님)**이 계시니라 이 말씀이 하나님과 함께 계셨으니 이**(*그*) **말씀은 곧 하나님이시니라** (1:1) 그가 태초에 하나님과 함께 계셨고 (1:2)

2. **(자녀 되는 권세를 주셨다)** 영접하는 자 곧 **그 이름을 믿는 자들에게 하나님의 자녀가 되는 권세**(*특권*)**를 주셨으니** (1:12)
- 말씀이 육신이 되어(성육신) 우리 가운데 거하시매(*사셨다*) 우리가 그의 영광을 보니 아버지의 독생자(예수)의 영광이요 은혜와 진리가 충만하더라 (1:14) (율법은 모세로 말미암아 주어진 것이요) 은혜와 진리는 예수 그리스도로 말미암아 온 것이라 (1:17)

3. **(하나님의 어린 양을 보라)** (*너희는*) 주의 길을 곧게 하라 (1:23) (요한이 예수께서 자기에게 나아오심을 보고 이르되) **보라 세상 죄를 지고 가는 하나님의 어린 양이로다** (1:29,36) 내가 보고(*성령이 내려 머무는 자를 보고 1:33*) 그가 하나님의 아들이심을 증언하였노라 하리라 (1:34)

4. **(가나의 혼인 잔치 기적)** 예수의 어머니가 예수에게 포도주가 없다(*떨어졌다*) 하니 (2:3) 내 때가 아직 이르지 아니하였나이다 (2:4) **예수께서 그들에게 이르시되 항아리에 물을 채우라**...이제는 떠서 연회장에게 갖다 주라 (2:7-8) 예수께서 **이 첫 표적**(물로 포도주를 만든 기적)**을 갈릴리 가나에서 행하여** 그의 영광을 나타내시매 제자들이 그를 믿으니라 (2:11)

5. **(성전을 청결하게 하시다)** 노끈으로 채찍을 만드사 양이나 소를 다 성전에서

내쫓으시고…(2:15) 이것을 여기서 가져가라 내 아버지의 집으로 장사하는 집을 만들지 말라 하시니(2:16) 이 성전(성전된 예수의 몸 2:21)을 헐라 **내가 사흘 동안에 일으키리라**(*만에 다시 세우겠다*/ 부활하리라) (2:19, 마21:,막11:,눅19:)

6. **(영생을 얻게 하려고 예수를 주셨다)** 사람이 *(물과 성령으로)* 거듭*(다시)*나지 아니하면 하나님의 나라를 볼 수 없느니라 (3:3, 3:5 참조)
- **하나님이 세상을 이처럼 사랑하사 독생자(예수)를 주셨으니 이는 그를 믿는 자마다 멸망하지 않고 영생을 얻게 하려 하심이라** (3:16) 하나님이 그 아들을 세상에 보내신 것은 세상을 심판하려 하심이 아니요 그로 말미암아 세상이 구원을 받게 하려 하심이라 (3:17) 그를 믿는 자는 심판을 받지 아니하는 것이요 (3:18)

📖 그(예수)는 흥하여야 하겠고 나(요한)는 쇠하여야 하리라 (3:30)

7. **(예배하는 법/ 양식)** 하나님은 영이시니 **예배하는 자가 영**(靈/ 성령 충만)**과 진리**(眞理/ 말씀)**로 예배할지니라** (4:24)
- **나의** (먹을)**양식**은 나를 보내신 이의 뜻을 행하며 그의 일을 온전히 이루는 이것이니라 (4:34)

☞ 신앙은 예배로 표현되며 예배는 영화롭게 경배하는 것으로 본질적으로 공동행위(우리)이어야 한다.

8. **(말씀을 믿으면 영생을 얻는다) 내 말을 듣고 또 나 보내신 이를 믿는 자는 영생을 얻었고** 심판에 이르지 아니하나니 사망에서 생명으로 옮겼느니라 (5:24)
- 이(구약) 성경이 곧 내게 대하여 증언하는 것이니라 (5:39) 너희가 **서로의 영광을 취하고**(*주고받으면서*) 유일하신 하나님께로부터 오는 영광은 구하지 아니하니 어찌 나를 믿을 수 있느냐 (5:44)

9. **(믿음이 하나님의 일이라) 썩을 양식**(세상 일)**을 위하여 일하지 말고 영생하**

요

도록 (남아)**있는 양식을 위하여 하라** (6:27) 하나님께서 **보내신 이**(예수)**를 믿는 것이** *(곧)* **하나님의 일이니라** 하시니 (6:29)

10. **(예수 믿으면 영생을 얻는다/ 주제)** 나는 생명의 떡(그리스도의 몸)이니 내게 오는 자는 결코 주리지 아니할 터이요 **나를 믿는 자는 영원히***(다시)* **목마르지 아니하리라** (6:35) 아버지께서 내게 주시는 자는 다 내게로 올 것이요 내게 오는 자는 내가 결코 내쫓지 아니하리라 (6:37)

- **내 아버지의 뜻은** 아들을 보고 믿는 자 마다 영생을 얻는 **이것이니***(얻게 하시는 것이다)* **마지막 날에 내가 이를***(그들을)* **다시 살리리라** (6:40)

- 누구든지 목마르거든 내게로 와서 마시라 (7:37) **그***(의)* **배에서 생수의 강이***(생수가 강물처럼*/ 신자가 받을 성령을 의미) 흘러나오리라 (7:38)

11. **(음행 중 잡힌 여자를 용서)** 너희 중에 죄 없는 자가 먼저 돌로 치라 (8:7) (양심에 가책을 느껴...나가고 8:9) 나도 너를 정죄하지 아니하노니 가서 다시는 죄를 범하지 말라 (8:11)

12. **(주는 세상의 빛이다)** 나는 세상의 빛이니 나를 따르는 자는 어둠(죽음)에 다니지 아니하고 생명의 빛을 얻으리라 (8:12)

- 너희가 만일 내가 그인 줄 믿지 아니하면 너희 죄 가운데서 죽으리라 (8:24)

13. **(진리가 자유케 하리라)** 너희가 내 말에 거하면*(머물러 있으면)* 참으로 내 제자가 되고 진리(예수/말씀)를 알지니 **진리가 너희를 자유롭게 하리라** (8:31-32) 사람이 내 말을 지키면 영원히 죽음을 보지아니하리라*(겪지 않을 것이다)* (8:51)

14. **(맹인으로 난 것이 누구의 죄로 인함이니이까 9:2)** 이 사람이나 그 부모의 죄로 인한 것이 아니라 **그에게서 하나님이 하시는 일을 나타내고자 하심이라** (9:3) 진흙을 이겨 그의 눈에 바르시고 이르시되 실로암 못에 가서

씻으라 하시니 이에 가서 씻고 밝은 눈으로 왔더라 (9:6-7)

15. **(예수님이 오신 목적/ 양의 비유)** 내가 온 것은 양으로 생명을 얻게 하고 더 풍성히 얻게 하려는 것이라 (10:10) **나는 선한 목자라** 나는 내 양을 알고 양도 나를 아는 것이 아버지께서 나를 아시고 내가 아버지를 아는 것 같으니 **나는 양을 위하여 목숨을 버리노라** (10:14-15) 내 양은 내 음성을 들으며 나는 그들을 알며 그들은*(내 양들은)* 나를 따르느니라*(따른다)* (10:27) **내가 그들에게 영생을 주노니** 영원히 멸망하지 아니할 것이요 (10:28) 내 아버지는 만물보다 크시매 아무도 아버지 손에서 빼앗을 수 없느니라 (10:29)

16. **(죽은 나사로를 살리시다) 나는 부활이요 생명이니 나를 믿는 자는 죽어도 살겠고** (11:25) **무릇 살아서 나를 믿는 자는 영원히 죽지 아니하리니** 이것을 네가 믿느냐 (11:26) (마르다의 대답) 주는 그리스도시요 세상에 오시는 하나님의 아들이신 줄 내가 믿나이다 (11:27)

- (죽은지 나흘이되어 냄새 나는 나사로 무덤의) 돌을 옮겨 놓으니(11:39-41 요약) (둘러선 무리들이 주를 보내신 것을 믿게 하려고) **항상 내 말을** (하나님께서) **들으시는 줄을 내가 알았나이다** (11:42) (이 말씀을 하시고 큰 소리로) 나사로야 나오라 부르시니 (11:43) 수족을 베로 동인 채로 나오는데…풀어 놓아 다니게 하라 (11:44)

17. **(인자가 들려야 하리라) 한 알의 밀이 땅에 떨어져 죽지 아니하면 한 알 그대로 있고 죽으면 많은 열매를 맺느니라** (12:24)

- 내가 땅에서 들리면*(들려서 올라갈 때에/ 부활 승천하면)* 모든 사람을 내게로 이끌겠노라*(이끌어 올 것이다)* 하시니 (12:32)

〈잡히시기 전 제자들에게 한 **예수님의 고별사** 13:1-16:33〉

18. **(서로 발을 씻어 주라/ 세족례/ 고별사 1)** 내가 주와 또는 선생이 되어 너희 발을 씻었으니 너희도 서로 발을 씻어 주는 것이 옳으니라 내가 너희에게 행한 것같이 너희도 행하게 하려 하여 본을 보였노라 (13:14-15)

☞ 세족례는 겸손과 섬김의 도를 가르치는 실천 장면이다

19. **(서로 사랑하라/ 고별사 2-1)** 새 계명을 너희에게 주노니 서로 사랑하라 내가 너희를 사랑 한 것같이 너희도 서로 사랑하라 (13:34) 너희가 서로 사랑하면 이로써(*그것으로써*) 모든 사람이 너희가 내 제자인 줄 알리라 (13:35)

20. **(내가 곧 참된 길이요 진리요 생명이다)** 너희는 마음에 근심하지 말라 하나님을 믿으니 또 나를 믿으라 (14:1) 내 아버지 집에 거할 곳이 많도다...내가 너희를 위하여 거처를 예비하러 가노니 (14:2) 가서 너희를 위하여 거처를 예비하면 내가 다시 와서 너희를 내게로 영접하여 나 있는 곳에 너희도 있게 하리라 (14:3)
- **내가 곧** (하나님께 이르는)**길이요 진리요 생명이니 나로 말미암지**(*나를 거치지*) **않고는 아버지께로 올**(*갈*) **자가 없느니라** (14:6) (아버지를 보여 달라는 빌립에게) 나를 본 자는 아버지를 보았거늘 어찌하여 아버지를 보이라 하느냐 (14:9)

21. **(무엇이든지 구하라/ 고별사 3-1)** 나를 믿는 자는 내가 하는 일을 그도 할 것이요 또한 그보다 큰 일도 하리니 (14:12) 너희가 **내 이름으로 무엇을 구하든지 내가 행하리니** 이는 아버지로 하여금 아들로 말미암아 영광을 받으시게 하려 함이라 (14:13) **내 이름으로 무엇이든지 내게 구하면 내가 행하리라**(*다 이루어 주겠다*) (14:14)

22. **(성령을 보내리라/ 고별사 4-1)** 그가 또 다른 보혜사(보살피며 은혜 주시는 분/성령)**를 너희에게 주사 영원토록 너희와 함께 있게 하리니** (14:16) 그는 진리의

영이라 ... 그는 너희와 함께 거하심이요 또 너희 속에 계시겠음이라 (14:17) 내가 너희를 고아와 같이 버려두지 아니하고 너희에게로 오리라 (14:18)

23. (주를 사랑하는 자에게 역사하신다) **나의 계명을 지키는 자라야 나를 사랑**하는 자니 나를 사랑하는 자는 내 아버지께 사랑을 받을 것이요 **나도 그를 사랑하여 그에게 나를 나타내리라** (14:21) 사람이 나를 사랑하면 내 말을 지키리니 ...**우리가**(*내 아버지와 나는*) 그에게 가서 **거처를 그와 함께 하리라**(*그 사람과 함께 살 것이다*) (14:23)

24. (성령이 가르치리라/ 고별사 4-2) 보혜사 곧 아버지께서 내 이름으로 보내실 **성령 그가 너희에게 모든 것을 가르치고 내가 너희에게 말한 모든 것을 생각나게 하리라** (14:26)

25. (평안을 주노라/ 고별사 5) 평안을 너희에게 끼치노니 곧 **나의 평안을 너희에게 주노라 내가 너희에게 주는 것은 세상이 주는 것과 같지 아니하리라** 너희는 마음에 근심하지도 말고 두려워하지도 말라 (14:27)

☞ 불안은 자신의 능력보다 더 많은 것을 바라는 탐욕 때문이다 열심히 노력하다보면 기회는 온다

26. (내안에 거하라) **내 안에 거하라 나도 너희 안에 거하리라** (15:4) 나는 포도나무요 너희는 가지라 그가 내 안에, 내가 그 안에 거하면 사람이 열매를 많이 맺나니 **나를 떠나서는 너희가 아무것도 할 수 없음이라** (15:5)

27. (무엇이든지 구하라/ 고별사 3-2) 너희가 내 안에 거하고 내 말이 너희 안에 거하면 무엇이든지 원하는 대로 구하라 그리하면 이루리라 (15:7)

요

📖 주께 고함 없는 고로 복을 얻지 못하네 사람들이 어찌하여 아뢸 줄을 모를까 (찬송가 369. 통487)

28. (서로 사랑하라/ 고별사 2-2) **너희도 내 계명을 지키면 내 사랑안에 거하리라** (15:10) 내 계명은 곧 내가 너희를 사랑한 것 같이 **너희도 서로 사랑하라** 하는 이것이니라 (15:12, 13:34 참조) 내가 명하는 대로 행하면 곧 나의 (종이 아닌)친구라 (15:14)

📖 나도 너희를 사랑하였으니 나의 사랑 안에 거하라 (15:9)

29. (예수가 우리를 택한 것이다) 너희가 나를 택한 것이 아니요 **내가 너희를 택하여 세웠나니** 이는(선택의 목적은) 너희로 가서 열매를 맺게 하고 또 너희 열매가 항상 있게 하여 **내 이름으로 아버지께 무엇을 구하든지 다 받게 하려 함이라** (15:16)

30. (성령을 보내겠다/ 고별사 4-3) 내가 떠나가는(죽는) 것이 너희에게 유익이라…가면 **내가 그**(보혜사, 성령)**를 너희에게로 보내리니** (16:7)
- **진리의 성령이 오시면** 그가 너희를 모든 진리 가운데로 인도하시리니 그가 스스로 말하지 않고 **오직 들은 것**(성부의 뜻)을 말하며 **장래 일**을 너희에게 알리시리라 (16:13)
- 지금은 너희가 근심하나 내가 다시 너희를 보리니 너희 마음이 기쁠 것이요 너희 기쁨을 빼앗을 자가 없으리라 (16:22)

📖 진리의 성령이(보혜사가) 오실 때에 그가 나를 증언하실 것이요 (15:26)

31. (무엇이든지 구하라/ 고별사 3-3) **너희가 무엇이든지 아버지께 구하는 것을 내 이름으로 주시리라** (16:23) 지금까지 너희가 내 이름으로 아무것도 구하지

아니하였으나 구하라 그리하면 받으리니 너희 기쁨이 충만하리라 (16:24)

요

☞ 예수님의 고별사에는 **"우리가 원하는 대로**(예수 이름으로) **무엇이든지 구하라 내가 행하리라"**는 위대하고 놀라운 약속을 여섯 번이나 반복하셨다

32. (내가 세상을 이겼다) 내가 **아버지에게서 나와 세상에 왔고 다시 세상을 떠나 아버지께로 가노라** (16:28) (이것을 너희에게 이르는 것은) **너희로 내 안에서 평안을 누리게 함이라** 세상에서는 너희가 환난을 당하나 **담대하라 내가 세상을 이기었노라** (16:33)

📖 그러므로 너희 담대함(신념.용기)을 버리지 말라 이것이 큰 상을 얻게 하느니라 (히10:35) / ☞ 담대함은 불가능한 마음을 가능하게 한다

33. (대제사장의 고별기도/ 17:1-26) (아들에게 주신) **모든 사람에게 영생을 주게 하시려고** 만민을 다스리는 권세를 아들에게 주셨음이로소이다 (17:2) **영생은 곧 유일하신 참 하나님과 그가 보내신 자 예수 그리스도를 아는 것이니이다** (17:3) 그들을 진리로 거룩하게 하옵소서 아버지의 말씀은 진리니이다 (17:17)

☞ 성부와 성자의 영광과(17:1-8) 제자들의 충성(17:9-19) 성도간의 교제를 (17:20-26) 염원하는 기도이다.

34. (제자들에게 성령을 주시다) 아버지께서 나를 보내신 것 같이 나도 너희를 보내노라 (20:21) ...**성령을 받으라** (20:22) 너희가 누구의 죄든지 사하면 사하여질 것이요 누구의 죄든지 그대로 두면 그대로 있으리라 (20:23)

📖 내 영(성령)을 모든 육체(만민)에 부어 주리니...남종과 여종에게 부어 줄 것이며 (행2:17-18, 욜2:28-29)

35. **(도마가 의심하다)** (도마에게) 네 손을 내밀어 내 옆구리에 넣어 보라 그리

요

하여 믿음 없는 자가 되지 말고 믿는 자가 되라 (20:27) (도마의 대답) 나의 주님이시요 나의 하나님이시니이다 (20:28) 너는 나를 본 고로 믿느냐 **보지 못하고 믿는 자들은 복되도다** 하시니라 (20:29)

36. **(요한복음의 기록 목적)** 오직 이것을 기록함은 너희로 예수께서 하나님의 아들 그리스도이심을 믿게 하려 함이요 또 **너희로 믿고 그 이름을 힘입어 생명을 얻게 하려 함이니라** (20:31)

37. **(디베랴 호수에서 세 번째로 일곱 제자들에게 나타나시다)** 그물을 배 오른편에 던지라 그리하면 잡으리라 하시니 이에 던졌더니 물고기가 많아 (153 마리) 그물을 들 수 없더라 (21:6)

- 예수께서 이르시되 와서 **조반**(생선, 떡)을 **먹으라** 하시니 (21:12) 예수께서 (숯불에) 가셔서 떡을 가져다가 그(제자)들에게 주시고 생선도 그와 같이 하시니라 (21:13)

📖 구운 생선 한 토막을 드리니 (예수께서)받으사 그 앞에서 잡수시더라 (눅 24:42-43)

38. **(내 양을 먹이라/ 3번 당부)** 요한의 아들 시몬(베드로)아 (이 사람들 보다) **네가 나를 사랑하느냐** 하시니…예수께서 이르시되 **내** (어린)**양을 먹이라** (치라) (21:15-17)

39. **(베드로의 순교 방법을 예언)** 네가 젊어서는 스스로 띠 띠고 원하는 곳으로 다녔거니와 **늙어서는 네 팔을 벌리리니** 남이 네게 띠 띠우고 원하지 아니하는 곳으로 데려가리라(*끌고 가리라*) (21:18)

☞ 67년경 네로 박해 때에 십자가에 거꾸로 매달려 순교하였다.

사도행전 [행] (187쪽)

〈누가, 80년후-90년초, 복음전도〉

1. (성령을 약속하시다) 아버지께서 약속하신 것(성령)을 기다리라 (1:4) **성령으로 세례를 받으리라** (1:5) 때와 시기는 아버지께서 자기의 권한에 두셨으니(1:7) **오직 성령이 너희에게 임하시면 너희가 권능**(*능력*)**을 받고 예루살렘과 온 유대와 사마리아와 땅 끝까지 이르러 내 증인이 되리라** 하시니라 (1:8) (갈릴리 사람들아 어찌하여 서서 하늘을 쳐다 보느냐) 이 예수는 하늘로 가심(승천)을 본 그대로 오시리라 (1:11)

> 📖 데오빌로여 내가 먼저 쓴 글(누가복음)에는...(1:1)/ ☞ 누가는 이방인(안디옥) 의사로 바울의 예루살렘(21:17)과 로마 선교여행에 동행하고 병약한 바울의 감옥생활을 홀로 돌보며(딤후4:11) 누가복음과 사도행전을 써서 데오빌로 각하께 편지로 보냈다.

2. (성령의 강림/ 교회 탄생) 오순절 날이 이미 이르매 그들이 다 같이 한 곳에 (마가의 다락방에 120명이 1:15) **모였더니** (2:1)

- (성령강림) 홀연히 하늘로부터 **급하고 강한**(세찬) 바람 같은 소리가 있어 *(나더니)* 그들이 앉은 온 집에 가득하며 (2:2) 마치 불의 혀처럼 갈라지는 것들이 그들에게 보여 각 사람 위에 **하나씩** 임하여 있더니*(내려 앉았다)* (2:3) 그들이 다 **성령의 충만함을 받고** 성령이 말하게 하심을 따라*(시키시는 대로)* **다른 언어**(*방언*)들로 말하기를 시작하니라 (2:4)

3. (베드로의 오순절 설교) 말세에 내가 내 영을 모든 육체에 부어 주리니 (21:17) **누구든지 주의 이름을 부르는 자는 구원을 받으리라** (2:21, 욜2:32) 너희가 십자가에 못 박은 이 예수를 하나님이 주와 그리스도가 되게 하셨느니라 (2:36)

- (우리가 어찌할꼬 하거늘 2:37) 베드로가 이르되 **너희가** (십자가에 못 박은 것을)

행

회개하여 각각 예수 그리스도의 이름으로 세례를 받고 죄 사함을 받으라 그리하면 성령의 선물을 받으리니 (2:38) 이 패역한*(비뚤어진)* 세대에서 구원을 받으라 (2:40) (듣고) 세례를 받으매 이날에 신도의 수가 삼천이나 더하더라 (2:41) 그들이 사도의 **가르침**을 받아서 서로 교제하고 떡을 떼며 오로지 **기도하기**를 힘쓰니라 (2:42)

📖 믿음에는 회개가 따른다. 회개는 하나님에 대한 불순종과 원수의 관계에서 화목의 관계로 돌아서는 것을 의미한다 (예장 신앙고백서 제6장3)

4. (교회 공동체) 믿는 사람이 다 함께 있어 모든 물건을 서로 통용하고 또 재산과 소유를 팔아 각 사람의 필요를 따라 나눠 주며 (2:44-45) 날마다 마음을 같이하여 성전에 모이기를 힘쓰고 집에서 떡을 떼며 기쁨과 순전한 마음으로 음식을 먹고(2:46) **하나님을 찬미하며***(찬양하였다)* **또 온 백성에게 칭송을 받으니***(그래서 그들은 모든 사람에게 호감을 샀다)* **주께서 구원받는 사람을 날마다 더하게 하시니라** (2:47)

5. (나면서 못 걷는 사람을 고치다) 베드로와 요한이 성전에 들어가려 함을 보고 구걸하거늘 (3:3) 베드로가 이르되 은과 금은 **내게 없거니와 내게 있는 이것을 네게 주노니 나사렛 예수 그리스도의 이름으로 일어나 걸으라** 하고 (3:6) 오른손을 잡아 일으키니 발과 발목이 곧 힘을 얻고 (3:7) *벌떡 일어나서 걸었다* (3:8)

📖 그러므로 너희가 회개하고 돌이켜 너희 죄 없이함을 받으라 이같이 하면 새롭게 되는 날이 주 앞으로부터 이를 것이요 (3:19)

6. **(베드로와 요한이 공회 앞에 끌려오다)** (3:6은)*나사렛 예수 그리스도의 이름을 힘입어서 된 것입니다* (4:10) 이 **예수는 너희 건축자들이 버린 돌로서** *(돌이지만)* 집 모퉁이의 머릿돌이 되었느니라 (4:11, 시118:22) **다른 이로써**

는 구원을 받을 수 없나니 (4:12) 하나님 앞에서 **너희의 말을 듣는 것이 하나님의 말씀을 듣는 것보다 옳은**(*일인*)**가 판단하라** (4:19) 우리는 보고 들은 것을 말하지 아니할 수 없다 하니 (4:20) 모든 사람이 그 된 일을 보고 하나님께 영광을 돌림이라 (4:21)

📖 예수는 하나님과 사람 사이의 중보자요 예언자와 제사장과 왕이며 교회의 머리와 구주가 되시며 세상의 심판자가 되시며 참 하나님인 동시에 참 사람이다 (웨스터민스터 신앙고백 제8장 1.2)

7. **(아나니아와 삽비라 부부가 죽다)** **네가 성령을 속이고 땅 값 얼마를 감추었느냐** (5:3) *그대는 사람을 속인 것이 아니라 하나님을 속인 것이오* (5:4) 베드로가 이르되 ***왜 그대들 내외는 서로 공모해서 주님의 영을 시험하려고 하였소*** 네 남편을 장사하고... 또 너를 메어 나가리라 (5:9)

8. **(일곱 일꾼을 택하여 흥하다)** (헬라파(소수) 과부들이 구제에 빠져서 히브리파(다수)를 원망함으로 6:1 요약) (열두 사도가 모든 제자를 불러 일르되) 우리가 하나님의 말씀을 제쳐 놓고 접대를 일삼는 것이 마땅하지 아니하니(*음식 베푸는 일에 힘쓰는 것은 좋지 못합니다*) (6:2) **성령과 지혜가 충만하여 칭찬 받는 사람 일곱을 택하라** 우리가 이 일을 그들(스테반 빌립 니골라 등 **모두 헬라파에서** 일곱을 택해 안수한 자)에게 맡기고 **우리는 오로지 기도하는 일과 말씀 사역에 힘쓰리라** 하니 (6:3-4)

- 하나님의 말씀이 점점 왕성하여 예루살렘에 있는 제자의 수가 더 심히 많아지고 **제사장의 무리도 이 도에 복종하니라** (6:7)

☞ 안수집사 제도로 복음사역(사도)과 구제 사역(집사)이 분리되었다

9. **(스데반이 설교하고 순교하다)** 스데반이 은혜와 권능(*능력*)이 충만하여 큰 기사와 표적을 민가에(*백성 가운데*) 행하니 (6:8) 모함받고 잡혀 설교하다

행

(7장 요약) 의인이 오시리라 예고한 자들을 그들이 죽였고 이제 너희는 그 의인을 잡아준(*배반한*) 자요 살인한 자가 되나니 (7:52) 보라 하늘이 열리고 **인자가 하나님 우편에 서신 것을 보노라** 한 대 (7:56) 돌로 칠새…(7:58-59) **주여 이 죄를 그들에게 돌리지 마옵소서** 이 말을 하고 자니라 (7:60)

10. (예수를 박해한 사울이 택한 그릇이 되었다) 사울이 교회를 잔멸할새 각 집에 들어가 남녀를 끌어다가 옥에 넘기니라 (8:3) (사울이 옥에 넘기려 다메섹에 가다가) 하늘로부터 빛이 둘러 비추는지라…**사울아 사울아 네가 아찌하여 나를 박해하느냐** 하시거늘 (9:3-4) 대답하되 주여 누구시니이까 이르시되 나는 네기 박해하는 예수라 너는 일어나 시내로 들어가라 네가 행할 것을 이를 자가 있느니라 (9:5-6)

- **이 사람**(사울)은 내 이름을 이방인과 임금들과 이스라엘 자손들에게 전하기 위하여 **택한 나의 그릇이라** (9:15) **아나니아가** (사울에게) **안수하여 이르되** …예수께서 나를 보내어 다시 보게 하시고 성령으로 충만하게 하신다 하니 **즉시 사울이 다시** (3일 만에) **보게된지라 일어나 세례를 받고 음식을 먹으매 강건하여 지니라** (9:17-19)

11. (바나바의 전도 사역) **바나바가**(사울이 제자됨을 믿지 아니하니 그를) **데리고 사도들에게 가서** 그가 길에서 어떻게 주를 보았는지와 주께서 그에게 말씀하신 일과 다메섹에서 그가 어떻게 예수의 이름으로 담대히 말하였는지를 전하니라 (9:27)

📖 그(바나바)가 밭을 팔아…사도들의 발 앞에 두니라 (4:37)

12. (베드로의 이방인 선교 설교) **그가**(백부장 고넬료가) **경건하여** 온 집안과 더불어 **하나님을 경외하며** 백성을 많이 **구제하고** 하나님께 **항상 기도하더니** (10:2) **네 기도와 구제가** 하나님 앞에 상달되어 기억하신 바가 되었으

니…시몬을 청하라 (10:4-5) 하나님께서 내(베드로)게 지시하사(10:9-16절의 이방인 환상) **아무도 속되다 하거나 깨끗하지 않다 하지말라** 하시기로 (10:28) 하나님은 **사람의 외모**(유대인과 이방인)**를 보지**(가리지) 아니하시고 (10:34) **각 나라 중**(*어느 민족에 속하여 있든지*) **하나님을 경외**(*두려워*)**하며 의를 행하는 사람은 다 받으시는 줄 깨달았도다** (10:35) 이방인들에게도 성령 부어 주심(방언과 하나님을 높임)으로 말미암아 놀라니 (10:45) (베드로가) 명하여 예수 그리스도의 이름으로 (이방인에게도) 세례를 베풀라 하니라 (10:48)

13. **(베드로가 예루살렘 교회에 보고하다)** (추인)**하나님께서 이방인에게도 생명 얻는 회개를 주셨도다** 하니라 (11:18) 바나바는 착한 사람이요 성령과 믿음이 충만한 사람이라 이에 큰 무리가 주께 더하여지더라 (11:24) (만나매 사울과 바나바 둘이 일년 간 큰 무리를 가르쳤고) 제자들이 안디옥(이방교회)에서 비로소 **그리스도인이라 일컬음**을 받게 되었더라 (11:26)

14. **(베드로가 감옥에서 풀려나다)** (헤롯 왕이 야고보를 칼로 죽인 것을 유대 사람들이 기뻐하는 것을 보고 12:1-4참조) 이에 베드로는 옥에 갇혔고 교회는 그를 위하여 간절히 하나님께 기도하더라 (12:5) 전날 밤에 **주의 천사가 나타나매** 옥중에 광채가 빛나며 겉옷을 입고 **따라오라 한대** 쇠문에 이르니 **문이 저절로** 열리는지라 나와서 한 거리를 지나매 천사가 곧 떠나더라 (12:6-10 요약)

〈바울의 1차(*키프로스 루스드라 이고니온 등*) **선교여행** 13:1-14:28〉

15. **(안디옥에서 설교)** 내가 이새의 아들 다윗을 만나니(*찾아냈으니*) **내 마음에 맞는 사람이라 내 뜻을 다이루리라** (13:22) 이 사람을 힘입어 믿는 자마다 의롭다 하심을 얻는 이것이라(칭의/ *믿는 사람은 누구나 다 예수 안에서 의롭게 됩니다*) (13:39)

행

16. **(루스드라에서 기적)** (나면서 걷지 못하는 자에게) 큰 소리로 이르되 네 발로 바로 일어서라 하니 (14:10) (그들이 걷는 것을 보고 바울과 바나바에게 제사하고자 하매) 우리도 여러분과 같은 성정을 가진 사람이라 (복음을 전하는 것은...) 살아계신 하나님께로 돌아오게 함이라 (14:15)

※ **바울**은 헬라어 이름이고 사울은 히브리어 이름이다, 작은 자

〈 **바울의 2차**(*안디옥 드로아 에베소 등*) **선교여행** 15:36-18:22 〉

17. **(바울과 바나바가 갈라서다)** (마가요한이 1차 선교여행중 장래 고난이 두려워 무단 이탈한 일로 13:13) **서로 심히 다투어 피차 갈라서니 바나바는 마가를 데리고 배타고 구브로로 가고 바울은 실라를 택한 후에 ...수리아와 길리기아로** 다니며 교회들을 견고하게 하니라 (15:39-41)

※ (후에) 나의 동역자 마가(몬1:24), 디모데에게 마가를 데리고 오라(딤후4:11)

18. (마게도냐에 복음을 전하라) **성령이 아시아에서 말씀을 전하지 못하게 하시거늘**...(16:6) **바울이 그**(마게도냐로 건너와서 우리를 도우라는 간청 16:9) 환상을 보았을 때 우리가 곧 **마게도냐**(유럽)**로 떠나기를 힘쓰니 이는 하나님이 저 사람들에게 복음을 전하라고** 우리를 부르신 줄로 인정함이러라(*확신하였기 때문이라*) (16:10)

📖 바울이 빌립보에서 루디아(자색 옷감 장사)를 개종시키다 (16:11-15 요약)

19. **(바울과 실라가 옥에 갇히다)** (지진으로 옥문이 열린 것을 보고 간수가 자결하려 할 때 우리가 여기 있노라하니...내가 어떻게 하여야 구원을 받으리이까 하거늘) **주 예수를 믿으라 그리하면 너와 네 집이 구원을 받으리라** 하고 (16:31) 그와(간수) 온 집안이 하나님을 믿음으로 크게 기뻐하니라 (16:34)

20. **(베뢰아에서 전도하다)** 베뢰아에 있는 *(유대)*사람들은 데살로니가에 있는 사람들보다 더 너그러워서*(고상한 사람들이어서)* **간절한 마음으로 말씀을 받고***(아주 기꺼이 말씀을 받아들이고)* **이것이 그러한가 하여***(그것이 사실인지 알아보려고)* **날마다 성경을 상고하므로***(하였다)* (17:11)

〈아덴*(아테네)*에서 전도〉 그(예수)를 죽은 자 가운데서 다시 살리신 것으로 모든 사람에게 믿을 만한 증거를*(확신을)* 주셨음이니라 (17:31)

21. **(바울이 고린도에서 전도)** (주께서 환상 가운데 바울에게 말씀하시되) **두려워하지 말며 침묵하지 말고 말하라** (18:9) **내가 너와 함께 있으매** 어떤 사람도*(아무도)* 너를 대적하여 해롭게 할 자가 없을 것이니*(너에게 손을 대어 해하지 못할 것이다)* (18:10)

〈바울의 3차*(에베소 마게도니아 등)* **선교여행** 18:23-21:16**〉**

22. **(바울의 치유 은사)** **하나님이 바울의 손으로 놀라운 능력을 행하게 하시니** 심지어 사람들이 바울의 몸에서 손수건이나 앞치마를 가져다가 병든 사람에게 얹으면*(얹기만해도)* 그 병이 떠나고 악귀도 나가더라 (19:11-12) **이와 같이 주의 말씀이 힘이 있어 흥왕하여 세력을 얻으니라** (19:20)

☞ 베드로도 중풍 병자를 고치고 죽은 도르가를 살렸다

23. **(에베소 장로들에게 고별 설교)** (예루살렘에 가면 환난이 기다리나) 내가 달려갈 길과 주 예수께 받은 사명 곧 하나님의 은혜의 **복음을 증언하는 일을** 마치려 함에는 **나의 생명조차 조금도 귀한 것으로 여기지 아니하노라** (20:24) 성령이 그들*(양 떼)* 가운데 여러분을 감독자(목사.장로)로 삼고 하나님이 자기 피로 사신 교회를 보살피게 하셨느니라 (20:28) *(나는…본을 보였습니다. 힘써 일해서 약한 사람들을 돕고…)* 또 예수께서 친히 말씀하신 바 **주는 것이**

행

받는 것보다 복이 있다 하심을 기억하여야 할지니라*(명심해야 합니다)* (20:35)

행

24. **(황제에게 상소하다)** 유대인 마흔 명이 바울을 죽이기 전에는 먹지 않기로 맹세하고 **이송 중 바울을 죽이려고 예루살렘으로 옮기길 청합니다** 천부장은 로마 시민권자인 **바울의 살해음모를 듣고 병력을 동원 밤에 벨릭스 총독에게 이송한다** 단순한 부활논쟁이었으나 유대인의 마음을 얻고자 하여 2년간이나 구류하여두니라 (23장-24장 요약) (**베스도 새 총독**은 유대인의 2차 고소에 대하여 바울의 잘못이 없다는 변명을 듣고) 내가 가이사에게 상소하노라 한대 배석자(배심원)들과 상의*(협의)*하고 **가이사***(황제)***에게 갈 것이라 하니라** (25:11-12)

📖 후에 로마도 보아야 하리라 (19:21) 주께서 바울 곁에 서서…나의 일을…로마에서도 증언하여야 하리라 (23:11)

25. **(배타고 로마로 압송되다)** (276명이 탄 이달리야로 향하는 알렉산드리아 배에)유라굴라라는 광풍이 크게 일어나니 (27:14) **짐을 버리고.. 구원의 여망마저 없어졌더라** (27:18-20) **네가 가이사**(로마황제/ 네로) **앞에 서야 하겠고** 또 하나님께서 너와 함께 항해하는 자를 다 네게 주셨다 하였으니 (27:24)…나는 내게 말씀하신 그대로 되리라고 하나님을 믿노라 (27:25) (마침내)다 (멜리데에/*몰타 섬에*)상륙하여 구조되니라 (27:44)
- 원주민들이 불을 피워 영접할 때 **바울이** 독사에게 물렸으나 죽지 않고 살아서 신이라 하더라 (보블리오의 부친 등의)병을 고쳐주고 후한 대접을 받고 석달 후에 로마로 출항하였다 (28:1-10 요약)

26. **(바울이 로마에 복음을 전하다)** **하나님의 이 구원이 이방인에게로 보내어진 줄 알라** (28:28) 바울이 온 **이태**(60-62년)를 **자기 셋집**(가택연금 상태)에 **머물면서** (엡 . 빌 . 골 . 갈의 옥중서신도 쓰고) 자기에게 오는 사람을 다 영접

하고 (28:30) **하나님의 나라를 전파하며** 주 예수 **그리스도에 관한 모든 것을 담대하게 거침없이***(아무런 방해도 받지 않고)* **가르치더라** (28:31)

📖 바울은 66년 2차로 베드로와 함께 로마 지하감옥에 갇혀(딤후 집필) 네로 황제의 박해 때에 참수형으로 (베드로는 십자가에 거꾸로 매달려) 67년경 순교하였다

로마서 [롬] (239쪽)

〈바울, 53-58년경, 구원 교리〉

1. **(믿음으로 의인이 된다/ 로마서의 주제)** 내가 복음을 부끄러워하지 아니하노니 **이 복음은 모든 믿는 자에게 구원을 주시는 하나님의 능력이 됨이라** (1:16) **복음에는 하나님의 의가 나타나서** (초기)**믿음으로** (완성된)**믿음에 이르게 하나니** 기록된 바 **오직 의인은 믿음으로 말미암아 살리라**(합2:4) 함과 같으니라 (1:17)

☞ 마르틴 루터는 이 말씀을 읽고 종교개혁을 시작한 바 그 원리는 오직 그리스도, 오직 성경, 오직 믿음, 오직 은혜, 오직 하나님께 영광이다/ ※ 16.17절은 이신득의(일명 이신칭의)로 오직 예수를 믿는 믿음을 통해 의인의 신분을 얻는다(의롭다고 칭함을 받는다)는 것이다

2\. **(창조물을 보고 하나님을 알라)** 창세로부터 그의*(하나님의)* 보이지 아니하는 것들*(속성)* **곧 그의 영원하신 능력과 신성이 그가 만드신 만물에 분명히 보여 알려졌나니***(신성은, 사람이 그 지으신 만물을 보고서 깨닫게 되어 있습니다)* 그러므로 그들이 핑계하지 못할지니라*(사람들은 핑계를 댈 수가 없습니다)* (1:20) 하나님의 진리를 거짓 것으로 바꾸어 피조물을 조물주보다 더 경배하고 섬김이라 (1:25)

3. **(타락한 마음대로 내버려두신다)** 그들이 마음에 하나님 두기를 싫어하매 **하나**

님께서 그들을 그 상실한(*타락한*) **마음대로 내버려두사 합당하지 못한 일을 하게 하셨으니**(*해서는 안될 일을 하도록 놓아 두셨습니다*) (1:28)

롬

📖 자녀를 얼마 동안 여러 가지 시험과 부패성에 잠기도록 버려두시는데 이는 자기 죄를 징벌하고, 마음의 불성실성을 발견해서 겸손해지고, 하나님을 전보다 더 굳게 의지하게 하며, 여러 가지 다른 의와 거룩한 목적에 주의 깊게 관찰하도록 하신다 (웨스트민스터 신앙고백 제5장 5) / 그들을 치시려고 인구조사를 시키시다 (삼하24:1)

4. **(그 행한 대로 갚으신다)** 하나님께서 각 사람에게 그 행한 대로 보응하시되 참고 선을 행하여 ... 영생으로 하시고... 악을 행하는 각 사람의 영에는 환난과 곤고가 있으리니... **선을 행하는 각 사람에게는 영광과 존귀와 평강이 있으리니** (2:6-10) 하나님 앞에서는 율법을 듣는 자가 의인이 아니요 오직 율법을 행하는 자라야 의롭다 하심을 얻으리니 (2:13)

5. **(하나님의 의)** 이제는 율법 외에 한 의가 나타났으니 율법과 선지자들에게 증거를 받은 것이라 (3:21) 곧 예수 그리스도를 **믿음으로 말미암아** 모든 믿는 자에게 미치는 **하나님의 의니**(*하나님의 의는 예수 그리스도를 믿는 믿음을 통하여 오는 것인데, 모든 믿는 사람에게 미칩니다*) (*거기에는 아무*) **차별이 없느니라** (3:22)

- 모든 사람이 죄를 범하였으매 하나님의 영광에 이르지 못하더니 (3:23) 그리스도 예수 안에 있는 **속량**(*구원 :값을 주고 샀다*)**으로** 말미암아 **하나님의 은혜로 값없이 의롭다 하심을 얻은 자** 되었느니라 (3:24)

- 사람이 의롭다 하심을 얻는 것은 율법의 행위에 있지 않고 믿음으로 되는 줄 우리가 인정하노라 (3:28)

6. **(아브라함이 믿으매)** **아브라함이 하나님을 믿으매**(*믿으니*) **그것이 그에게 의로 여겨진 바** 되었느니라(*하나님께서 그를 의롭다고 여기셨다 하였습니다*) (4:3) **하**

나님은 죽은 자를 살리시며 없는 것을 있는 것으로 부르시는 이시니라 (4:17)
- 예수는 우리가 범죄한 것 때문에 내줌이 되고*(죽임을 당하셨고)* 또한 우리를 의롭다 하시기 위하여 살아나셨느니라 (4:25)

롬

7. **(환난은 우리를 소망으로 인도한다)** 우리가 믿음으로 의롭다 하심을 받았으니...(5:1) 우리가 환난 중에도 즐거워하나니*(우리는 환난을 자랑합니다)* **이는 환난은 인내를***(인내력을 낳고)*, **인내는 연단을, 연단은 소망***(희망)***을 이루는 줄 앎이로다** (5:3-4) 소망*(희망)*이 우리를 부끄럽게 하지 아니함은...성령으로 말미암아 하나님의 사랑이 우리 마음에 부은 바 됨이니(5:5)

📖 하나님께서는 기회란 하나의 문을 닫으면 또 다른 문을 열어 주신다. 고난이 사람을 겸허하게 만든다. (에시)

8. **(피로 사랑을 확증하다)** 우리가 아직 죄인 되었을 때에 그리스도께서 **우리를 위하여 죽으심으로 하나님께서 우리에 대한 자기의 사랑을 확증***(실증)* **하셨느니라** (5:8)
- 그러므로 **한 사람으로 말미암아 죄가 세상에 들어오고** 죄로 말미암아 사망이 들어왔나니 이와 같이 **모든 사람이 죄를 지었으므로** 사망이 모든 사람에게 이르렀느니라 (5:12)
- 한 사람(아담)이 순종하지 아니함으로 많은 사람이 죄인 된 것 같이 **한 사람**(예수)**이 순종하심으로 많은 사람이 의인이 되리라** (5:19)

9. **(그리스도와 함께 죽고 산다)** 그의 죽으심과 합하여 세례를 받음으로 그와 함께 장사되었나니 (6:4) 우리의 옛 사람이 예수와 함께 십자가에 못 박힌 것은 죄의 몸이 죽어 다시는 우리가 죄에서 종 노릇 하지 아니하려 함이니 (6:6) **만일 우리가 그리스도와 함께 죽었으면 또한 그와 함께 살 줄을 믿노니** (6:8)
- 교훈의 본을*(본에)* 마음으로*(부터)* 순종하여 (6:17) 죄로부터 해방되어 의에게*(의의)* **종이 되었느니라** (6:18) 죄의 삯은 사망이요 하나님의 은사는*(선*

물은) 그리스도 예수 우리 주 안에 있는 영생*(영원한 생명)* 이니라 (6:23)

10. **(성령은 생명을 주신다)** 이제*(그러므로)* 그리스도 예수 안에 있는 자에게는 결코 정죄함이 없나니 (8:1) 이는*(그것은)* 그리스도 예수 안에 있는*(안에서)* **생명의***(생명을 누리게 하는)* **성령의 법이** (당신을)**죄와 사망의 법**(율법)**에서 너를 해방하였음이라** (8:2) 육신의 생각은 사망이요 **영의***(성령에 속한)* 생각은 생명과 평안이니라 (8:6) 누구든지 그리스도의 영이 없으면 그리스도의 사람이 아니라 (8:9) 너희 안에 거하시는 그의 영으로 말미암아 너희*(여러분)* **죽을 몸도 살리시리라** (8:11)

11. **(우리는 하나님의 아들이다)** 너희가 육신대로 살면 반드시 죽을 것이로되 **영으로써 몸의 행실을 죽이면 살리니** (8:13) **무릇 하나님의 영으로 인도함을 받는 사람은 곧***(누구나 다)* **하나님의 아들**(자녀)**이라** (8:14) 너희는… **양자의 영을** 받았으므로 우리가 아빠 아버지라고 부르짖느니라 (8:15) (자녀이면 또한 하나님과 그리스도와 함께한 *(공동)*상속자니) **우리가 그와 함께 영광을 받기 위하여 고난도 함께 받아야 할 것이니라** (8:17)

12. **(구원을 갈망하다/ 예정과 칭의)** 현재의 고난은 장차 우리에게 나타날 영광과 비교할 수 없도다 (8:18) 우리는 마땅히 기도할 바를 알지 못하나 오직 성령이 말할 수 없는 탄식으로 우리를 위하여 친히 간구하시느니라 (8:26) **하나님을 사랑하는 자 곧 그의 뜻대로 부르심을 입은 자들에게는 모든 것이** *(서로)***합력하여 선을 이루느니라** (8:28)
- 또 미리 정하신(예정하신) 그(성도)들을 또한 부르시고 **부르신 그들을 또한 의롭다 하시고** (칭의) 의롭다 하신 그들을 또한 영화롭게 하셨느니라 (8:30)

☞ 어떠한 재앙이라도 마지막에는 그 재앙이 성도들에게는 이익이 된다.
/ 하나님과의 관계를 회복함으로 세상의 모든 문제가 해결된다

롬

13. (하나님의 사랑은 어떠한 역경보다 강하다) 만일 **하나님이 우리를 위하시면***(우리 편이시면)* **누가 우리를 대적하리요** (8:31) 자기 아들을 아끼지 아니하시고 우리 모든 사람을 위하여 내 주신 이가 어찌 **그 아들과 함께 모든 것을 우리에게** *(선물로 거저)* **주시지 아니하겠느냐** (8:32)
- 누가 능히 하나님께서 택하신 자들을 고발하리요 **의롭다 하신 이는 하나님이시니** 누가 정죄하리요 (8:33-34) 누가 우리를 그리스도의 사랑에서 끊으리요 (8:35)
- 그러나 이 모든 일에 우리를 사랑하시는 **이**(예수)로 **말미암아 우리가 넉넉히 이기느니라** (8:37) 우리를 우리 주 그리스도 예수 안에 있는 **하나님의 사랑에서 끊을 수 없으리라** (8:39)

14. (믿어 구원을 얻는다) **그리스도는 모든 믿는 자에게 의를 이루기 위하여 율법의 마침이 되시니라** (10:4) 네가 만일 네 입으로 **예수를 주로 시인***(고백)***하며** 또 하나님께서 그를 죽은 자 가운데서 살리신 것을 **네 마음에 믿으면** 구원을 받으리라 (10:9) 사람이 마음으로 믿어 의에 이르고 **입으로 시인***(고백)***하여 구원에 이르느니라** (10:10)
- **누구든지 주의 이름을 부르는 자는 구원을 받으리라** (10:13, 욜2:32) 그러므로 **믿음은 들음에서 나며**(생기고) **들음은 그리스도의 말씀으로** 말미암았느니라*(를 전하는 말씀에서 비롯됩니다)* (10:17)

15. (사람은 그의 판단과 길을 알 수 없다) 하나님의 은사와 부르심에는 후회하심이 없느니라*(하나님께서 주시는 고마운 선물과 부르심은 철회되지 않습니다)* (11:29) 깊도다 하나님의 지혜와 지식의 풍성함이여, **그의 판단은 헤아리지 못할 것이며 그의 길은 찾지 못할 것이로다** (11:33) 이는 만물이 주께서 나오고 주로 말미암아 주에게로 돌아감이라 (11:36)

☞ 하나님의 지혜와 능력은 사람이 감히 짐작할 수도 없다.

롬

16. **(그리스도 안에서 새로운 생활)** **너희 몸을** 하나님이 기뻐하시는 거룩한 산 제물로 드리라 이는 너희가 드릴 영적*(합당한)* 예배니라 (12:1) 너희는 **이 세대***(시대의 풍조)*를 본받지 말고 **오직 마음을 새롭게 함으로** 변화를 받아 **하나님의 선하시고 기뻐하시고 온***(완)***전하신 뜻이 무엇인지** 분별하도록 하라 (12:2)

☞ 성도는 생활의 전 부분에서 예배하는 자세로 살아야 한다.

17. **(받은 은사가 각각 다르다/ 교회에 대한 자세)** 마땅히 생각할 그 이상의 생각을 품지 말고 오직 하나님께서 **각 사람에게 나누어 주신 믿음의 분량대로** 지혜롭게*(분수에 맞게)* **생각하라** (12:3) 우리에게 주신 **은혜대로***(은혜를 따라)* **받은 은사가 각각 다르니***(저마다 다른 신령한 선물을 가지고 있습니다)* (12:6)

📖 하나님은 당신을 사랑하시며 당신을 위한 놀라운 계획을 가지고 계십니다. (ccc의 사영리 책) / 각자 특별한 은사(예언. 섬기는 일. 가르치는 일. 권면. 나누어 주는 사람. 지도하는 사람. 자선을 베푸는 사람 6:6하-8)를 받았다.

18. **(성도의 생활 윤리)** 사랑에는 거짓이 없나니 악을 미워하고 선에 속하라 (12:9) 부지런하여 게으르지 말고 열심을 품고 주를 섬기라 (12:11) **소망 중에 즐거워하며 환난 중에 참으며 기도에 항상 힘쓰며 성도들의 쓸 것을 공급하며 손***(님)* **대접하기를 힘쓰라** (12:12-13)
- 너희를 박해하는 자를 축복하라 축복하고 저주하지 말라 즐거워*(기뻐)* 하는 자들과 함께 즐거워(기뻐)하고 우는 자들과 함께 울라 (12:14-15) 서로 마음을 같이하며 높은 데 마음을 두지 말고 도리어 낮은 데 처하며 스스로 지혜 있는 체 하지 말라 (12:16)

📖 짐을 서로 지라 그리하여 그리스도의 법을 성취하라 (갈6:2)

19. **(불신자에 대한 성도의 자세)** 아무에게도 악을 악으로 갚지 말고 **모든 사람 앞에서 선한 일을 도모하라** (12:17) 할 수 있거든 너희로서는 **모든 사**

람과 더불어 화목하라 (12:18)
- 너희가 친히 원수를 갚지 말고 하나님의 진노하심에 맡기라...원수 갚는 것이 내(하나님)게 있으니 내가 갚으리라 (12:19, 히10:30) 네 원수가 주리거든 먹이고 목마르거든 마시게 하라 (12:20) 악에게 지지 말고 선으로 악을 이기라 (12:21)

롬

20. **(세상 법에도 복종하라)** 권세들에게 복종하라 모든 권세는 하나님으로부터 나지 않음이 없나니 **모든 권세는 다 하나님께서 정하신 바라** (13:1) 권세를 거스르는 자는 하나님의 명을 거스름이니 (13:2)

📖 그리스도인도 지상 국가의 법과 권세에 복종해야 한다 (예장 신앙고백서 제8장1)/ 예수님도 물고기 입에서 취하여 성전세(반세겔)를 내셨다 (마17:27)

21. **(사랑은 율법의 완성이라)** 피차 사랑의 빚 외에는 아무에게든지 아무 빚도 지지 말라 **남을 사랑하는 자는 율법을 다 이루었느니라** (13:8) 그러므로 **사랑은 율법의 완성이니라** (13:10) (밤이 깊고 낮이 가까웠으니 그러므로) 우리가 어둠의 일(사탄의 행실)을 벗고 빛(예수)의 갑옷을 입자 (13:12) 오직 주 예수 그리스도로 옷 입고 정욕을 위하여 육신의 일을 도모하지 말라 (13:14)

22. **(하나님 중심의 삶)** 우리가 살아도 주를 위하여 살고 죽어도 주를 위하여 죽나니 그러므로 **사나 죽으나 우리가 주의 것이로다** (14:8)

📖 선을 행하기 원하는 나에게 악이 함께 있는 것이로다 (7:23)

23. **(성도는 사람들에게 칭송을 받아야 한다)** 그리스도를 섬기는 자는 하나님을 기쁘시게 하며 **사람에게도 칭찬을 받느니라** (14:18) 믿음을 따라 하지 아니하는 것은 다 죄니라 (14:23)

📖 하나님의 나라는 먹는 것과 마시는 것이 아니요 오직 성령 안에 있는 의와 평강과 희락이라 (14:17)

롬
고전

24. (선을 이루고 덕을 세우라) 우리 각 사람이 **이웃을 기쁘게 하되** *(이웃의 마음에 들게 행동하면서)* **선을 이루고 덕을 세우도록 할지니라** (15:2) 그리스도 예수를 본받아 서로 뜻이 같게 하여 주사 (15:5) 한 마음과 한 입으로…아버지께 영광을 돌리게 하려 하노라 (15:6)

25. (주께 소망을 둘 것이다) (이사야가 이르되)**이새의 뿌리** 곧 열방*(이방사람)*을 다스리기 위하여 일어나시는 이(그리스도)가 있으리니 **열방이 그에게 소망을 두리라** (15:12) 소망의 하나님이 **모든 기쁨과 평강을** 믿음 안에서 너희에게 충만하게 하사*(주셔서)* **성령의 능력으로 소망이 넘치게** 하시기를 원하노라 (15:13)

26. **(분쟁 시 행동 기준)** 너희가 배운 교훈을 거슬러 분쟁*(분열)*을 일으키거나 거치게 하는*(올무를 놓는)* 자들을 살피고*(경계하고)* 그들에게서 **떠나라***(멀리하십시오)* (16:17)
- 이 같은 자들은 우리 주 그리스도를 섬기지 아니하고 다만 자기들의 배만 섬기나니 **교활한***(그럴 듯한)* **말과 아첨**하는 말로 순진한 자들의 마음을 미혹하(속이)느니라 (16:18)

☞ 인간이 하나님을 알 때 자신의 모습을 진정으로 알게 되며 죄인임을 고백하지 않을 수 없다 (칼빈)

고린도전서 [고전] (263쪽)

〈바울, 55-56년경, 교회문제〉

1. (십자가의 도는 하나님의 능력이라) **십자가의 도가***(말씀이)* 멸망하는 자들에게는 미련한 것이요 **구원을 받는 우리에게는 하나님의 능력이라** (1:18) 하나님께서 전도의 미련한 것으로 *(어리석게 들리는 설교를 통하여)* 믿는 자들을 구원하시기를 기뻐하셨도다 (1:21)

📖 내 말과 내 전도함이 설득력 있는 지혜의 말로 하지 아니하고 다만 성령의 나타나심과 능력으로 하여 (2:4)

고전

2. **(주 안에서 자랑하라)** (세상의 천한 것들과 멸시 받는 것들과 없는 것들을 택하사 있는 것들을 폐하려 하시나니 1:28) **이는 아무 육체도 하나님 앞에서 자랑하지 못하게 하려 하심이라** (1:29)
- **너희는** 하나님으로부터 나서*(하나님의 자녀로서)* **그리스도 예수 안에** 있고 **예수는***(그는)* **하나님으로부터 나와서** 우리에게 지혜와 의로움과*(의와)* 거룩함과 구원함이 되셨으니 (1:30) **자랑하는 자는 주 안에서 자랑하라** *(누구든지 자랑하려거든 주님을 자랑하라)* (1:31)

3. **(성령은 모든 것을 통달하신다)** (기록된 바) 하나님이 자기를 사랑하는 자들을 위하여 (그가) **예비하신 모든 것은** 눈으로 보지 못하고 귀로 듣지 못하고 사람의 마음으로 생각하지도 못하였다 함과 같으니라 *(못한 것이라)* (2:9) 성령으로 이것을 우리에게 보이셨으니*(계시해 주셨습니다)* **성령은 모든 것 곧 하나님의** 깊은 것*(경륜)***까지도 통달하시느니라** (2:10) 사람의 일을 사람 속에 있는 영*(그 사람의 영)* 외에는 아무도 알지 못하느니라 (2:11)

📖 부모가 어린아이를 위하여 (재물을 저축)하느니라 (고후12:14)

4. **(몸은 성령이 계시는 곳이다)** 너희는 아직도 육신에 속한 자로다 너희 가운데 시기와 분쟁*(싸움)*이 있으니 어찌 육신에 속하여 사람을 따라 행함이 아니리요*(인간의 방식대로 살고 있는 것이 아닙니까?)* (3:3) 우리는 하나님의 동역자들이요 너희는 하나님의 밭이요 하나님의 집*(건물)*이니라 (3:9)
- **너희가 하나님의 성전인 것과 하나님의 성령이 너희 안에 계시는 것**을 알지 **못하느냐** (3:16) 누구든지 하나님의 성전(몸)을 더럽히면*(파괴하면)* 하나님

이 그 사람을 멸하시리라 (3:17)

<u>5.</u> **(자신을 속이지 말라)** 아무도 자신을 속이지 말라 너희 중에 누구든지 **이 세상에서 지혜 있는 줄로 생각하거든 어리석은 자가 되라** 그리하여야 지혜로운 자가 되리라 (3:18) 지혜 있는 자들로 하여금 자기 꾀에 빠지게 하시는 이라 (3:19)

고전

📖 자신을 아는 것이 가장 큰 지혜이다 (탈무드)

<u>6.</u> **(그리스도의 일꾼/ 사도의 직분)** 우리를 그리스도의 일꾼이요 하나님의 비밀(심오한 진리)을 맡은 자(*관리인*)로 여길지어다 (4:1) 그리고 **맡은 자들에게 구할 것은 충성**(신실성)**이니라** (4:2)

- (자책할 것이 없는 것으로 의롭다 함을 얻지 못한다) 다만 나를 심판하실 이는 주시니라 (4:4) 네게 있는 것 중에 (하나님께) 받지 아니한 것이 무엇이냐 (4:7)

☞ 우리는 아무것도 소유하고 있지 않다 우리의 몸과 모든 것은 창조주 하나님의 소유로 사람이 자랑할 것은 하나도 없다

<u>7.</u> **(하나님의 나라는 능력에 있다)** **너희는 나**(바울)**를 본받는 자가 되라** (4:16) **하나님의 나라는 말에 있지 아니하고 오직 능력**(*능력/ 변화된 삶*)**에 있음이라** (4:20)

8. **(세상 법정에 송사하지 말라)** 너희가 피차 고발함으로 너희 가운데 이미 뚜렷한 허물(*이전보다 더 못하다*)이 있나니 **차라리 불의를 당하는 것이 낫지 아니하며 차라리 속는 것이 낫지 아니하냐** (6:7) **불의한 자**(음행 우상숭배 간음 탐색 도적 탐욕 속여 빼앗는 자)가 하나님의 나라를 유업(*상속*)으로 받지 못할 줄을 알지 못하느냐 미혹을 받지 말라 (6:9)

- (이제는) 주 예수 **그리스도의 이름과 우리 하나님의 성령 안에서**(*으로*) **씻음과 거룩함과 의롭다 하심을 받았느니라** (6:11) 모든 것이 내게 가하나(*허*

용되어 있습니다) 다 유익한 것이 아니요 (6:12)

※ 자유는 사랑 안에서 하나님의 영광을 위하여 제한되어야 한다

고전

9. **(몸으로 영광을 돌려라)** 주와 합하는 자는 한 영이니라 (6:17) 음행을 피하라 ...음행하는 자는 자기 몸에 죄를 범하느니라 (6:18)
- **너희 몸은** 너희가 하나님께로부터 받은 바 **너희 가운데 계신 성령의 전** *(성전/ 그리스도의 지체 6:15)*인 **줄을 알지 못하느냐** 너희는 너희 자신의 것이 아니라 (6:19) (보혈의) **값으로 산 것이 되었으니** 그런즉 너희 몸으로 하나님께 영광을 돌리라 (6:20)

10. (스스로 종이 되다) 각 **사람을 부르신***(나누어 주신 분수, 처지)* **그대로 행하라***(살아가십시오)* (7:17) **너희는 값으로***(하나님께서 값을 치르고)* **사신 것** *(사람)***이니** 사람들의 종이*(노예가)* 되지 말라 (7:23) 내가 모든 사람에게서 자유로우나 **스스로 모든 사람에게 종이 된 것은 더 많은 사람을 얻고자 함이라** (9:19)

11. (감당할 시험만 허락하신다) 사람이 감당할 시험밖에는 너희가 당한 것이 없나니 오직 하나님은 미쁘사 **너희가 감당하지 못할 시험***(시련)* **당함을 허락하지 아니하시고 시험당할 즈음에 또한 피할 길을 내사 너희로 능히 감당하게 하시느니라** (10:13)

☞ 하나님은 극복하지 못할 시련은 절대 주지 않는다. 긍정적인 생각으로 자신을 존중하고 사랑하면 시험을 이길 수 있다.

12. (남의 유익을 구하라) 누구든지 자기의 유익을 구하지 말고 남의 유익을 구하라 (10:24)

☞ 내가 손해 보지 않고 상대방을 감동시킬 방법은 거의 없다. 내가 손해 본 것은 하나님이 삼십 배, 육십 배, 백 배로 갚아 주신다.

고전

13. **(모든 일은 하나님의 영광을 위하여 하라)** 그런즉 너희가 먹든지 마시든지 무엇을 하든지 **다 하나님의 영광을 위하여 하라** (10:31) 모든 일에 모든 사람을 기쁘게 하여 자신의 유익을 구하지 아니하고 **많은 사람의 유익을 구하여** 그들로 구원을 받게 하라 (10:33)

📖 사람의 제일 되는 목적은 하나님을 영화롭게 하고 영원토록 그를 즐거워 하는 것입니다 (요리 문답 1)

14. **(성찬식의 제정)** (떡을 가지사 축사하시고 떼어 이르시되) **이것**(떡)**은 너희를 위하는 내 몸이니** 이것을 행하여 나를 기념하라 하시고 (11:24)
- (식후에 잔을 가지시고 이르시되) **이 잔**(포도주)**은 내 피로 세운 새 언약이니** 이것을 행하여 마실 때마다 나를 기념하라 (11:25)
- **누구든지 주의 떡이나 잔을 합당하지 않게 먹고 마시는 자는** 주의 몸과 피에 대하여 죄를 짓는 것이니라 (11:27)

📖 인류에게 구속의 혜택을 전달하는 방편은 그의 법령들 특히 **말씀**(성경)**과 성례**(세례와 성찬)**와 기도이다** (요리문답 88)/ **세례**는 성부와 성자와 성령의 이름으로 물을 가지고 씻는 예식이다, 그리스도께 접붙임을 받음과 은혜의 언약의 혜택들에 참여함과 우리가 주님의 것이 된다는 약속을 표시하고 확정하는 것이다 (요리문답 94)

15. **(성령의 선물)** **성령으로 아니하고는** 누구든지 **예수를 주시라** 할 수 없느니라(*성령을 힘입지 않고서는 아무도 "예수는 주님이시다"하고 말할 수 없습니다*) (12:3) **각 사람에게 성령**을 나타내심은 유익하게 하려 하심이라(*공동 이익을 위한 것입니다*) (12:7) 이 모든 일은 같은 한 성령이 행하사 그의 뜻

대로 각 사람에게 (은사를) 나누어 주시는 것이니라 (12:11)

16. **(한 지체/ 큰 은사를 사모하라)** 한 지체가 고통을 받으면 모든 지체가 함께 고통을 받고 한 지체가 영광을 얻으면 모든 지체가 함께 즐거워하느니라 **너희는 그리스도의 몸이요 지체의 각 부분이라** (12:26-27)

- 너희는 더욱 **큰 은사**(사도, 선지자, 교사, 능력을 행하는 자, 병 고치는 은사, 돕고 다스리는 것, 각종 방언 12:28)를 **사모하라** 내가 또한 **가장 좋은 길을 너희에게 보이리라** (12:31)

☞ 전지전능하신 분을 아버지로 믿는다면 목표를 높은 곳에 두어야 한다. 하나님을 더 크게 생각해야 더 크게 역사하신다.

17. **(사랑이 없으면 아무것도 아니다)** 모든 비밀과 모든 지식을 알고 또 산을 옮길 만한 모든 믿음이 있을지라도 **사랑이 없으면 내가 아무것도 아니요 내가 내게 있는 모든 것으로 구제하고 또 내 몸을 불사르게 내줄지라도 사랑이 없으면 내게 아무 유익이 없느니라** (13:2-3)

18. **(사랑의 정의)** 사랑은 **오래 참고** 사랑은 온유하며 시기하지 아니하며 사랑은 자랑하지 아니하며 **교만하지 아니하며** (13:4) **무례히 행하지 아니하며 자기의 유익을 구하지 아니하며** 성내지 아니하며 **악한 것을 생각하지 아니하며** (13:5)

- 불의를 기뻐하지 아니하며 진리와 함께 기뻐하고 **모든 것을 참으며 모든 것을 믿으며 모든 것을 바라며 모든 것을 견디느니라** (13:6-7)

☞ 사랑은 무례하지 아니하기 때문에 사랑하는 사이일수록 절제된 간격(예의)의 유지가 필요하다.

19. **(제일은 사랑이다)** 그런즉 **믿음, 소망, 사랑, 이 세 가지는 항상 있을 것인데**

그 중의 제일은 사랑(섬김)**이라** (13:13)

☞ 사람은 (하나님의) 사랑을 받으면 누구나 행복에 빠진다.

고전

20. **(그리스도의 부활)** 성경대로 그리스도께서 우리 죄를 위하여 죽으시고 장사 지낸 바 되셨다가 **성경대로 사흘 만에 다시 살아나사** (15:3-4)
- **게바**(시몬 베드로)**에게** 보이시고 후에 **열두 제자에게**와 그 후에 **오백여 형제에게**...*(대다수는 지금도 (그 당시에) 살아 있습니다)* 그 후에 **야고보**...**모든 사도**...맨 나중에...**내**(바울)게도 보이셨느니라 (15:5-8)

21. **(오직 하나님의 은혜로라)** 내가 나 된 것은 하나님의 은혜로 된 것이니 (내게 주신 그의 은혜가 헛되지 아니하여) 내가 모든 사도보다 더 많이 수고하였으나 내가 한 것이 아니요 오직 나와 함께 하신 하나님의 은혜로라 (15:10)

22. **(죽은 사람의 부활)** 이제 그리스도께서 죽은 자 가운데서 **다시 살아나사 잠자는 자들의**(*죽은 사람들의*) **첫 열매**(부활한 예수 그리스도)**가 되셨도다** (15:20)
나는 날마다 죽노라 (15:31)

📖 하나님이 주를 다시 살리셨고 또한 그의 권능으로 우리를 다시 살리시리라 (6:14)

23. **(몸의 부활)** 네가 뿌리는 씨가 죽지 않으면 살아나지 못하겠고 (15:36) **하나님이 그 뜻대로...각 종자에게 그 형체를**(*고유한 몸을*) **주시느니라** (15:38) 마지막 나팔에 순식간에 홀연히 다 변화되리니 (15:51) **죽은 자들이 썩지 아니할 것**(*몸*)**으로 다시 살아나고 우리도 변화되리라** (15:52) 그러므로 내 사랑하는 형제들아 견실하며(굳게 서서) 흔들리지 말고 항상 주의 일에 더욱 힘쓰는 자들이 되라(*주님의 일을 더욱 많이 하십시오*) 이는 너희 수고가 주 안에서 헛되지 않은 줄 앎이라 (15:58)

☞ 기독교는 빈 무덤의 부활의 종교이다.

24. **(사랑으로 행하라)** 깨어 믿음에 굳게 서서 남자 답게 강건하라 (16:13) **너희 모든 일을 사랑으로 행하라** (16:14)

고전
고후

고린도후서 [고후] (286쪽)

〈바울, 56-57년경, 사도권 변호〉

1. **(고난 가운데 역사하시는 하나님의 은혜)** 그리스도의 고난이 우리에게 넘친 것같이 우리가 받는 위로도 **그리스도로 말미암아 넘치는도다** (1:5) 이 위로가…고난을 너희도 견디게 하느니라 (1:6) **이는**(아시아에서 당한 큰 환난은) **우리로 자기를 의지하지 말고 오직 죽은 자를 다시 살리시는 하나님만 의지하게 하심이라** (1:9) 그가 이같이 큰 사망에서 우리를 건지셨고 또 건지실 것이며 이후에도 건지시기를 그에게 바라노라 (1:10)

2. **(보증으로 성령을 주셨다)** 그(그리스도)가 또한 우리에게 **인치시고**(*자기의 것이라는 표로 인을 치시고*) **보증으로 우리 마음에 성령을 주셨느니라** (1:22)

📖 (복음을 듣고 믿어) 약속의 성령으로 인치심을 받았으니 (엡1:13)

3. **(근심하게 한 사람을 용서하라)** 너희는 **차라리**(*도리어*) **그를**(근심하게 한 자를) **용서하고** 위로할 것이니 그가 너무 많은 근심에 잠길까 두려워 하노라 (2:7) 너희를 권하노니 **사랑을 그들에게 나타내라** (2:8)

4. **(만족은 하나님에게서 난다)** 너희는…그리스도의 편지니 **이는…하나님의 영으로 쓴 것이며…육의 마음판에 쓴 것이라** (3:3) 우리의 만족은 오직 하나님으로부터 나느니라 (3:5) 주는 영이시니 **주의 영이 계신 곳에는 자유**(율

법의 정죄에서 놓임을 받는 것)**가 있느니라** (3:17)

5. **(질그릇에 담긴 보배)** 우리가 이 **보배**(보물)를 (깨지기 쉬운) **질그릇에 가졌으니** 이는 심히 큰 능력은 하나님께 있고*(하나님에게서 나는 것이지)* 우리에게 있지 아니함을 알게하려 함이라*(나는 것이 아닙니다)* (4:7) (주 예수를 살리신 분이) 예수와 함께 우리도 다시 살리사…(4:14)

📖 (우리도) 하나님의 능력으로 그와 함께 살리라 (13:4)

6. **(속사람의 변화)** 우리가 낙심하지 아니하노니 **우리의 겉사람**(육체)**은 낡아지나 우리의 속사람**(영혼)**은 날로 새로워지도다** (4:16) 보이는 것(현재의 고난)은 잠깐이요 보이지 않는 것(하나님의 계획과 영광)은 영원함이라 (4:18)

7. **(화목하라)** *(그들 자신을 위하여 살지 않고)* 오직 그들을 대신하여 죽었다가 다시 살아나신 **이를** 위하여 살게 하려 함이라 (5:15) 누구든지 그리스도 안에 있으면 새로운 피조물이라. 이전 것은 지나갔으니 보라 새 **것이** 되었도다 (5:17) 화목*(화해)*하게 하는 직분을 주셨으니 (5:18) (그리스도를 대신하여 간청하노니) 너희는 하나님과 화목하라 (5:20)

8. **(구별된 성결한 삶을 살라) 하나님의 은혜를 헛되이 받지말라**… 보라 지금은 은혜 받을 만한 때요 보라 지금은 구원의 날이로다 (6:1-2)
- 근심하는 자 같으나 항상 기뻐하고 가난한 자 같으나 많은 사람을 부요하게 하고 아무것도 없는 자 같으나 모든 것을 가진 자로다 (6:10)

9. **(우리는 살아계신 하나님의 성전이라 6:16) 너희는 믿지 않는 자와 멍에를 함께 메지 말라** (6:14) (영접하여) 너희에게 **아버지가 되고** 너희는 내게 자녀가 되리라 (6:18)

📖 두 사람이 뜻이 같지 않은데 어찌 동행하겠으며 (암3:3)

10. (자신을 깨끗하게 하자) 이 약속(6:18)을 가진 우리는 하나님을 두려워하는 가운데서 **거룩함을 온전히 이루어 육과 영의 온갖 더러운 것에서 자신을 깨끗하게 하자** (7:1) 내가 우리의 모든 환난 가운데서도 **위로가 가득하고 기쁨이 넘치는도다** (7:4) 세상 근심은 사망을 이루는 것이니라 (7:10)

고후

📖 그 사람의 입장에 서기 전에는 절대로 그 사람을 욕하거나 책망하지 말라 (탈무드)

11. (가난한 자를 섬기는 연보) 이렇게(약속한 연보를 미리) **준비하여야 참 연보답고 억지가 아니니라** (9:5) 이것(헌금과 헌물)이 곧 적게 심는 자는 적게 거두고 많이 심는 자는 많이 거둔다 하는 말이로다 (9:6)

- (연보는) **각각 그 마음에 정한 대로**(자원하는 심정으로) **할 것이요 인색함으로나 억지로 하지 말지니** 하나님은 **즐겨 내는 자를**(*기쁜 마음으로 내는 사람을*) 사랑하시느니라 (9:7)

- 하나님이 능히 모든 은혜를 너희에게 넘치게 하시나니 이는 너희로 모든 일에 항상 모든 것이 넉넉하여 모든 착한 *(선한)* 일을 넘치게 하게 하려 하심이라 (9:8)

📖 할 마음만 있으면 있는 대로 받으실 터이요 없는 것은 받지 아니하시리라 *(없는 것까지 바치는 것을 바라지 않으십니다)* (8:12)

12. (바울에게도 가시를 주셨다) 여러 계시를 받은 것이 지극히 크므로 너무 자만(*교만*)하지 않게 하시려고 내 육체의 가시 곧 사탄의 **사자**(*하수인. 질병*)를 **주셨으니 이는 나를** 쳐서(*치셔서*) **너무 자만하지 않게 하려 하심이라** (12:7) 이것이 내게서 떠나(도록)…세 번 주께 간구(*간청*)하였더니 주께서 **내 은혜가 네게 족하도다 이는 내 능력이 약한 데서 온전하여 짐이라**

(완전하게 된다) 하신지라 (12:8-9)

13. **(능력은 약한 그 때에 강하게 역사한다)** 나(바울)의 여러 약한 것들에 대하여 자랑하리니 **이는 그리스도의 능력이 내게 머물게 하려 함이라** (12:9) 그러므로 내가 그리스도를 위하여 **약한 것들과 능욕**(모욕)**과 궁핍과 박해나 곤고를** 기뻐하노니 **이는 내가 약한 그 때에** *(오히려)***강함이라** (12:10)

> 📖 하나님의 능력은 우리가 약할 때 가장 강하게 역사한다 (조엘 오스틴)

14. **(축도 / 삼위일체 교리의 근거)** **그리스도께서 너희 안에 계신 줄을 너희가 스스로 알지 못하느냐** (13:5) **주 예수 그리스도**(성자)**의 은혜와 하나님**(성부)**의 사랑과 성령의 교통하심이***(사귐이)* **너희 무리와** *(여러분 모두와)* **함께 있을 지어다** (13:13)

> 📖 하나님의 본체에 삼위가 계시니 성부, 성자, 성령이시다. 이 삼위는 한 하나님이시다. 본체는 하나요, 권능과 영광이 동등이시다 (신조 3)

갈라디아서 [갈] (302쪽)

〈바울, 57년경, 기독교 자유〉

1. **(바울이 게바의 외식을 책망하다)** 게바가 안디옥에 이르렀을 때에 책망 받을 일(2:12-14)이 있기로 내(바울)가 그(베드로/게바)를 대면하여 책망하였노라 (2:11) 우리가 율법의 행위로써가 아니고 **그리스도를 믿음으로써 의롭다 함을 얻으려 함이라** (2:16)

> ☞ (게바는 환상을 통해 이방인을 차별하지 말라는 지시를 받고도) 이방인과 함께 먹다가 유대인이 오매 그들을 두려워하여 떠나 물러간 일로/(외식하여) 후배 바울의 책망을 받았다

2. **(내 믿음 안에 그리스도께서 사시는 것이다) 내가 그리스도와 함께 십자가에 못 박혔나니 그런즉 이제는 내가 사는 것이 아니요 오직 내 안에 그리스도께서 사시는 것이라***(살고 계십니다)* (2:20)

※ 유명한 다수 성직자들의 추천 1순위 구절

갈

3. **(오직 믿음이다)** **아무도 율법으로 말미암아**(온전히 율법을 지킬 수 없기 때문에) 의롭게 되지 못할 것이 분명하니 이는 **의인은 믿음으로 살리라** 하였음이라 (3:11)

📖 (율법은) 약속하신 자손(예수)이 오시기까지 있을 것이라 (3:19) / 율법과 선지자는 요한의 때까지요 (눅16:16)

4. **(너는 약속 있는 상속자이다)** 믿음으로 말미암아 그리스도 예수 안에서 하나님의 아들이 되었으니 (3:26) 너희가 그리스도의 것이면*(께 속한 사람이면)* 곧 아브라함의 자손*(후손)*이요 약속대로 유업을 이을 자니라*(약속을 따라 정해진 상속자들입니다)* (3:29)

📖 (아들 이므로) 하나님이 그 아들의 영을 우리 마음 가운데 보내사 아빠 아버지라 부르게 하셨느니라 (4:6)

5. (바울을 영접하다) (가진 병에도 불구하고)오직 나를 하나님의 천사와 같이 또는 그리스도 예수와 같이 영접하였도다 (4:14) 너희(갈라디아 교인들)의 **복이***(그 감격이)* **지금 어디 있느냐**... 너희가 할 수만 있었더라면 너희의 눈이라도 빼어 나에게 주었으리라 (4:15)

6. **(그리스도인의 자유와 사랑)** 그리스도께서 우리를 자유롭게 하려고 자유를 주셨으니*(해방시켜주셔서, 자유를 누리게 하셨습니다)* 그러므로 굳건하게 서서 다시는 종의*(종살이의)* 멍에를 메지 말라 (5:1)

- 우리가 성령으로 믿음을 따라 의의 소망을 기다리노니*(우리는 성령을 힘*

입어서, 믿음으로 의롭다고 하심을 받을 소망을 간절히 기다리고 있습니다) (5:5) 예수 안에서는…사랑으로써 역사하는 믿음뿐이니라*(믿음이 사랑을 통하여 일하는 것입니다)* (5:6)

7. (율법의 뿌리는 사랑이다) (형제들아) 오직 **사랑으로 서로 종노릇하라***(섬기라)* (5:13) **온 율법은 네 이웃 사랑하기를 네 자신같이 하라** 하신 한 말씀에서 이루어졌나니 (5:14) (만일) 서로 물고 먹으면*(물어 뜯고 잡아먹고 하면)* 피차 멸망할까 조심하라 (5:15)

8. (육체의 소욕과 성령의 열매) **성령을 따라 행하라***(성령께서 인도하여 주시는 대로 살아가십시오)* (5:16) **육체의 소욕**(욕망)은 성령을 거스르고 성령은 육체를 거스르나니 **이 둘이 서로 대적함으로***(적대관계에 있음으로)* **너희가 원하는 것을 하지 못하게 하려 함이니라***(일을 할 수 없게 됩니다)* (5:17)

- **성령의 열매는** 사랑과 희락*(기쁨)*과 화평과 오래 참음과 자비 *(친절)*와 양선*(선함)*과 충성*(신실)*과 온유와 절제니 이 같은 것을 금지할 법이 없느니라 (5:22-23) 그리스도 예수의 사람들은 육체와 함께 그 정욕과 탐심을 십자가에 못 박았느니라 (5:24)

📖 영혼을 거슬러 싸우는 육체의 정욕을 제어하라 (벧전2:11)

9. (서로 남의 짐을 지라) 너희가 짐을 서로 지라 그리하여 그리스도의 법을 성취하라 (6:2) **스스로 속이지 말라** 하나님은 업신여김을 받지 아니하시나니 **사람이 무엇으로 심든지 그대로 거두리라** (6:7) 자기의 육체를 위하여 심는 자는 육체로부터 썩어질 것을 거두고 성령을 위하여 심는 자는 성령으로부터 영생을 거두리라 (6:8) **우리가 선을 행하되***(선한 일을 하다가)* **낙심하지 말지니 포기하지***(지쳐서 넘어지지)* **아니하면 때가 이르매***(이를 때에)* **거두리라** (6:9)

10. **(십자가의 삶을 살라)** 그러나 내게는 우리 주 예수 그리스도의 십자가 외에(*밖에는*) **결코** 자랑할 것이 없으니(*아무것도 없습니다*) **그리스도로 말미암아**(*를 통하여*) **세상이 나를 대하여 십자가에 못 박히고 내가 또한 세상을 대하여 그러하니라**(*내쪽에서 보면 세상이 죽었고 세상 쪽에서 보면 내가 죽었습니다*/ 내가 세상에서 부끄러움을 당하고 세상 것을 버렸다) (6:14) (할례나 무할례가 중요한게 아니라) *새롭게 창조되는 것이 중요합니다* (6:15)

에베소서 [엡] (310쪽)

〈바울, 62년경, 에베소지역 교회〉

1. **(하나님의 자녀로 예정하셨다)** 그리스도 안에서 **하늘에 속한 모든 신령한 복**(선택하심과 양자 삼아 주신 은혜)**을 우리에게 주시되** (1:3) 곧 **창세 전에** 그리스도 안에서 **우리를 택하사** 우리로 사랑 안에서(*택하시고 사랑해 주셔서*) 그 앞에 거룩하고 흠이 없게 하시려고(*없는 사람이 되게 하셨습니다*) (1:4)
- **그 기쁘신 뜻대로 우리를 예정하사**(*하나님은 하나님의 기뻐하시는 뜻을 따라*) 예수 그리스도로 말미암아(를 통하여) **자기의 아들들이 되게 하셨으니**(*우리를 하나님의 자녀로 삼으시기로 예정하신 것입니다*) (1:5) 이는 그가 사랑하시는 자(*아들*) 안에서 우리에게 거저 주시는 바(*주신*) 그의 은혜의 영광을 찬송하게 하려는 것이라(*하나님의 영광스러운 은혜를 찬미하게 하셨습니다*) (1:6)

> 📖 모든 일(*것*)을 그의 뜻의 결정대로 일하시는 **이**(*분*)**의 계획을 따라** 우리가 예정을 입어(*미리 정해진 일입니다*) 그(*그리스도*) 안에서 기업이 되었으니(*우리를 상속자로 삼으셨습니다*) (1:11)/ **하나님의 예정이란** 그가 뜻하시는 바를 따라 정하신 그의 영원한 목적이며 이 목적에 의하여 하나님이 자기의 영광을 위하여서 장차 일어날 모든 것을 미리 정해 놓으신 것입니다 (요리문답 7)

2. **(바울의 기도)** 아버지께서 **지혜와 계시의 영을 너희에게 주사 하나님을 알게 하시고** (1:17) 너희 마음의 눈을 밝히사 그의 부르심의 소망이 무엇이며

성도 안에서*(성도들에게 베푸시는)* 그 기업의 **영광의 풍성함**이 무엇이며*(하나님의 영광스러운 상속이 얼마나 풍성한지를, 여러분이 알게 되기를 바랍니다)* (1:18) 우리에게 베푸신 **능력의 지극히 크심이 어떠한 것을** 너희로 알게 하시기를 구하노라*(여러분이 알기 바랍니다)* (1:19)

- **또 만물을 그의 발 아래에 복종하게 하시고 그를 만물 위에 교회의 머리로 삼으셨느니라** (1:22) **교회는 그의 몸이니** (1:23)

엡

3. **(그는 허물과 죄로 죽었던 너희를 살리셨도다 2:1)** 너희는 **그 은혜에 의하여 믿음으로 말미암아 구원을 받았으니 이것은 너희에게서 난 것이 아니요 하나님의 선물이라** (2:8) 행위에서 난 것이 아니니 이는 누구든지 자랑하지 못하게 함이라 (2:9)

   - *(우리는 하나님의 작품입니다)* **선한 일을 위하여***(하게 하시려고)* 지으심을 받은 자니 이 일은 **하나님이 전에 예비하사***(하나님께서 이렇게 미리 준비하신 것은)* 우리로 그 가운데서 행하게 하려 하심이니라 *(우리가 선한 일을 하며 살아가게 하시려는 것입니다)* (2:10)

   📖 *우리가 구하거나 생각하는 것 이상으로 더욱 넘치게 주실 수 있는 분에게... 영광이 대대로... 있기를 빕니다 (새번역 3:20-21)*

4. **(성령이 하나되게 하신 것)** 모든 **겸손과 온유로** *(깍듯이 대)*하고 오래 참음으로 **사랑 가운데서 서로 용납하고** (4:2) 평안의 매는 줄로 **성령이 하나 되게 하신 것을 힘써 지키라** (4:3) 몸(유대인과 이방인)이 하나요 성령도 한 분이시니 이와 같이 너희가 부르심의 **한 소망**(주도 한 분이시요, 믿음도 하나요, 세례도 하나요 하나님도 한 분이시니 4:5-6) 안에서 부르심을 받았느니라 (4:4)

   📖 각 지체가 그 맡은 분량대로 활동함을 따라 몸이 자라나며 사랑 안에서 몸이 건설됩니다 (4:16)

5. **(새 사람을 입으라)** 너희는 유혹의 욕심을 따라 썩어져 가는 구습을 따르는 옛사람을 벗어 버리고 (4:22) **오직 너희의 심령이 새롭게 되어 하나님***(의 형상)***을 따라 의와 진리의 거룩함***(참 의로움과 참 거룩함)***으로 지으심을 받은 새 사람을 입으라** (4:23-24)

6. **(그리스도를 본받는 생활을 하라)** 분(화)을 내어도 죄를 짓지 말며 **해가 지도록 분을 품지 말고 마귀**(악마)**에게 틈을 주지 말라** (4:26-27)
   - 무릇 더러운 말은 너희 입 밖에도 내지 말고 오직 덕을 세우는데 소용되는 대로 **선한 말을 하여 듣는 자들에게 은혜를 끼치게 하라** (4:29) **하나님의 성령을 근심하게***(슬프게)* **하지 말라** (4:30)
   - 서로 친절하게 하며 불쌍히 여기며 서로 용서하기를 하나님이 그리스도 안에서 너희를 용서하심과 같이 하라 (4:32)

> 📖 말은 우리 미래에 대한 예언이다. 즉 말한 그대로 이루어진다. 말에는 창조의 힘이 있다 (조엘 오스틴) / ☞ 부부가 행복하게 살고 있는 모습이 가장 소중한 유산이다.

7. **(빛의 자녀답게 행하라) 그리스도께서 너희를 사랑하신 것같이 너희도 사랑 가운데서 행하라** (5:2) 음행과 온갖 더러운 것과 탐욕은*(우상 숭배자여서 5:5)* 너희 중에서 그 이름조차도 부르지 말라 (5:3) 이제는 주 안에서 빛이라 **빛의 자녀들처럼 행하라** (5:8) 빛의 열매는 모든 착함과 의로움과 진실함에 있느니라 (5:9) **주를 기쁘시게 할 것***(주님께서 기뻐하시는 일)* **이 무엇인가 시험***(분별)***하여 보라** (5:10)

> ☞ 주가 기뻐하시는 일은 영적예배 (롬12:1). 찬송의 제사와 선을 행하고 나누는 것 (히13:15-16). 물질의 교제 (빌4:18). 구원받은 이방인 (롬15:16) 이다.

8. **(주의 뜻을 이해하라)** 세월을 아끼라(기회를 선용하라) 때가 악하니라 그러

엡

므로 어리석은 자가 되지 말고 오직 **주의 뜻이 무엇인가 이해하라** (5:16-17) 술 취하지 말라 이는 방탕한 것이니 오직 성령으로 충만함을 받으라 (5:18)

9. (찬양하며 감사하고 복종하라) 시와 찬송과 신령한 노래들로 서로 화답하며 너희의 마음으로 **주께 노래하며 찬송하며** (5:19)
- 범사에 우리 주 예수 그리스도의 이름으로 항상 아버지 **하나님께 감사하며** 그리스도를 경외함으로 **피차**(*서로*) **복종하라** (5:20-21)

☞ 부부 부모 등 인간관계에 대한 주님의 근본적인 뜻은 복종(순종)이다.

10. (부부는 서로 존경하라) **아내들이여** 자기 남편에게 복종하기를 주께 하듯 하라 (5:22) **남편들아** 아내 사랑하기를 그리스도께서 교회를 사랑하시고 그 교회를 위하여 자신을 (*내*)주심같이(목숨을 버리고 희생한 것처럼) 하라 (5:25)
- **사람이 부모를 떠나 그의 아내와 합하여 그 둘이 한 육체가 될지니**(*한 몸이 되는 것입니다*) **이 비밀이 크도다 나는 그리스도와 교회에 대하여 말하노라**(*교회를 두고 이 말을 합니다*) (5:31-32) 너희도 각각 **자기의 아내 사랑하기를 자신같이 하고 아내도 자기 남편을 존경**(존중)**하라** (5:33)

📖 세상에서 가장 행복한 남자는 좋은 아내를 얻은 사람이다 (탈무드) / ☞ 사랑은 상대의 욕구에 응답하는 것이다

11. (효도해야 잘되고 장수한다) **네 아버지와 어머니를 공경**(순종) **하라** 이것은 약속이 (*딸려*)있는 첫(*째*) 계명이니 **이로써 네가 잘되고 땅에서 장수하리라** (6:2-3)

📖 자녀들아 모든 일에 부모에게 순종하라 이는 주안에서 기쁘게 하는 것이니라(골3:20)/ 자기의 아비나 어미를 저주하는 자는 그의 등불이 흑암 중에 꺼짐을 당하리라 (잠20:20)/ 너를 낳은 아비에게 청종하고 네 늙은 어미를 경히 여기지 말지니라 (잠23:22)/ ☞ 마리아를 섬긴 요한은 장수하고 94세(당시 평균수명: 45세)에 죽었다

12. (자녀를 주의 교훈과 훈계로 양육하라) 아비들아 너희 **자녀를 노엽게** 하지 말고 (골3:21) 오직 **주의 교훈**(훈련)**과 훈계로 양육하라** (6:4)

📖 부드럽고 잔잔한 목소리는 아이의 잠재 능력을 깨운다 (이유남) / 아이에게 무언가를 약속하고 지키지 않는 것은 아이에게 거짓말을 가르치고 있는 것이다 (탈무드)

엡
빌

13. (종과 상전) (종은)**상전에게 순종하기를 그리스도께 하듯 하라** (6:5) 기쁜 마음으로 (상전)**섬기기를 주께 하듯 하고** 사람에게 하듯 하지 말라 (6:7)

14. (기도와 말씀의 전신 갑주를 입으라) 마귀의 간계를 능히 대적하기 위하여 하나님의 전신 갑주를 입으라 (6:11)

- 구원의 투구와 성령의 검 곧 **하나님의 말씀을 가지라** (6:17) **모든 기도와 간구로 하되** 항상 성령 안에서 기도하고 이를 위하여 깨어 구하기를 항상 힘쓰며 여러 성도를 위하여 구하라 (6:18)

※ **전신 갑주**(마귀를 대적하는 무기)란 **진리**의 허리띠, **의**의 호심경, **복음**의 신, 믿음의 방패, **구원**의 투구, **성령**의 검을 말한다

빌립보서 [빌] (318쪽)

〈바울, 61-63년경, 빌립보 교회〉

1. **(구원은 재림 때에 완성되리라)** 너희 안에서 착(*선*)한 일(구원)을 시작하신 이가(*분께서*) 그리스도 예수의 날(재림/ 공중강림의 날)까지 이루실 줄을(*그 일을 완성하시리라고*) 우리는 확신하노라 (1:6)

2. **(빌립보 성도에게 감사)** 내가 예수 **그리스도의 심장으로** 너희 무리를 얼마나 사모하는지 하나님이 내 증인이시라 (1:8) **너희 사랑을 지식과 모든 총명으**

로 점점 더 풍성하게 하사 (1:9) 의의 열매가 가득하여 하나님의 영광과 찬송이 되기를 원하노라 (1:11)

3. **(믿음과 고난 받는 특권도 주시다)** **그리스도의 복음에 합당하게 생활하라** (1:27) 그리스도를 위하여 너희에게 **은혜**(*특권*)를 주신 것은 다만(*즉*) **그를 믿을** 뿐 아니라 또한 **그를 위하여 고난도 받게 하려 하심이라**(*고난을 받는 특권도 주셨습니다*) (1:29)

빌

4. **(예수의 마음을 품어라)** 아무 일에든지 다툼이나 허영으로 하지 말고 오직 겸손한 마음으로 (*하고*) 각각 자기보다 (*서로*) 남을 낫게 여기고 (2:3) *서로 다른 사람들의 일도 돌보아 주십시오* (2:4) 너희 안에 이 마음을 품으라 곧 그리스도 예수의 마음이니 (2:5)

📖 우리의 시민권은 하늘에 있는지라 (3:20)

5. **(예수 그리스도 찬가/ 기독론적 찬가 2:6-11)** (그는 근본 하나님의 본체시나 하나님과 동등됨을 취할 것으로 여기지 아니하시고 2:6) **사람의 모양으로 나타나사**(성육신) **자기를 낮추시고 죽기까지 복종**(*순종*)**하셨으니** 곧 십자가의 죽으심이라 (2:8) 이르므로 **하나님이 그를 지극히 높여** 모든 이름 위에 뛰어난 이름을 주사 (2:9) **모든 무릎**(*하늘과 땅 위와 땅 아래 있는 모든 것들이*)을 예수의 이름에 꿇게 하시고 (2:10) **모든 입으로 예수그리스도를 주라 시인**(*고백*)**하여 하나님 아버지께 영광을 돌리게 하셨느니라** (2:11)

6. **(흠 없는 자녀로 살라)** **너희 안에서 행**(*활동*)**하시는 이는 하나님이시니** 자기의 기쁘신 뜻을 위하여 너희에게 소원을 두고 행하게 하시나니 모든 일을(*무슨 일이든지*) 원망(*불평*)과 시비가 없이 하라 (2:13-14)

📖 항아리를 보지 말고 그 안에 든 것을 보아라 (탈무드) / ☞ 진정성있게 사는 것이 최고의 행복이다.

7. **(뜻을 같이한 진실한 디모데)** 내(바울)가 디모데를 속히 너희에게 보내기를 주 안에서 바람은 너희의 사정을 앎으로 안위(*격려*)를 받으려 함이니(2:19) 이는 **뜻을 같이하여 너희 사정을 진실히 생각할 자가 이밖에 내게 없음이라** (2:20) 그들이 다 자기 일을 구하고 그리스도 예수의 일을 구하지 아니하되(2:21) 디모데의 **연단을 너희가 아나니**(*인품을 여러분이 잘 알고 있습니다*) 자식이 아버지에게 함같이 나와 함께 복음을 위하여 수고(*봉사*)하였느니라 (2:22)

빌

8. **(주를 아는 것이 가장 고귀하다)** 모든 것을 해로 여김은 내 주 그리스도 **예수를 아는 지식이 가장 고상**(*고귀*)**하기 때문이라** (3:8)

9. **(푯대를 향하여 달음질한 바울)** 내가 그리스도 예수께 잡힌 바 된 그것을(나를 붙드신 목적, 미래의 나) **잡으려고 달려가노라** (3:12)
 - 푯대(목표/ 천국)를 향하여 그리스도 예수 안에서 하나님이 위에서 부르신 부름의 상을 위하여 달려가노라 (3:14)

10. **(감사함으로 아뢰라)** 주 안에서 항상 기뻐하라 다시 말하노니 기뻐하라 (4:4) **아무것도 염려하지 말고 다만 모든 일에 기도와 간구로, 너희 구할 것을 감사함으로 하나님께 아뢰라** (4:6) 그리하면 **모든 지각에 뛰어난**(*사람의 헤아림을 뛰어넘는*) **하나님의 평강이 그리스도 예수 안에서 너희 마음과 생각을 지키시리라** (4:7)

☞ 잃어버린 것을 보지 말고, 남겨 주신 것에 감사하라.

11. **(무엇에든지 생각하고 행하라)** 형제들아 **무엇에든지** 참되며… 경건하

며…옳으며…정결(순결)하며…사랑받을 만하며…칭찬 받을 만하며 무슨 덕이 있든지 무슨 기림이 있든지 **이것들을 생각하라**(*이 모든 것을 생각하십시오*) (4:8) 너희는 **내게 배우고 받고 듣고 본 바를 행하라** 그리하면 평강의 하나님이 너희와 함께 계시리라 (4:9)

12. **(자족의 비결)** 어떠한 형편에든지 나는 **자족하기를 배웠노니** 나는 비천에 처할 줄도 알고 풍부(풍족)에 처할 줄도 알아 모든 일 곧 **배부름과 배고픔과 풍부**와 **궁핍**에도 처할 줄 아는 **일체의**(*그 어떤 경우에도 적응할 수 있는*) **비결을 배웠노라** (4:11-12)

☞ 같은 돌도 현재의 나의 행동에 따라 걸림돌이 되기도하고 디딤돌이 되기도 한다

13. (모든 것을 할 수 있다) 내게 능력 주시는 자 안에서 내가 모든 것을 할 수 있느니라 (4:13) → 한국인이 좋아하는 구절

📖 미래는 현재의 내가 하는 행동에 따라 결정된다 (윌리엄A 워드)

14. (모든 쓸 것을 채우시리라) (받아서) 내게는 모든 것이 있고 또 풍부한지라 (4:18) 그리스도 예수 안에서 영광 가운데(*안에 있는 영광으로*) **그 풍성한 대로 너희 모든 쓸 것을**(*여러분에게 필요한 것을 모두*) **채우시리라** (4:19)

골로새서 [골] (324쪽)

〈바울, 62년경, 그리스도의 탁월〉

1. **(하나님의 뜻을 아는 지식을 채워라)** 듣던 날부터 …구하노니(*여러분의 소식을 들은 그날부터 …쉬지 않고 기도합니다*) 여러분에게 **모든 신령한 지혜와 총명에 하나님의 뜻을 아는 것으로 채우게 하시고**(*지식을 채워 주시기를 빕니다*) (1:9) **주께 합당하게 행하여** 범사에 기쁘시게 하고(*해드리고*) 모든 선한 일에

열매를 맺게 하시며 하나님을 아는 것에 자라게 하시고 *(점점 더 알고)* (1:10)

2. **(예수는 하나님의 형상이며 교회의 머리시다)** 그 아들 안에서 우리가 속량 곧 **죄사함을 얻었도다** 그는 보이지 아니하는 **하나님의 형상**이시요 모든 피조물보다 먼저 나신 이시니 (1:14-15) 그가 **만물보다 먼저 계시고** 만물이 그 안에 함께 섰느니라*(존속합니다)* (1:17) 그는 몸인 **교회의 머리시라** **그가 근본***(근원)***이시요** (1:18)

골

3. **(예수 안에 보화가 숨겨져 있다)** **그***(그리스도)* **안에는 지혜와 지식의 모든 보화가 감추어져 있느니라** (2:3) 너희가 그리스도 예수를 주로 받았으니 그 안에서 행하되*(살아 가십시오)* (2:6) 그 안에 뿌리를 박으며 세움을 받아 교훈을 받은 대로 믿음에 굳게 서서 감사함을 넘치게 하라 (2:7)

4. **(새 사람을 입어라)** 너희가 서로 거짓말 하지 말라 옛 사람과 그 행위를 벗어 버리고 새사람을 입었으니 **이는 자기를 창조하신 이의 형상**(사랑)**을 따라 지식에까지 새롭게 하심을 입은 자니라***(끊임없이 새로워져서, 참 지식에 이르게 됩니다)* (3:9-10)

5. **(미덕에 사랑을 더하라)** 누가 누구에게 불만이 있거든 서로 용납하여 **피차** *(서로)* **용서하되** 주께서 너희를 용서하신 것 같이 너희도 그리하고*(서로 용서하라)* (3:13) **이 모든 것**(긍휼 자비 겸손 온유 오래 참음 등 새사람의 미덕) **위에 사랑을 더하라** 이는*(사랑은)* 온전하게 **매는 띠니라***(묶는 띠입니다)* (3:14) 그리스도의 평강이*(평화가)* 너희 마음을 주장*(지배)*하게 하라 (3:15) **무엇을 하든지 말에나 일에나 다 주 예수의 이름으로 하고 그를 힘입어***(그분에게 힘을 얻어서)* 하나님 아버지께 감사하라 (3:17)

> 📖 아내들아 남편에게 복종하라 이는 주안에서 마땅하니라(3:18) / 남편들아 아내를 사랑하며 괴롭게 하지말라 (3:19)

6. **(주께 하듯 진심으로 하라)** 종들아 모든 일에 육신의 상전들에게 순종하되 사람을 기쁘게 하는 자와 같이 **눈가림만 하지말고 오직 주를 두려워하여 성실한 마음으로 하라** (3:22) **무슨 일을 하든지 마음을 다하여 주께 하듯***(진심으로)* **하고 사람에게 하듯 하지 말라** (3:23) 이는 기업의 상을 주께 받을 줄 아나니*(여러분은 주님께 유산을 상으로 받는다는 사실을 기억하십시오)* 너희는 주 그리스도를 섬기느니라 (3:24)

골
살전

7. **(감사함으로 기도하라)** 기도를 계속하고 **기도에 감사함으로 깨어 있으라** (4:2) **또한 우리를 위하여 기도하되 하나님이 전도할 문을 우리에게 열어주사 그리스도의 비밀**(구원에는 유대인과 이방인의 차이가 없고 믿음으로 구원을 얻는 다는 그 비밀)**을 말하게 하시기를 구하라** (4:3)

8. **(은혜로운 말을 하라)** 외인에게 대해서는 지혜로 행하여 세월을 아끼라*(외부 사람들에게는 지혜롭게 대하고 기회를 선용하십시오)* (4:5) 너희 **말을** 항상 은혜 가운데서 **소금으로 맛을 냄과 같이 하라***(내어 언제나 은혜가 넘쳐야 합니다)* (4:6)

📖 말은 깃털처럼 가벼워서 주워 담기 힘들다 (탈무드)

데살로니가전서 [살전] (329쪽)

〈바울 50-51년경, 재림〉

1. **(하나님을 기쁘게 해 드리는 생활)** 하나님의 뜻은 이것이니 **너희의 거룩***(성결)***함이라** 곧 음란(음행)을 버리고 (4:3) 각각 거룩함과 존귀(존중)함으로 자기 아내 대할 줄을 알고 (4:4)…색욕을 따르지 말고 (4:5)이*(이런)* 일에 분수를 넘어서 형제를 해하지 말라 (4:6) 조용히 자기 일을 하고(직업을 가지고) 너희 손으로 일하기를 힘쓰라 (4:11)

📖 너희는 우리의 영광이요 기쁨이니라 (2:20)/ 그분 뜻에 합당한 제가 되기 위해 오늘도 성경 안에 있는 말씀을 묵상하고 기도합니다 (하희라)

2. **(재림때의 현상)** 주께서 호령과 천사장의 소리와 하나님의 나팔소리로 친히 하늘로부터 강림하시리니 그리스도 안에서 **죽은 자들이 먼저 일어나고***(도 예수와 함께 데리고 오시리라 4:14)* (4:16) 그 후에 우리 **살아 남은 자들도 그들과 함께 구름 속으로 끌어 올려***(이끌려)* **공중에서 주를 영접**하게 하시리니 그리하여 우리가 항상 주와 함께 있으리라 (4:17) (종말의) 때와 시기에...(5:1)

📖 마지막 나팔에 순식간에 홀연히(눈 깜짝할 순간) 다 변화되리니 죽은 자들이 썩지 아니할 것으로 다시 살아나고 우리도 변화되리라 (고전15:51-52)

3. **(교회 지도자들을 존경하라)** 주 안에서 너희를 다스리며 권*(훈계)*하는 자들을 너희가 (하나님이 주신 권위임을) 알고 (5:12) 그들의 역사로*(하는 일로)* 말미암아 **사랑 안에서***(으로)* **가장 귀히 여기며***(극진히 존경하십시오)* 너희 끼리 **화목하라** (5:13)

4. **(하나님의 뜻)** 삼가 누가 누구에게든지 악으로 악을 갚지 말게 하고 서로 대하든지 모든 사람을 대하든지 **항상 선***(좋은 일)***을 따르라** (5:15)
- (주 안에서) **항상 기뻐하라** (5:16, 빌4:4) **쉬지 말고***(끊임없이)* **기도하라** (5:17) 범사*(모든 일)*에 **감사하라 이것이 그리스도 예수 안에서 너희를 향하신***(바라시는)* **하나님의 뜻이니라** (5:18)

📖 악은 어떤 모양이라도 버리라 (5:22)

데살로니가후서 [살후] (333쪽)

〈바울, 53-67년경, 종말적 삶〉

1. **(하나님의 나라에 합당한 사람)** **믿음이 더욱 자라고** 너희가 다 각기 **서로 사랑함이 풍성함이니** (1:3) 이는 하나님의 **공의로운 심판의 표요** 너희로 하여금 하나님의 **나라에 합당한 자로** 여김을 받게 하려 함이니 그 나라를

위하여 너희가 또한 **고난을 받느니라** (1:5)

- **하나님을 모르는 자들과** 우리 주 예수의 **복음에 복종하지 않는 자들에게** (영원한 멸망의 1:9) 형벌을 내리시리니 (1:8)

2. **(굳건하게 악인에게서 지키리라)** 주는 미쁘사 **너희를 굳건하게** 하시고 악한 자에게서 지키시리라 (3:3)

📖 나를 안전히 살게 하시는 이는 오직 여호와이시니이다(시4:8)

살후
담전

3. (조용히 일하여 자기 양식을(자기가 먹을 것을 벌어서) 먹으라 3:12) 누구든지 일하기 싫어하거든 먹지도 말게 하라 (3:10)

📖 네가 흙으로 돌아갈 때까지 얼굴에 땀을 흘려야 먹을 것을 먹으리니 (창 3:19)/ 조용히 자기 일을 하고 (살전4:11)

4. **(평강을 주시고/ 바울의 축복)** 주께서 친히 **때마다 일마다 너희에게 평강을** 주시고 주께서 너희 모든 사람과 함께 하시기를 원하노라 (3:16)

디모데전서 [딤전] (337쪽)

〈바울, 53-67년경, 목회〉

1. (직분주신 은혜에 감사) 우리 주께 내가 감사함은 **나를 충성되이***(신실하게)* 여겨 내게 *(이)*직분을 맡기심이니 (1:12) 내가 전에는 비방자*(훼방자)*요 박해자요 폭행자였으나 도리어 긍휼*(자비)*을 입은 것은 내가 믿지 아니할 때에 알지 못하고 행하였음이라 (1:13)

📖 죄인 중에 내가 괴수니라 (1:15)

2. (믿음과 착한 양심을 가지라) 전에 너를 지도한 예언(성경의 가르침)을 따

라 그것으로*(그 예언대로)* **선한 싸움**을 싸우며 **믿음과 착한***(선한)* **양심을 가지라** (1:18-19)

3. (기도에 대한 가르침) 모든 **사람을 위하여***(위해서 하나님께)* **간구와 기도와 도고***(중보기도/ 남을 위한 기도)***와 감사***(감사기도)***를 하되** (2:1) 임금들과 높은 지위에 있는 모든 사람을 위하여 하라 이는 우리가 모든 경건과 단정함으로 **고요***(조용)***하고 평안한***(평화로운)* **생활을 하려함이라** (2:2) 하나님은 모든 사람이 구원을 받으며 진리를 아는 데에 이르기를*(알게 되기를)* 원하시느니라 (2:4) 하나님은 한 분이시며 **하나님과 사람 사이에 중보자도 한 분이시니 곧 사람이신 그리스도 예수라** (2:5)

딤전

4. (직분/장로와 집사의 자격/교회란) 미쁘다 이 말이여 곧 **사람이** 감독의 직분을 얻으려 함은 선한*(훌륭한)* 일을 사모하는 것이라 함이로다 (3:1) **집사의 직분을 잘한 자들은 아름다운 지위와 그리스도 예수 안에 있는 믿음에 큰 담력***(확신)***을 얻느니라** (3:13) 이 집은*(가족은)* 살아 계신 하나님의 교회요 진리의 기둥과 터니라 (3:15)

> 📖 감독(장로)의 자격 : 3:1-7과 디도서 1:6-9
> 📖 집사의 자격 : 3:8-13
> ☞ 교회는 성도의 안식처요 의지하고 힘을 얻는 영혼의 충전소이다

5. (감사히 받으라) 하나님께서 지으신 모든 것이 선하매*(다 좋은 것이요)* 감사함으로 받으면 버릴 것이 없나니 *(모든 것은)* **하나님의 말씀과 기도로 거룩하여짐이라** (4:4-5)

> 📖 경건은 범사에 유익하니 금생*(이 세상)*과 내생에*(장차 올 세상의)* *(생명을)* 약속이 있느니라 (4:8)

6. (자기 가족을 돌보라) 누구든지 자기 친족 특히 **자기 가족을 돌보지 아니하면** 믿음을 배반한 자요 불신자보다 더 악한 자니라 (5:8)

7. (소유와 돈에 대한 바른 자세) **자족하는 마음이 있으면 경건은 큰 이익이 되느니라** (6:6) 우리가 이 세상에 아무것도 가지고 온 것이 없으매 또한 아무것도 가지고 가지 못하리니 **우리가 먹을 것과 입을 것이 있은즉 족한 줄로 알 것이니라** (6:7-8)

- **부하려 하는 자들은** 시험(*유혹*)과 올무와 여러 가지 어리석고 해로운 욕심에 떨어지나니 곧 **사람으로 파멸과 멸망**(영적 죽음)**에 빠지게 하는 것이라** (6:9) **돈을 사랑함이 일만**(모든) **악의 뿌리가 되나니** 이것을 탐내는 자들은 미혹을 받아 믿음에서 떠나 많은 근심으로써 자기를 찔렀도다(*돈을 쫓다가 믿음에서 떠나 헤매기도 하고, 많은 고통을 겪기도 한 사람이 더러 있습니다*) (6:10)

📖 돈에 대한 탐욕은 영혼을 썩게 한다 (탈무드)

8. (믿음의 선한 싸움) 너 하나님의 사람아(디모데야) 이것(악한 것)들을 피하고 의와 경건과 믿음과 사랑과 인내와 온유를 따르며 (6:11) **믿음의 선한 싸움을 싸우라**(*경건의 훈련을 쌓으라*) **영생을 취하라** 이를 위하여 네가 부르심을 받았고 많은 증인 앞에서 **선한 증언**(*훌륭하게 신앙을 고백*)을 하였도다 (6:12)

9. (부자의 바른 태도) 네가 이 세대에서 부한 자들을 명하여 **마음을 높이지**(*교만해지지도*) **말고** 정함이 없는 (*덧없는*)**재물에 소망을 두지 말고** 오직 우리에게 모든 것을 후히 주사 누리게 하시는 하나님께 (소망을) **두며** (6:17) **선을 행하고 선한 사업을**(*좋은 일을*) **많이 하고 나누어 주기를 좋아하며 너그러운 자가 되게 하라** (*아낌 없이 베풀고, 즐겨 나누어주라고 하십시오*) (6:18) 이것이(*그렇게 하여*) 장래에 자기를 위하여 좋은 터를 쌓아(*앞날을 위하여 든든한 기초를 스스로 쌓아서*) 참된 생명을 취하는 것이니라 (6:19)

📖 남을 행복하게 하면 자기의 행복은 더 커진다 (글라임) / ☞ 부자는 사랑의 실천을 통해 영적으로 부유해지며 장래의 상급을 확실히 얻게 된다

디모데후서 [딤후] (343쪽)

〈바울, 67년경, 소명〉

1. **(복음과 함께 고난을 받으라)** 하나님이 우리에게 주신 것은 두려워하는 마음이 아니요 오직 능력과 사랑과 절제하는 마음이니*(의 영을 주셨습니다)* (1:7) ...오직 **하나님의 능력을 따라***(힘입어)* **복음과 함께 고난을 받으라** (1:8) 하나님이 우리를 구원하사 거룩하신 소명으로 부르심은 우리의 **행위대로 하심이 아니요 오직 자기의 뜻과***(하나님의 계획과)* **영원 전부터***(전에)* 그리스도 예수 안에서 우리에게 **주신 은혜대로 하심이라**(1:9) 그는 사망을 폐하시고 복음으로써 **생명과 썩지 아니할** 것을 드러내신지라 (1:10)

2. **(주의 좋은 병사)** 너는 그리스도 예수의 좋은 병사로 나와 함께 고난을 받으라 (2:3) **경기하는 자가 법***(규칙)***대로 경기하지 아니하면 승리자의 관***(월계관)* **을 얻지 못할 것이며** (2:5)

- 미쁘다(신실하다) 이 말이여 우리가 주와 함께 죽었으면 또한 *(그분과)* 함께 살 것이요 (2:11) **참**으면 또한 (주와)함께 왕 노릇 할 것이요 우리가 주를 부인하면 주도 우리를 부인하실 것이라 (2:12)

3. **(인정받는 일꾼)** 너는 진리의 **말씀을 옳게***(올바르게)* **분별하며 부끄러울 것**이 없는 일꾼으로 **인정된 자로 자신을 하나님 앞에 드리기를 힘쓰라***(하나님께 인정받는 사람이 되기를 힘쓰십시오)* (2:15)

4. **(쓰임에 합당한 그릇을 준비하라)** **누구든지 이런것**(귀한, 천한 그릇)**에서** 자기를 깨끗하게 하면 귀히 쓰는 그릇이 되어 **주인의 쓰심에 합당하여 모든 선한 일에**

준비함이 되리라(*그는 주인이 온갖 좋은 일에 요긴하게 쓰는 성별된 귀한 그릇이 될 것이다*) (2:21) 또한 너는 청년(*젊음*)의 정욕을 피하고 주를 깨끗한 마음으로 부르는(*찾는*) 자들과 함께 의와 믿음과 사랑과 화평(*평화*)을 따르라 (2:22)

5. **(말세의 징조/ 바울의 마지막 가르침)** 사람들이 자기를 사랑하며 돈을 사랑하며 자랑하며 교만하며 비방하며 부모를 거역하며 감사하지 아니하며(*감사할 줄 모르며*) 거룩하지 아니하며(*불경스러우며*) (3:2)
- 무정하며 원통함을 풀지 아니하며 모함(*비방*)하며 절제하지 못하며 사나우며(*난폭하며*) 선한 것을 좋아하지 아니하며 (3:3)
- 배신하며 조급(*무모*)하며 자만하며 쾌락을 사랑하기를 하나님 사랑하는 것보다 더하며 (3:4) 경건의 모양은 있으나 경건의 능력은 부인하니 이 같은 자들에게서 네가 돌아서라 (3:5)

딤후

6. **(경건해도 박해는 받는다)** 예수 안에서 경건하게(예배하는 믿음의 자세로) 살고자 하는 자는 (*모두*) 박해를 받으리라 (3:12)

7. **(성경은 하나님의 말씀이다)** 성경은 능히 너로 하여금 그리스도 예수 안에 있는 믿음으로 말미암아 구원에 이르는 지혜가 있게 하느니라 (3:15) **모든 성경은 하나님의 감동**(*영감*)**으로 된 것으로 교훈과 책망과 바르게 함과 의로 교육하기에 유익하니** (3:16) **이는**(*성경은*) **하나님의 사람으로 온전**(*유능*)**하게 하며 모든 선한 일을 행할 능력을 갖추게 하려 함이라** (3:17)

📖 성경은 하나님의 말씀이니 신앙과 행위에 대하여 정확 무오한 유일의 법칙이다 (신조1) / 나는 성경을 하나님께서 인간에게 주신 가장 큰 선물이라고 믿는다 (링컨)

8. **(항상 말씀을 전파하라)** 너는 말씀을 전파하라 때를 얻든지 못 얻든지 항상

힘쓰라 범사에 오래 참음과*(끝까지 참고)* 가르침으로 경책하며*(책망하고)* 경계하며 권*(권면)*하라 (4:2)

9. **(예비된 의의 면류관)** 너는 모든 일에 신중하여 고난을 받으며 전도자의 일을 하며 네 직무를 **다하라** (4:5) 나는 선한 싸움을 싸우고 나의 달려갈 길을 마치고 믿음을 지켰으니 (4:7) 이제 후로는 **나를 위하여 의의 면류관이 예비되었으므로**… 그 날에 내게 주실 것이며 내게만 아니라 주의 나타나심을 사모하는 모든 자에게도니라 (4:8)

디도서 [딛] (347쪽)

〈바울, 64-65년경, 목회자〉

딤후
딛

1. **(그레데에서 디도의 사역)** 그들이 하나님을 시인하나*(안다고 말하지만)* 행위*(행동)*로서는 부인하니 **가증한 자요 복종하지 아니하는 자요 모든 선한 일을 버리는 자니라***(하지 못합니다)* (1:16)

2. **(속량으로 자녀가 되었다)** 그가 우리를 대신하여 자신을 주심은 **모든 불법에서 우리를 속량하시고***(건져내시고)* 우리를 깨끗하게 하사 선한 일을 열심히 하는 자기 백성이 되게 하려 하심이라 (2:14) 너는 이것을 말하고 권면하며 **모든 권위로 책망하여** 누구에게서든지(아무도) **업신여김을 받지 말라** *(업신여기지 못하게 하십시오)* (2:15)

> ☞ 속량이란 몸 값을 받고 죄인이 자유인이 된다는 것으로 십자가를 지신 예수의 구원행위 등을 속량이라 한다

3. **(신자의 태도)** 아무도 **비방하지 말며 다투지 말며 관용하며 범사에 온유함을** 모든 사람에게 나타낼 것을 기억하게 하라 (3:2)

4. (칭의/ 稱義) (구원은)**의로운 행위로 말미암지 아니하고** *(우리가 행한 의로운 일 때문이 아니라)* 오직 그의 긍휼*(자비)*하심을 따라 **중생의 씻음과***(거듭나게 씻어주심과)* **성령의 새롭게 하심**으로 하셨나니 (3:5) (예수그리스도로 말미암아) **그 성령을 풍성히 부어 주사** (3:6) 우리로 **그의 은혜를 힘입어 의롭다 하심을 얻어***(우리는 그분의 은혜로 의롭게 되어서)*(칭의) 영생의*(영원한 생명의)* 소망을 따라 상속자가 되게 하려 하심이라*(되었습니다)* (3:7)

빌레몬서 [몬] (350쪽)

〈바울, 61-63년경, 용서.사랑〉

1. **(노예 오네시모를 주인에게 돌려 보내다)** 갇힌*(옥)* 중에서 낳은 아들 오네시모를 위하여 네게 간구하노라*(간청합니다)* (1:10) **그가 전에는 네게 무익하였으나 이제는 나와 네게 유익하므로** 네게 그를 돌려 보내노니 그는 *(바로)* 내 심복이라*(마음입니다)* (1:11-12)

2. **(오네시모를 두고 선처를 부탁하다)** 이후로는 종과 같이 대하지 아니하고 종 이상으로 곧 사랑 받는 형제로 둘 자라 (1:16) *(나를 맞이하듯이 그를 맞아 주십시오 1:17)* 그가 만일 네게 불의를 하였거나*(그대에게 잘못한 것이 있거나)* 네게 빚진 것이 있으면 그것을 내 앞으로 계산하라*(달아놓아 주십시오)* (1:18)

※ 링컨 대통령의 노예 해방 신념 구절

히브리서 [히] (352쪽)

〈미상, 65-70년경, 기독교 변증서〉

1. (아들을 통하여 말씀하시다) **이 모든 날 마지막**(예수의 초림/ 신약시대)**에는 아들을 통하여 우리에게 말씀하셨으니** 이 아들을 만유의 상속자로 세우시고 또 그로 말미암아*(그를 통하여)* 모든*(온)* 세계*(세상)*를 지으셨느니라 (1:2)

딛
몬
히

☞ 구약시대는 선지자를 통해 조상들에게 말씀하셨다 (1:1참조)

2. **(체험한바 도울 수 있다)** **그가** *(몸소)* 시험을 받아 고난을 **당하셨은즉***(당하셨으므로)* 시험 받는 자들을 능히 도우실 수 있느니라 (2:18)

3. **(말씀은 살아 있다)** **하나님 말씀은 살아 있고 활력***(힘)***이 있어** 좌우의 날선 어떤 검보다도 예리하여 **혼과 영과 및 관절과 골수를 찔러 쪼개기***(갈라 놓기)* **까지 하며 또 마음의 생각과 뜻***(의도)***을 판단**하나니*(밝혀냅니다)* (4:12)

4. **(예수는 대제사장이다)** 그러므로 우리는 **긍휼하심을 받고** 때를 따라 **돕는 은혜를** 얻기 위하여 **은혜의 보좌 앞에 담대히** 나아갈 것이니라*(담대하게 은혜의 보좌로 나아갑시다 그리하여 우리가 자비를 받고 은혜를 입어서, 제때에 주시는 도움을 받도록 합시다)* (4:16)

5. **(고난에 순종함으로 온전하게 되었다)** 그가(예수가) 아들이시면서도 받으신 고난으로 순종함을 배워서 온전하게 되셨은즉 (5:8-9)

📖 예수를 바라보자. 십자가를 참으사 부끄러움을 개의치 아니하시다 (12:2)

6. **(복주고 번성하게 하리라)** 내가 반드시 **너**(아브라함)**에게 복 주고 복 주며 너를 번성하게 하고 번성하게 하리라** 하셨더니 (6:14) 그가 이같이 오래 참아 *(그리하여 아브라함은 오래 참은 끝에 그)* 약속을 받았느니라 (6:15)

7. **(죽은 후에 심판이 있다)** 자기의 피로 영원한 속죄를 이루사 (9:12) 피 흘림이 없은즉 사함이 없느니라 (9:22) 한 번 죽는 것은 사람에게 정해진 것이요 그 후에는 심판이 있으리니 (9:27)

히

📖 죽은 자들이 자기 행위를 따라 (생명)책들에 기록된 대로 심판을 받으니 (계20:12)/ 그는 허물과 죄로 죽었던 너희를 살리셨도다 (엡 2:1)

8. (서로 격려하며 모이기를 힘써라) (관심을 가지고) **서로 돌아보아 사랑과 선행을**(*선한 일을 하도록*) **격려하며** (10:24) **모이기를** 폐하는 어떤 사람들의 습관과 같이 하지 말고 오직 권하여 그날이 가까움을 볼수록 **더욱 그리하자** (*힘써 모입시다*) (10:25)

- 원수 갚는 것이 **내게 있으니**(*내가 할 일이니*) 내가(하나님이) 갚으리라 (10:30, 롬12:19)

9. (박해를 견디면 큰 상이 있다) 전날에 너희가 빛을 받은(예수를 영접한) 후에 고난의 **큰 싸움**(대박해)을 **견디어 낸 것을 생각하라**(*싸움을 많이 견디어 낸 그 처음 시절을 되새기십시오*) (10:32) 그러므로 너희 담대함(*확신*)을 버리지 말라 이것이(*그 확신에는*) 큰 상을 얻게 하느니라 (10:35) **너희에게 인내가 필요함은 너희가 하나님의 뜻을 행한 후에**(*행하고서 그*) **약속하신 것을 받기 위함이라** (10:36) 잠시 잠깐 후면 (재림의 임박성을 말한다) 오실 이가 오시리니 지체하지 아니하시리라 (10:37) 나의 의인은 믿음으로 말미암아 살리라 (10:38)

10. (믿음은 실상이요 증거이다) 믿음은 바라는 것들의 **실상이요** 보이지 않는 것들의 증거니 선진들이 이로써 증거(인정)를 얻었느니라 (11:1-2) 믿음으로 에녹은 죽음을 보지 않고 옮겨졌으니...그는 옮겨지기 전에 **하나님을 기쁘시게 하는 자라 하는 증거**를 받았느니라 (11:5) **믿음이 없이는 하나님을 기쁘시게 하지 못하나니** 하나님께 나아가는 자는 반드시 **그가 계신 것과** 또한 그가 자기를 찾는 자들에게 **상 주시는 이심을 믿어야** 할지니라 (11:6)

📖 에녹이 하나님과 동행하더니 하나님이 그를 데려가심으로 세상에 있지 아니하였더라 (창5:24)

11. **(믿음의 경주를 하라)** 모든 무거운 것과 얽매이기 쉬운 죄를 벗어 버리고 **인내로써 우리 앞에 당한 경주를 하며** (12:1) 예수를 바라보자…십자가를 참으사 부끄러움을 개의치 아니하시더니 하나님 보좌 우편에 앉으셨느니라 (12:2)

12. **(징계는 고쳐서 더 사랑하려는 것이다)** 내 아들아 주의 징계하심을 경히*(가볍게)* 여기지 말며 그에게 꾸지람을 받을 때에 낙심하지 말라 (12:5) **주께서 그 사랑하시는 자를 징계하시고** 그가 받아들이시는 아들마다 채찍질하심이라 (12:6, 잠3:12) **징계는 다 받는 것이거늘** 너희에게 없으면 사생자요 친아들이 아니니라 (12:8)

☞ 예수를 믿으면 시련이 더한 경우가 있는데 이는 시련이 지나고 축복해야 은혜를 알고 축복을 감당할 수 있는 사람이 되기 때문이다

13. **(징계는 연단이다)** 무릇 징계가 당시에는 즐거워 보이지 않고 슬퍼 보이나 후에 그로 말미암아 연단 받은 자들은 의와 평강의 열매를 맺느니라 (12:11) 모든 사람과 더불어 화평함과 거룩함을 따르라 이것이 없이는*(거룩해지지 않고서는)* 아무도 주를 보지*(뵙지)* 못하리라 (12:14)

📖 쉽고 평안한 환경에서는 강한 인간이 만들어지지 않는다. 시련과 고통의 경험을 통해서만 강한 영혼이 탄생하고, 통찰력이 생기고, 일에 대한 영감이 떠오르며 마침내 성공할 수 있다 (헬렌 켈러)

14. **(주는 돕는 이시다)** **모든 사람은 결혼을 귀히 여기고 침소를 더럽히지 않게 하라** (13:4) 돈을 사랑하지 말고 있는 바를 족한 줄로 알라 그가 친히 말씀하시기를 내가 결코 너희를 **버리지 아니하고** 너희를 떠나지 아니하리라 (13:5) **주는 나를 돕는 이시니** 내가 무서워하지 아니하겠노라 **사람이 내게 어찌하리요** (13:6) 예수 그리스도는 어제나 오늘이나 영원토록 동일하시니라*(늘 한결같은 분이십니다)* (13:8)

히

15. (찬송과 나눔의 제사를 드려라) 항상 **찬송의 제사**를 하나님께 드리자 이는 그 이름을 증언*(고백)*하는 입술의 열매니라 (13:15) **오직 선을 행함과 서로***(가진 것을)* **나누어 주기를 잊지***(소홀히 하지)* **말라** 하나님은 이같은 제사를 기뻐하시느니라 (13:16)

16. (목회자들이 즐겁게 일하도록 도우라) 너희를 인도하는 자들에게 순종하고*(여러분의 지도자들의 말을 곧이듣고) (그들에게)* **복종하라**… *(그들은 여러분의 영혼을 지키는 사람들이요, 이 일을 장차 하나님께 보고드릴 사람들입니다)* **즐거움으로**(기쁜 마음으로) **이것**(영혼을 돌보는 일)**을 하게 하고 근심***(탄식)***으로 하게 하지 말라 그렇지 않으면 너희에게 유익이 없느니라** (13:17)

야고보서 [약] (370쪽)

〈야고보, 60-62년경, 행함의 믿음〉

히 약

1. (시험을 기쁘게 여겨라) 너희가 여러 가지 시험을 당하거든 온전히 기쁘게 여기라 이는 너희 믿음의 시련이 인내를 만들어 내는 줄 너희가 앎이라 (1:2-3) 인내를 온전히 이루라 이는…부족함이 없게 하려 함이라 (1:4) **지혜가 부족하거든 모든 사람에게 후히 주시고 꾸짖지 아니하시는 하나님께 구하라** 그리하면 주시리라*(받을 것입니다)* (1:5) 오직 믿음으로 구하고 조금도 의심하지 말라 (1:6)

2. (시험을 참는 자가 복이 있다) 시험을 참는 자는 복이 있나니 이는 시련을 견디어 낸 자가 주께서 자기를 사랑하는 자들에게 약속하신 **생명의 면류관**을 얻을 **것이기 때문이라** (1:12) (하나님은)친히 아무도 시험하지 아니하시느니라 (1:13) 오직 각 사람이 **시험을 받는 것은** 자기 욕심에 끌려 미혹됨이니*(꾐에 빠지기 때문입니다)* 욕심이 잉태한즉 죄를 낳고 죄가 장성한즉 *(자라면)* 사망을 낳느니라 (1:14-15)

📖 **온갖 좋은 은사와 온전**(완전)**한 선물이**(은사는) **다 위로부터**(위에서,) 빛들의(곧 빛들을 지으신) 아버지께로부터 내려오나니 그는 변함도 없으시고 회전(시시각각 변)하는 그림자도 없으시리라 (1:17)

3. **(성냄은 더디하라)** 사람마다 듣기는 속히 하고 말하기는 더디 하며 성내기도 더디 하라 (1:19) **사람이 성내는 것이**(노하는 사람은) **하나님의 의를 이루지 못함이라** (1:20)

4. **(사람을 차별하여 대하지 말라 2:1)** 가난한 자를 택하사 믿음에 부요하게 하시고 또...약속하신 나라를 상속으로 받게 하지 아니하셨느냐 (2:5) **사람을 차별하여 대하면 죄를 짓는 것이니** 율법이 너희를 범법자로 정죄(판정)하리라 (2:9)

5. **(믿음은 행함이라)** (말만하고) 그 몸에 쓸(필요한) 것을 주지 아니하면 무슨 유익(소용)이 있으리요 (2:16) **행함이 없는 믿음은 그 자체가 죽은 것이라** (2:17) 행함으로 믿음이 온전하게 되었느니라 (2:22)

📖 너희는 말씀을 행하는 자가 되고 (그저) 듣기만 하여 자신을 속이는 자가 되지 말라 (1:22)/ 영혼이 없는 몸이 죽은 것 같이 행함이 없는 믿음은 죽은 것이니라 (2:26)

6. **(말에 실수가 없도록 하라)** **이와 같이**(작은 키로 큰 배를 조정하듯이 3:4) **혀도** (몸의)**작은 지체로되 큰 것을**(엄청난 일을 할 수 있다고) **자랑하도다** (보십시오 아주)작은 불이 얼마나 많은 나무를(굉장히 큰 숲을) 태우는가(태웁니다) (3:5)

7. **(바르게 구하라)** 너희가 얻지 못함은 구하지 아니하기 때문이요 **구하여도 받지 못함은 정욕**(쾌락)**으로 쓰려고 잘못 구하기 때문이라** (4:2-3) (영적 간음한

약

자들아) 세상과 벗된 것이 하나님과 원수 됨을 알지 못하느냐 (4:4)

8. **(겸손한 자에게 은혜를 주신다)** **하나님이 교만한 자를 물리치시고 겸손한 자에게 은혜를 주신다** 하였느니라 (4:6) 그런즉 너희는 하나님께 복종할 지어다 마귀(*악마*)를 대적하라 (4:7)

- 주 앞에서 낮추라 그리하면 주께서 너희를 높이시리라 (4:10)

📖 우리를 통해 행하신 하나님의 일들을 자랑하기 시작할 때부터 하나님은 일하기를 멈추신다 (로보터 모리스)

9. **(서로 비방하지 말라)** 형제들아 서로 비방하지(*헐뜯지*) 말라 (4:11상) 너는 누구이기에 이웃을 판단(*심판*)하느냐 (4:12하)

10. **(허탄한 생각을 경고)** **내일 일을 너희가 알지 못하는도다** ...너희는 잠깐 보이다가 없어지는 안개니라 (4:14) 그러므로 사람이 선을 행할 줄 알고도 행하지 아니하면 죄니라 (4:17)

11. **(인내와 기도)** 주께서 강림하시기까지 길이 참으라 (5:7) 형제들아 서로 원망하지 말라 그리하여야 심판을 면하리라 (5:9) 너희 중에 **고난 당하는 자가 있느냐 그는 기도할 것이요** 즐거워하는 자가 있느냐 그는 찬송할지니라 (5:13)

📖 상처 입은 굴이 진주를 만든다 (에머슨)

12. **(치유 기도)** 믿음의 기도는 병든 자를 구원하리니 주께서 그를 일으키시리라 혹시 죄를 범하였을지라도 사하심을 받으리라 (5:15) **너희 죄를 서로 고백하며** 병이 낫기를 위하여 서로 기도하라(*그러면 여러분은 낫게 될 것입니다*) **의인의 간구는 역사하는 힘이 큼이니라**(*의인이 간절히 비는 기도는 큰 효*

력을 냅니다) (5:16)

13. **(미혹된 성도들을 구원하라)** 너희가 알 것은 **죄인을 미혹된***(그릇된)* **길에서 돌아서게 하는 자가** 그의 영혼을 사망에서 구원할 것이며 **허다한***(많은)* **죄를 덮을***(덮어줄)* **것임이라** (5:20)

베드로전서 [벧전] (377쪽)

〈베드로, 63-64년경, 고난.소망〉

1. **(부활의 산 소망)** 예수 그리스도를 **죽은 자 가운데서 부활하게 하심으로 말미암아** 우리를 거듭나게 하사 **산 소망이 있게** 하시며 (1:3) 여러 가지 시험*(시련)*으로 말미암아 **잠깐 근심**하게 되지 않을 수 없으나 **오히려 크게 기뻐하는도다** (1:6) 믿음의 결국 곧 영혼의 구원을 받음이라 (1:9)

2. **(내가 거룩하니 너희도 거룩할지어다 1:16)** 오직 너희를 부르신*(불러주신)* 거룩한 이처럼*(분을 따라)* **너희도 모든 행실에 거룩한 자가 되라** (1:15) 대속함을 받은 것은(1:18) 오직 흠 없고 점 없는 어린양 같은 그리스도의 보배로운 피로 된 것이니라 (1:19) 너희가 거듭난 것은… **살아 있고 항상 있는 하나님의 말씀으로** 되었느니라 (1:23)

3. **(말씀은 영원하다)** 모든 육체는 풀과 같고 그 모든 영광은 풀의 꽃과 같으니 풀은 마르고 꽃은 떨어지되 오직 **주의 말씀은 세세토록 있도다** 하였으니 너희에게 **전한 복음이 곧 이 말씀**이니라 (1:24-25)

4. **(말씀을 사모하라)** 갓난 아기들 같이 순전(순수)하고 신령한 젖(말씀. 율법)을 사모하라 이는 그로 말미암아 너희로 구원에 이르도록 자라게 하려 함이라 (2:2)

5. (성도는 곧 제사장이다) 너희도 산 돌(예수) 같이 **신령한 집으로 세워지고***(집 짓는 데 사용되어 신령한 집이 됩니다 그래서)* **예수 그리스도로 말미암아** 하나님이 기쁘게 받으실 신령한 제사를 드릴*(드리는)* **거룩한 제사장이 될지니라** (2:5) - **너희는 택하신**(그리스도를 믿는) **족속이요 왕 같은 제사장**(직)**들이요 거룩한 나라요***(민족이요)* **그의 소유가**(보물이) **된 백성이니** (2:9) 이제는*(지금은)* 하나님의 백성이요…이제는 긍휼을 얻은*(자비를 입은)* **자니라** (2:10) 영혼을 거슬러 싸우는 육체의 정욕을 제어하라 (2:11)

📖 우리가 예수의 피를 힘입어서(휘장이 찢어짐) (지)성소에 들어가게 되었다 (히10:19)/ ☞ **(루터의 만인제사장설)** 성도는 누구나 (구약의)제사장 처럼 직접 하나님께 나아가 기도하고 죄의 용서를 구할 수 있다

6. **(본을 보여 따르게 하라)** 선을 행함으로 고난을 받고 참으면 이는 하나님 앞에*(보시기에)* 아름다우니라 (2:20) (그리스도께서는)너희에게 **본을 끼쳐***(십자가 고난을 당하심으로써)* **그 자취***(자기의 발자취)***를 따라오게 하려 하셨느니라** (2:21) 친히 나무에 달려 그 몸으로 우리 죄를 담당하셨으니 이는 우리로 죄에 대하여*(는)* 죽고 의에 대하여*(는)* 살게 하려 하심이라 (2:24)

7. (아내를 존귀히 여겨야 기도가 막히지 않는다) 지식을 따라 너희 아내와 동거하고*(함께 살아야 합니다)* **그를 더 연약한 그릇**(여성)**이요 또 생명의 은혜를 함께 이어받을***(상속받을)* **자로 알아 귀히**(존중히) **여기라 이는 너희 기도가 막히지 아니하게 하려 함이라** (3:7)

8. (늘 축복을 말하라) 너희가 다 마음을 같이하여*(여러분 모두 한 마음을 품으며)* *(서로)*동정하며 형제를*(서로)* 사랑하며 불쌍히 여기며*(자비로우며)* 겸손하며 (3:8) 악을 악으로 *(모)*욕을 *(모)*욕으로 갚지 말고 도리어 **복***(축복)***을 빌라***(말하라)* **이를 위하여** 너희가 부르심을 받았으니*(여러분으로 하여금 복을*

상속받게 하시려고) 이는 복을 이어받게 하려 하심이라*(하나님께서 여러분을 부르셨습니다)* (3:9)

9. (사랑은 허다한 죄를 덮는다) 만물의 마지막이 가까이 왔으니 그러므로 너희는 정신을 차리고 근신하여*(삼가 조심하여)* **기도하라** (4:7) 무엇보다도 뜨겁게 서로 사랑할지니 **사랑은 허다한 죄를 덮느니라** (4:8)

📖 사랑의 눈으로 보면 상대의 흠은 매력이고 실수는 구수합니다 (최도일)

10. (받은 은사대로 봉사하라) 각각 은사를 받은 대로 하나님의 여러 가지 은혜를 맡은 선한 청지기 같이*(관리인으로서)* 서로 봉사하라 (4:10) 봉사하려면 하나님이 공급하는 힘으로 하는 것 같이 하라 (4:11)

📖 이 세상의 참다운 행복은 남에게 받는 것이 아니라 내가 남에게 주는 것이다 (비평가 아나톨 프랑스)

11. (그리스도인이 받을 고난) 연단하려고 오는 불 시험을 이상한 일 당하는 것 같이 이상히 여기지 말고 (4:12) 오히려 너희가 **그리스도의 고난에 참여하는 것으로 즐거워하라** (4:13상) 너희가 그리스도의 이름으로 치욕*(모욕)*을 당하면 복 있는 자로다 영광의 영 곧 **하나님의 영***(성령)***이 너희 위에** *(머물러)* **계심이라** (4:14) 만일 그리스도인으로 고난을 받으면 부끄러워하지 말고 도리어 그 이름으로 하나님께 영광을 돌리라 (4:16)

12. (장로들은 양무리를 치라) (장로들에게 권하노니)**하나님의 양무리***(양떼)*를 치되*(먹이되)* 억지로 하지 말고 **하나님의 뜻을 따라 자원함으로 하며** 더러운 이득을 위하여 하지 말고 기꺼이 하며 (5:2) 맡은 자들에게 주장*(지배)*하는 자세를 하지 말고 **양 무리의 본이 되라 그리하면 목자장**(예수)**이 나타나실 때에 시들지 아니하는 영광의 관을 얻으리라** (5:3-4)

벧전

13. **(겸손하라)** (젊은이 여러분) 장로들에게 순종하고 다 서로 겸손으로 허리를 동이라 하나님은 교만한 자를 대적하시되 겸손한 자들에게는 은혜를 주시느니라 (5:5) 그러므로 하나님의 능하신 손 아래에서 **겸손하라 때가 되면 너희를 높이시리라** (5:6) **너희 염려**(*걱정*)**를 다 주께 맡겨라 이는 그가 너희를 돌보심이라** (5:7, 시55:22)

☞ 교만은 마귀의 성품으로서 하나님의 도우심(은혜)이 아니라 내가 잘해서 그렇다는 것으로, 결국 하나님이 받으실 영광을 내가 가로채는 죄를 짓는 것이다.

14. **(고난은 은혜로다)** 근신하라(*정신을 차리고*) 깨어라 너희 대적 마귀가 우는 사자같이 두루 다니며 삼킬 자를 찾나니 (5:8) 너희는 믿음을 굳건하게 하여 그를 대적하라 (5:9) 잠깐 **고난을 당한 너희를 친히 온전하게** 하시며 굳건하게 하시며 강하게 하시며 터(*기초*)를 견고하게 하시리라 (5:10)

📖 너희도 길이 참고 마음을 굳건하게 하라 (약5:8)

벧전
벧후

베드로후서 [벧후] (384쪽)

〈베드로, 67년경, 거짓 경고〉

1. **(부르심과 선택하심)** **그의 신기한 능력으로 생명과 경건에 속한**(*이르게 하는*) **모든 것을 우리에게 주셨으니** 이는 자기의 영광과 덕으로써 **우리를 부르신 이를 앎으로** 말미암음이라(*하나님은 우리를 부르셔서 그의 영광과 덕을 누리게 해 주신 분이십니다*) (1:3)

2. **(예언은 하나님의 말씀이다)** 예언은(하나님의 계시는) 언제든지 사람의 뜻으로 낸 것이 아니요(*뜻에서 나온 것이 아니라,*) 오직 **성령의 감동하심을 받은 사람들이**(*사람들이 성령에 이끌려서*) **하나님께 받아** 말한 것임이라(*하나님께로부터 오는 말씀을 받아서 한 것입니다*) (1:21)

☞ 성경은 1,600년에 걸쳐 국적과 신분이 다른 선지자 28명과 사도 8명이 성령의 감동을 받아 히브리어 헬라어 아람어로 예수를 주제로 기록한 생명력 있는 책으로 시작과 끝이 완벽한 짝을 이룬다

3. **(재림 지연의 본질)** 사랑하는 자들아 **주께는 하루가 천 년 같고 천 년이 하루 같다는 이 한 가지를 잊지 말라** (3:8) 주께서는 너희를 대하여 **오래 참으사** 아무도 멸망하지 아니하고 다(*않고 모두*) 회개하기에 이르기를 원하시느니라 (3:9)

📖 주의 목전에는 천 년이 지나간 어제 같으며 밤의 한 순간 같을 뿐임이니이다 (시90:4)/ ☞ 재림이 더디 이루어지는 것 같으나 하나님의 편에서는 매우 짧은 시간이다.

4. **(주의 재림을 사모하라)** 주의 날(재림)이 도둑 같이 오리니... 모든 일이 드러나리로다 (3:10) ...거룩한 행실과 경건함으로 **하나님의 날이 임하기를 바라보고 간절히 사모하라** (3:11-12) 의가 있는 곳인 새 하늘과 새 땅을 바라보도다 (3:13) 구주 예수 그리스도의 **은혜**와 그를 아는 **지식에서 자라 가라** (3:18)

〈 현명한 사람이 되는 7가지 조건 〉 (탈무드)

① 자기보다 현명한 사람 앞에서는 침묵을 지킨다
② 남이 이야기를 하는 도중에 자르지 않는다
③ 대답할 때는 서두르지 않는다
④ 언제나 요점이 뚜렷한 질문을 하고 사리에 맞는 대답을 한다
⑤ 먼저 해야 할 일과 나중에 해도 될 일을 정확히 구분한다
⑥ 모를 때는 모른다고 시인한다
⑦ 진실을 인정한다

요한일서 [요일] (388쪽)

〈요한, 85-95년경, 사랑과 사귐〉

1. **(하나님은 빛이시라 1:5)** 우리도 빛 가운데 행하면*(살아가면)* 우리가 서로 사귐이 있고 그 아들 예수의 피가 우리를 모든 죄에서 깨끗하게 하실 것이요 (1:7) 우리가 죄 없다고 말하면 스스로 속이고 또 진리가 우리 속에 있지 아니할 것이요 (1:8) 만일 우리가 **우리 죄를 자백하면…우리 죄를 사하시며 우리를 모든 불의에서 깨끗하게 하실 것이요**(1:9) *(우리가 죄를 지은 일이 없다고 말하면)* 그의*(하나님의)* 말씀이 우리 속에 있지 아니하리라 (1:10)

2. **(세상을 사랑하지 말라)** 누가 죄를 범하여도 아버지 앞에서 우리에게 대언자가 있으니 곧 의로우신 예수그리스도시라 (2:1) 그는 우리(온 세상)의 죄를 위한 화목 제물이니 (2:2) **이 세상이나 세상에 있는 것들을 사랑하지 말라** 누구든지 세상을 사랑하면 아버지의 사랑이 그 안에 있지 아니하니 (2:15) 이는 세상에 있는 모든 것이(곧) 육신의 정욕*(육체의 욕망)*과 안목의 정욕*(눈의 욕망)*과 이생*(세상 살림)*의 자랑이니 다 아버지께로부터 온 것이 아니요 세상으로부터 온 것이라 (2:16) 이 세상도, 그 정욕도 지나가되 오직 하나님의 뜻을 행하는 자는 영원히 거하느니라*(남습니다)* (2:17)

요일

3. **(우리는 하나님의 자녀라)** 사랑하는 자들아 우리가 지금은 하나님의 자녀라 (3:2) 그가 우리 죄를 없애려고 나타나신 것(성육신 사건)을 너희가 아나니 그에게는 죄가 없느니라 (3:5) 그안에 거하는 자마다 범죄하지 아니하나니(3:6) 죄를 짓는 자는 마귀에게 속하나니 마귀는 처음부터 범죄함이라 **하나님의 아들이 나타나신 것은 마귀의 일을 멸하려 하심이라** (3:8)

☞ 성육신 사건은 사람의 죄 문제를 해결하고자 그리스도께서 육신을 입은 인간의 몸으로 오신 것을 말한다

4. **(형제를 도우라)** 우리도 형제들을 위하여 목숨을 버리는 것이 마땅하니라 (3:16) **형제의 궁핍함을 보고도 도와줄 마음을 닫으면 하나님의 사랑이 어찌 그 속에 거하겠느냐** (3:17) 자녀들아 우리가 말과 혀로만 사랑하지 말고 행함(*행동*)과 진실함으로 하자(*사랑합시다*) (3:18)

5. **(책망할 것이 없으면 담대함을 얻는다)** 우리 마음이 우리를 책망할 것이 없으면(*우리가 마음에 가책을 받지 않으면*) **하나님 앞에서 담대함을 얻고 무엇이든지 구하는 바를 그에게서 받나니** 이는 우리가 그의 계명을 지키고 하나님이 기뻐하시는 것을 행함이라 (3:21-22)

6. **(주님이 우리 안에 계신다)** 그의 계명을 지키는 자는 **주 안에 거하고**(*있고*) 주는 그의 안에 거하시나니(*그 사람 안에 계십니다*) 우리에게 주신 **성령으로 말미암아** 그가 우리 (사람)안에 거하시는 줄을(*계신다는 것을*) 우리가 아느니라 (3:24)

7. **(하나님의 영과 적그리스도의 영을 분별하라)** 영을 다 믿지 말고 오직 영들이 하나님께 속하였나 분별하라 (4:1) 예수 그리스도께서 육체로 오신 것을 시인하는 영마다 하나님께 속한 것이요 (4:2) **예수를 시인하지 아니하는 영마다** 하나님께 속한 것이 아니니 **이것이 곧 적그리스도의 영이니라** (4:3) 이는 너희 안에 계신 이가 세상에 있는 자보다 크심이라 (4:4)

📖 (미혹하는 자가 세상에 많이 나왔나니) 이는 예수 그리스도께서 육체로 오심을 부인하는 자라 이런 자가 미혹하는 자요 적그리스도니 (요이1:7)

8. **(하나님은 사랑이시다)** **우리가 서로 사랑하자** 사랑은 하나님께 속한 것이니 사랑하는 자마다 하나님으로부터 나서 하나님을 알고(4:7) 사랑하지 아니하는 자는 하나님을 알지 못하나니 **이는 하나님은 사랑이심이라** (4:8) 하나님이 자기의 독생자를 세상에 보내심은 **그로 말미암아 우리를 살리려 하심이라** (4:9)

요일

9. (서로 사랑하라) 하나님이 우리를 사랑하사 **우리 죄를 속하기 위하여 화목 제물로 그 아들을 보내셨음이라** (4:10) 우리도 서로 사랑하는 것이 마땅하도다 (4:11) **우리가 서로 사랑하면 하나님이 우리 안에**(*가운데*) **거하시고**(*계시고*) **그의 사랑이 우리 안에 온전히 이루어지느니라** (4:12) **누구든지 예수를 하나님의 아들이라 시인하면** 하나님이 그의 안에 거하시고 그도 하나님 안에 거하느니라(*있습니다*) (4:15) 하나님은 사랑이시라 **사랑안에 거하는 자는 하나님 안에 거하고 하나님도 그의 안에 거하시느니라** (4:16) 우리가 사랑함은 그가 먼저 우리를 사랑하셨음이라 (4:19)

☞ 사랑이 사랑을 낳고 또 그 사랑이 새로운 사랑을 낳고 그 사랑으로 인하여 많은 사람들이 예수의 제자로 만들어진다

10. **(형제 사랑이 곧 하나님 사랑의 증거이다)** 누구든지 하나님을 사랑하노라 하고 그 형제를 미워하면 이는 거짓말하는 자니 **보는 바 그 형제를 사랑하지 아니하는 자는 보지 못하는 바**(*보이지 않는*) 하나님을 사랑할 수 없느니라 (4:20)

요일

11. **(세상을 이기는 믿음)** **하나님을 사랑하는 것은...그의 계명들을 지키는 것이라** 그의 계명들은 무거운 것(*짐*)이 아니로다 (5:3) 하나님께로부터 난(*태어난*) 자마다 (믿음으로)세상을 이기느니라 (5:4) **예수께서 하나님의 아들이심을 믿는 자**가 아니면 세상을 이기는 자가 누구냐 (5:5)

12. **(아들에 관해서 성령 증언)** 물과 피로 임하셨고 증언하는 이는 성령이시니 성령은 진리니라 (5:6) **성령**과 **물**(세례)과 **피**(죽으심)라 또한 이 셋은 합하여 하나이니라 (5:8)) ***아들이***(*그 아들을 모시고*) 있는 자에게는 생명이 있고 하나님의 아들이 없는 자에게는 생명이 없느니라 (5:12) 너희에게 영생이 있음을 알게 하려함이라(5:13)

13. **(구한 것은 받은 것과 마찬가지이다)** 그를 향하여 우리가 가진 바 담대함이 이것이니 그의 뜻대로 무엇을 구하면(*우리의 청원을*) 들으심이라 (5:14) 우리가 그에게 구한 그것을 얻은 줄을 또한 아느니라 (5:15)

요한이서 [요이] (394쪽)

〈요한 85-95년경 이단 경계〉

1. **(사랑과 계명)** 또 사랑은 이것이니 우리가 그 계명을 따라 행하는 것이요 계명은 이것이니 너희가 처음부터 들은 바와 같이 그 가운데서 행하라 하심이라 (1:6)

2. **(적그리스도)** 미혹하는 자가 세상에 많이 나왔나니 이는 예수 그리스도께서 육체로 오심을 부인하는 자라 이런 자가 미혹하는 자요 적그리스도니 (1:7) 우리가 일한 것을(수고하여 맺은 열매를) 잃지 말고 오직 온전한 상을 받으라 (1:8) 누구든지 이 교훈을 가지지 않고 너희에게 나아가거든 그를 집에 들이지도 말고 인사도 하지 말라 (1:10)

요일
요이
요삼
유

요한삼서 [요삼] (396쪽)

〈요한 85-95년경 사도 기도〉

1. **(영육이 잘되기를 빌다)** 사랑하는 자여 네 영혼이 잘됨 같이 네가 범사에 잘되고 강건(건강)하기를 내가 간구하노라 (1:2)
- 악한 것을 본받지 말고 선한 것을 본받으라 (1:11)

유다서 [유] (397쪽)

〈유다, 70-100년경, 배교 심판〉

1. **(믿음의 도와 싸우라)** 성도에게 단번에 주신(받은) 믿음의 도를 위하여 힘

써 싸우라 (1:3)

2. **(훈계와 권면)** **마지막 때에 자기의 경건하지 않은 정욕대로 행하며 조롱하는 자들이 있으리라 하였나니**(1:18) **이 사람들은 분열을 일으키는 자며 육에 속한 자며 성령이 없는 자니라** (1:19) **지극히** 거룩한 믿음 위에 **자신을 세우며 성령으로 기도하며** (1:20) 하나님의 사랑 안에서*(안에 머무르면서)* **자신을 지키며** 영생에 이르도록*(영생으로 인도하는)* 우리 주 예수 그리스도의 긍휼*(자비)*을 기다리라 (1:21) 어떤 의심하는 자들을 긍휼이 여기라*(동정하십시오)* 또 어떤 자를 불에서 끌어내어 구원하라 (1:22-23)

3. **(축복 기도)** 능히 너희를 보호하사 **거침이 없게 하시고** 너희로 **그 영광 앞에 흠이 없이 기쁨으로 서게 하실 이***(기쁘게 나서게 하실 능력을 가지신 분)* (1:24) 곧 우리 구주*(이시며)* 홀로 하나이신*(오직 한분이신)* 하나님께 우리 주 예수 그리스도로 말미암아 영광과 위엄과 권력*(주권)*과 권세가 영원 전부터*(전에와)* 이제와 영원토록 있을지어다 아멘 (1:25)

〈성경에서 영감 받아 찾은 발견들〉

① 마취제 : 아담을 깊이 잠들게 하시니 (창2:21)

② 이집트 유전 : 역청(피치.원유)과 나무 진을 칠하고 (출 2:3)

③ 없어진 하루: 태양과 달이 종일 중천에 머물고 (수10:10) /
해 그림자가 십도 뒤로 물러가게 하셨더라 (왕하20:11)

④ 전파 : 번개가 네게 우리가 여기 있나이다 (욥38:35)

⑤ 바닷길(해도) : 바닷길에 다니는 것이니라 (시8:8)

주) 출처: 전광(성경 속의 놀라운 발견(1-5) 중에서

요한계시록 [계] (399쪽)

〈요한, 96-97년경, 영광과 승리〉

1\. (표제) 이 예언의 말씀을 읽는 자와 듣는 자와 그 가운데 기록한 것을 지키는 자는 복이 있나니 때가 가까움이라 (1:3) **나는 알파와 오메가라 이제도 있고 전에도 있었고 장차 올 자요 전능한 자라** 하시더라 (1:8)

\- 네가 본 것과 지금 있는 일과 장차 될 일을 기록하라 (1:19)

2. 초대 일곱 교회에 보내는 말씀

① (에배소 교회) 너를 책망할 것이 있나니 너의 처음 사랑을 버렸느니라 (2:4) 회개하여 처음 행위를 가지라…회개하지 아니하면…**네 촛대를 그 자리에서 옮기리라** (2:5)

② (서머나 교회) 너는 장차 받을 고난을 두려워하지 말라…네가 죽도록 충성하라 그리하면 내가 생명의 *(면류)*관을 네게 주리라 (2:10)

③ (버가모 교회) (감독 안디바의 순교 때에도) 나를 믿는 믿음을 저버리지 아니하였도다 (2:13)

④ (두아디라 교회) **네 나중 행위가 처음 것보다 많도다** (2:19) 내가 또 그(신앙인)에게 새벽 별*(샛별/희망)*을 주리라 (2:28)

⑤ (사데 교회) 네가 살았다 하는 이름은 가졌으나 *(실상은)*죽은 자로다 (3:1)

⑥ (빌라델비아 교회) **내가 네 앞에 열린 문을 두었으되 능히 닫을 사람이 없으리라** 내가 네 행위를 아노니 네가 작은 능력을 가지고서도*(힘은 적으나)* 내 말을 지키며 내 이름을 ***배반하지 아니하였도다****(모른다고 하지 않았다)* (3:8)

⑦ (라오디게아 교회) 네가 차지도 아니하고 뜨겁지도 아니하도다 (3:15) 무릇 내가 사랑하는 자를 책망하여 징계하노니 그러므로 네가 열심을 내라 회개하라 (3:19) **볼지어다 내가 문 밖에 서서 두드리노니 누구든지 내 음성을 듣고 문을 열면 내가 그에게로 들어가 그와 더불어 먹고 그는 나**

와 더불어*(함께)* **먹으리라** (3:20)

📖 초대 일곱 교회의 **이기는 자에게 주는 것은** 생명나무의 열매를 주고 (2:7) 둘째 사망(최후심판)의 해를 받지 않는다 (2:11) 감추었던 만나(영생)를 주고 또 흰 돌(속죄)을 줄 터인데 (2:17) 만국을 다스리는 권세를 주리니 (2:26) 생명책에 기록하고 그 이름을 시인하리라 (3:5) 성전에 기둥이 되게 하리니(3:12) 보좌에 함께 앉은 것과 같이 하리라(3:21)

3. **(천상의 예배)** 거룩하다 거룩하다 거룩하다 주 하나님 곧 전능하신 이여 **전에도 계셨고 이제도 계시고 장차 오실 이시라** (4:8)

- 우리 주 하나님이여 영광과 존귀와 권능을 받으시는 것이 합당하오니 주께서 만물을 지으신지라 만물이 주의 뜻대로 있었고 또 지으심을 받았나이다 하더라 (4:11)

4. **(피조물이 어린 양에게)** (모든 피조물이 이르되) 보좌에 앉으신 이와 **어린 양** (그리스도/ 세상 죄를 지고 가는 하나님의 어린 양이다 요1:29)**에게 찬송과 존귀와 영광과 권능을 세세토록 돌릴지어다***(영원무궁하도록 받으십시오)* (5:13)

5. **(어린양 목자)** 이는 보좌 가운데에 계신 **어린 양이 그들의 목자가 되사 생명수 샘으로 인도하시고 하나님께서 그들의 눈에서 모든 눈물을 씻어 주실 것임이라** (7:17)

📖 (구원하심이) 하나님과 어린 양에게 있도다 (7:10)

6. **(어린양과 택함 받은 자들은 싸워 이기리라/ 계시록의 주제)** 그들이 어린 양과 더불어 싸우려니와*(에게 싸움을 걸 터인데)* **어린 양은 만주의 주시요 만왕의 왕이시므로 그들을 이기실 터이요 또 그와 함께 있는 자들 곧 부르심을 받고 택하심을 받은 진실한 자들도 이기리로다** (17:14)

계

7. **(흰말을 타신 분/ 재림주)** 내가 하늘이 열린 것을 보니 보라 백마와*(흰말과)* **그것을 탄 자가 있으니 그 이름은 충신***(신실하신 분)***과 진실***(참되신 분)***이라 그가 공의***(의)***로 심판하며 싸우더라** (19:11)

8. **(크고 흰 보좌에서 심판을 내리시다)** 내가 크고 흰 보좌와 그 위에 앉으신 이를 보니 땅과 하늘이 그 앞에서 피하여 간 데 없더라*(사라지고 그 자리마저 찾아볼 수 없었습니다)* (20:11) 책(행위 심판 책)들이 펴 있고 또 다른(믿음) 책이 펴졌으니 곧*(그것은)* 생명책이라 **죽은 자들이 자기 행위를 따라 책들에 기록된 대로 심판을 받으니** (20:12) **누구든지 생명책에 기록되지 못한 자는 불못***(불바다)***에 던져지더라** (20:15)

9. **(새 하늘과 새 땅)** 내가 새 하늘과 새 땅을 보니 처음*(이전의)* 하늘과 처음 땅이 없어졌고 바다도 다시 있지 않더라 (21:1) 하나님의 장막*(집)*이 사람들과 함께 있으매 **하나님이 그들과 함께 계시리니** 그들은 하나님의 백성이 되고 하나님은 친히 그들과 함께 계셔서 (21:3) **모든 눈물을 그 눈에서 닦아 주시니 다시는 사망이 없고 애통하는 것이나 곡하는 것이나 아픈 것이 다시 있지 아니하리니** 처음 것들이 다 지나갔음이러라 (21:4) 보라 내가 만물을 새롭게 하노라 하시고 (21:5) **내가 생명수 샘물을 목마른 자에게 값없이 주리니** (21:6) 이기는 자는 이것들을 상속으로 받으리라 나는 그의 하나님이 되고 그는 내 아들이*(자녀가)* 되리라 (21:7)

📖 생명책에 기록된 자들만(새 예루살렘에) 들어가리라 (21:27)

10. **(둘째 사망)** 그러나 두려워하는*(비겁한)* 자들과 믿지 아니하는 *(신실하지 못한)* 자들과 흉악한*(가증한)* 자들과 살인자들과 음행하는 자들과 점술가들과 우상 숭배자들과 거짓말하는 모든 자들은 **불과 유황으로 타는 못에 던져지리니** 이것이 둘째 사망이라 (21:8)

계

11. (내가 속히 오리라/ 재림 약속) **보라 내가 속히 오리니**(*내가 곧 가겠다*) **내가 줄 상이 내게 있어 각 사람에게 그가 행한 대로 갚아 주리라** (22:12) 나는 알파와 오메가요 처음과 마지막이요 시작과 마침(*끝*)이라 (22:13) 나는 다윗의 뿌리요 자손이니(*요*) 곧 광명한 새벽 별이라 하시더라(*빛나는 샛별이다*) (22:16) **원하는 자는 값없이 생명수를 받으라** 하시더라 (22:17)

- 이것들을 증언하신 이가 이르시되 (예수의 선언) **내가 진실로 속히 오리라** 하시거늘 (요한의 응답) 아멘 주 예수여 오시옵소서 (22:20)

☞ 이(선언과 응답)는 재림을 사모하는 신도의 신앙고백이요 소망이다

〈기도의 응답 조건〉

① **너희가 내 안에 거하고 내 말이 너희 안에 거하면 무엇이든지 원하는 대로 구하라 그리하면 이루리라** (요 15:7)

② 아무것도 염려하지 말고 다만 모든 일에 너희 구할 것을 기도와 간구로, **너희 구할 것을 감사함으로 하나님께 아뢰라** (빌 4:6)

③ 이런(의심하는) 사람은 무엇이든지 주께 얻기를 생각하지 말라 (약 1:7)

④ 너희가 얻지 못함은 구하지 아니하기 때문이요 **구하여도 받지 못함은 정욕으로 쓰려고 잘못 구하기 때문이라** (약 4:2-3)

⑤ 우리 **마음이 우리를 책망할 것이 없으면 하나님 앞에서 담대함을 얻고 무엇이든지 구하는 바를 그에게서 받나니** (요일 3:21-22)

⑥ (솔로몬의 기도)**하나님의 마음에 합한 기도를 할 때에** 지혜와 물질의 축복을 덤으로 주셨다 (왕상 3:10-13)

⑦ 내가 나의 **마음에 죄악을 품었더라면** 주께서 듣지 아니하시리라 (시 66:18)

5% 요약성경

구약성경

창세기 [창] (1쪽)

└→ **약자** └→ (많이 사용하는) **구약성경의 페이지**

1. (천지 창조) 태초에 하나님이 천지를 (선하게)창조하시니라 (1:1) **모든 생물을 그 종류대로** 날개 있는 모든 새를 그 종류대로 창조하시니 하나님이 보시기에 좋았더라 (1:21) → 진화론 부정 근거

- **하나님의 형상대로**(우리의 형상을 따라 우리의 모양대로 1:26) **사람을 창조하시되 남자와 여자를 창조하시고** (1:27) 하나님이 그들에게 복을 주시며…이르시되 **생육하고 번성하여 땅에 충만하라, 땅을 정복하라,…모든 생물을 다스리라** 하시니라 (1:28)

- 하나님이 지으신 그 모든 것을 보시니 보시기에 심히 좋았더라 (1:31)

> 📖 만물(모든 것)을 지으신 이는 하나님이시라 (히3:4) / ☞ 우주는 1,000억 개 이상의 은하로, 한 은하는 1,000억 개의 별로 구성되고, 한 은하의 반지름은 10만 광년이라 한다. 창조는 곧 신비다

2. (흙으로 사람을 지으시다) 땅의 **흙으로 사람을** (손수)**지으시고** 생기(생명의 기운)를 그 코에 불어넣으시니 사람이 **생령이**(*생명체가*) 되니라 (2:7)

> 📖 사람을 빚을 때 흙을 원료로 했다 (이는 성경과 과학이 일치하는 것이다) 흙의 주성분은 규소(Si)이고 사람의 등뼈성분은 탄소(C)이며 두 성분은 손이 4개 달린 십자가 모양(-Si-, -C-)으로 거의 일치하기 때문이다. (이완주/ 흙은 여자인가 남자인가)

3. (에덴 동산과 아담의 배필을 지으시다) 그 사람을 이끌어 에덴 동산에 두어 그것을(*그 곳을*) **경작하며 지키게 하시고**(*맡아서 돌보게 하셨다*) (2:15) 선악을 알게 하는 나무의 열매는 먹지 말라 네가 먹는 날에는 반드시 죽으리

라 하시니라 (2:17)

- 사람이 혼자 사는 것이 좋지 아니하니 내가 그를 위하여 돕는 배필을 지으리라 하시니라 (2:18) …아담을 깊이 잠들게 하시매… (2:21) 아담에게서 취하신 그 갈빗대로 여자를 만드시고 (2:22) 아담이 이르되 **이는 내 뼈 중의 뼈요 살 중의 살이라** (2:23) **이러므로 남자가 부모를 떠나 그의 아내와 합하여 둘이 한 몸을 이룰지로다** (2:24) → 일부일처제 논거

4. **(선악과를 먹은 불순종의 심판/ 첫째 심판)** (원시복음) 내가 너로 여자와 원수가 되게 하고 네 후손도 **여자의 후손**(메시아)**과** 원수가 되게하리니 (3:15) 아담에게 이르시되 네가 네 아내(하와)의 말을 듣고 내가 네게 **먹지 말라 한 나무의 열매**(선악과)**를 먹었은즉** 땅은 너로 말미암아*(너 때문에)* 저주를 받고 너는 **네 평생에 수고하여야** 그 소산을 먹으리라 (3:17)

- 네가 흙으로 돌아갈 때까지 얼굴에 땀을 흘려야 먹을 것을 먹으리니 네가 그것에서 취함을 입었음이라 **너는 흙이니 흙으로 돌아갈 것이니라** 하시니라 (3:19)

5. **(아벨의 제물만 받다)** 여호와께서 **아벨과** (믿음으로 바친)**그의 제물은 받으셨으나** 가인과 그의 제물은 받지 아니하신지라 (4:4-5)

- 가인이 그의 아우 아벨을 쳐죽이니라 (4:8) 아벨이 어디에 있느냐 (4:9) **아벨 대신에 다른 씨**(셋)**를 주셨다** 함이며 (4:25)

6. **(노아의 대홍수/ 둘째 심판)** 노아는 의인이요 당대에 완전한 자라 그는 하**나님과 동행하였으며** 세 아들을 낳았으니 셈과 함과 야벳이라 (6:9-10)

- (죄악이 가득함과 악함을 보시고) **사람 지으셨음을 한탄하사** (6:6) 너와 온 집(처. 아들3. 자부3명)과 짐승과 새도 암수 일곱씩 데리고 방주(크기:135×22.5×13.5m)로 들어가라 (7:1-3 요약) 사십 주야를 비를 내려… (7:12)

- **지면의 모든 생물을 쓸어버리**시니 (7:23)

- (1년 10일 만에 방주에서 나와) 노아가 여호와께 제단을 쌓고 (8:20) 그 향기를 받으시고 (8:21) 모든 생물을 홍수로 멸하지 아니할 것이라…**그 언약의 증거로 무지개를 구름 속에 두었나니** (9:11-13 요약)

📖 주께서 세상의 모든 악인들을 찌꺼기 같이 버리시니 (시119:119)

7. **(언어가 분리되는 심판 / 바벨탑)** (노아 홍수 이후) **온 땅의 언어가 하나요 말이 하나였더라** (11:1) 그 탑 꼭대기를 하늘에 닿게 하여 우리 이름을 내고 온 지면*(땅위)*에 흩어짐을 면하자 하였더니 (11:4) 여호와께서 거기(바벨)서 **온 땅의 언어를 혼잡하게**(서로 알아 듣지 못하게 11:7) 하셨음이니라 여호와께서 거기서 그들을 온 지면*(땅)*에 흩으셨더라 (11:9)

📖 우리 각 사람이 난 곳 방언으로 듣게 되는 것이 어찌 됨이냐 (행2:8)

8. **(아브람에게 이르시다)** 너의 고향(갈대아 우르)과 친척(나홀, 조카 롯)과 아버지(데라)의 집을 떠나 내가 네게 보여 줄 땅(가나안)으로 가라 (12:1) **내가 너로 큰 민족을 이루고 네게 복을 주어 네 이름을 창대하게 하리니 너는 복이***(복의 근원이)* **될지라** (12:2) 땅의 모든 족속이 너로 말미암아 복을 얻을 것이라 (12:3)

※ 아브람, 사라, 데라, 롯이 고향을 떠나(900km이동) 하란에 거류 중 데라가 사망하고 75세에 하나님이 복을 약속하면서 가나안 땅으로 가라(600km이동) 명령하셨다

9. **(언약과 개명과 할례) 너는 내 앞에서 행하여 완전하라 내가 내 언약을 나와 너 사이에 두어 너를 크게 번성하게 하리라** (17:1-2) 이제 후로는 네 이름을 아브람이라 하지 아니하고 **아브라함**이라 하리니 이는 내가 너를 여러 민족의 아버지가 되게 함이니라 (17:5) **가나안 온 땅을 주어 영원한 기업이 되게 하고 나는 그들의 하나님이 되리라** (17:8) (남자는 언약의 표징으로) 난 지 팔 일 만에 다 할례를 받을 것이라 (17:12)

📖 너는 일어나 그 땅(가나안의 헤브론)을 종과 횡으로 두루 다녀 보라 내가 그 것을(보이는 땅을) 네게 주리라 (13:17)/ 예수도 할례를 받으셨다 (눅2:21)

10. **(아브라함과 사라에게 상속자를 약속)** 사라가 왜 웃으며 이르기를 **내가 늙었거늘 어떻게 아들을 낳으리요 하느냐** (18:13) **여호와께 능하지 못한 일이 있겠느냐** (18:14)

📖 그 사람(엘리에셀)이 네 상속자가 아니라 네 몸에서 날 자가 네 상속자가 되리라(15:4)/ (약속 받고 25년을 기다린 후에) 하나님이 말씀하신 시기가 되어 노년(100세)의 아브라함(아내 사라 90세)에게 아들(이삭)을 낳으니 (21:2)

11. **(롯의 아내가 소금기둥이 되다)** (의인 10인이 없어) **여호와께로부터 유황과 불을 소돔과 고모라에 비같이 내리사** 그 성들과 온 들과 성에 거주하는 모든 백성과 땅에 난 것을 다 엎어 멸하셨더라 (19:24-25)
- 롯(아브라함의 조카)의 아내는(세상을 돌아보지 말라는 명령에 불순종하여) 뒤를 돌아보았으므로 **소금 기둥**이 되었더라 (19:26)

12. **(이삭을 번제로 드리라)** 독자 이삭을 데리고 모리아 땅으로 가서…거기서 그를 번제로 드리라 (22:2) **우리**(아브라함과 이삭)**가** (하나님이 이삭을 부활시켜 히11:19) **너희에게로 돌아오리라** (22:5) 이삭을 결박하여…잡으려 하니…여호와의 사자가…**아브라함아…**불러 그에게 아무일도 하지 말라 (22:9-11) (네 독자도 아끼지 아니하였은즉) **내가 네게 큰 복을 주고 네 씨가 크게 번성하여 하늘의 별과 같고 바닷가의 모래와 같게 하리니 네 씨가** *(자손은)* **그 대적의 성문을***(원수의 성을)* **차지하리라** (22:17)

13. **(내 고향(하란) 내 족속에게로 가서 이삭의 아내를 택하라 24:4)** 이 일(종 엘리에셀과 낙타에게 물을 마시게 하거든)이 여호와께로 말미암았으니 우리

(리브가의 오빠 라반과 아버지 브두엘)는 가부를 말할 수 없노라 (24:50)
- 리브가가 당신 앞에 있으니 데리고 가서 여호와의 명령대로 그를 당신의 주인의 아들(이삭)의 아내가 되게 하라 (24:51)

14. **(에서가 장자의 명분을 팔다) 내가 죽게 되었으니**...에서가 맹세하고 **장자의 명분을***(가볍게 여겨)* **떡과 팥죽을 먹고 야곱에게 판지라** (25:33-34)

15. **(아브라함의 순종)** 네 자손을 하늘의 별과 같이 번성하게 하며 이 모든 땅을 네 자손에게 주리니 네 자손으로 말미암아 **천하 만민이 복을 받으리라 이는 아브라함이 내 말을 순종하고 내 명령과 내 계명과 내 율례와 내 법도를 지켰음이라** 하시니라 (26:4-5)

16. **(야곱이 에서를 속여 축복을 가로채다)** 어머니 리브가와 함께 **야곱이 에서인 것처럼 속여 이삭의 축복기도를 받는다** 이로 인해 에서가 분노하여 야곱을 죽이려 하자 리브가의 고향(하란)으로 야곱을 피신시켜 20년간 처가살이를 하게 된다 (27:5-29 요약)

📖 (야곱이)몸을 일곱 번 땅에 굽히며 그의 형 에서에게 가까이 가니 에서가 달려와서 그를 맞이하여 안고 목을 어긋맞추어 그와 입맞추고 서로 우니라 (33:3-4)

17. **(벧엘에서 꿈으로 야곱에게 계시)** (하란으로 도피중) 내가 너와 함께 있어 네가 어디로 가든지 너를 지키며 너를 이끌어 이 땅으로 돌아오게 할지라 **내가 네게 허락**(약속)**한 것**(땅. 자손. 복. 귀향 28:13-15)**을 다 이루기까지 너를 떠나지 아니하리라** (28:15)

18. **(야곱의 아들/ 12지파의 기원) 야곱이 라헬을 위하여 칠 년을 외삼촌을 섬겼으나 속여 레아를 주어 따지니 7일***(초례 기간)***후에 7년을 더 봉사하는**

조건으로 라헬과도 동침하였다 (29:21-30 요약) **레아**는 르우벤 시므온 레위 유다 잇사갈 스불론를 낳고 여종 실비를 통해 갓 아셀를 낳는 사녀의 축복을 받았으나, (야곱의 사랑을 받은)**라헬**은 여종 빌하를 통해 단과 납달리를 낳고 (하나님이 라헬의 소원을 들으시고 태를 여셨으므로) **요셉과 베냐민** (산고로 라헬 사망)을 낳았다 (29:31-30:26 요약)

19. **(그를 위하여 복을 주리라)** **내**(야곱) **발이 이르는 곳마다** 여호와께서 외삼촌(라반)에게 복을 주셨나이다 (30:30)

> 📖 여호와께서 요셉과 함께 하시므로 그가 형통한 자가 되어…(39:2) 여호와께서 요셉을 위하여 그 애굽 사람(보디발)의 집에 복을 내리시므로 여호와의 복이 그의 집과 밭에 있는 모든 소유에 미친지라 (39:5)

20. **(야곱이 브니엘에서 씨름하다)** (에서를 만나 과오를 용서 받아야 했던 야곱은 사력을 다하여) **밤에 얍복 나루에서 천사와 허벅지 관절이 어긋나도록 씨름하여 축복을 쟁취하고** 그의 이름도 하나님과 및 사람들과 겨루어 이겼다 하여 **이스라엘**로 고쳐 주시고 그곳 이름을 브니엘(하나님의 얼굴)이라 하였으니…하나님과 대면하여 보았으나 생명이 보전되었다 함이더라 (32:23-30 요약)

21. **(요셉의 꿈)** 내 단은 일어서고 당신들의 단은 내 단을 둘러서서 절하더이다 (37:7) 또 꿈을 꾼즉 해와 달과 열한 별이 내게 절하더이다 하니라 (37:9) 아버지는 그 말을 간직해 두었더라 (37:11)

22. **(요셉이 총리가 되다)** (날마다 보디발 아내의 동침 요구에) 금한 것은 당신뿐이니…**내가 어찌 이 큰 악을 행하여 하나님께 죄를 지으리이까** (39:9) 잡힌 옷을 버려두고 도망함으로 오해를 받아 보디발이 **왕의 죄수를 가두는 옥에** 요셉을 가두니라 (40:10-20 요약)

- 후에 술 맡은 자(장관)와 떡 굽는 자가 꿈을 꾸고 요셉이 해석한 대로(술 맡은 자만 복권) 되었더라 (40장 요약) 바로의 꿈(일곱 암소와 일곱 이삭의 꿈/ 7년 풍년과 7년 흉년의 꿈)을 해석하고 흉년 대책을 제시하여 총리가 되었다 (41:1-36 요약)
- 이와 같이 **하나님의 영에 감동된 사람**을 우리가 어찌 찾을 수 있으리요 하고 (41:38) 하나님이 이 모든 것을 네게 보이셨으니 **너와 같이 명철하고 지혜 있는 자가 없도다** (41:39) 내가 너(요셉)를 애굽 온 땅의 총리가 되게 하노라 (41:41)

23. **(야곱이 요셉을 축복하다)** 요셉은 무성한 가지 곧 샘 곁의 무성한 가지라 그 가지가 담을 넘었도다 (49:22) 그가 너를 도우실 것이요… 복을 주실 것이라 위로 하늘의 복과 아래로 깊은 샘(땅)의 복과 젖먹이는(양육의) 복과 태(자손)의 복이리로다 (49:25)

📖 여호와여 나는 주의 구원을 기다리나이다 (49:18)

24. **(요셉이 형들을 위로하다)** 요셉이 그(형)들에게 이르되 **두려워하지 마소서 내가 하나님을 대신하리이까** (50:19) 당신들은 나(요셉)를 해하려(애굽에 노예로 판 일) 하였으나 **하나님은 그것을 선으로 바꾸사** 오늘과 같이 많은 백성의 생명을 구원하게 하시려 하셨나니 (50:20)

📖 하나님이 생명을 구하시려고 나를 당신들보다 먼저 보내셨나이다 (45:5)

25. **(요셉의 유언)** (나는 죽지만) **하나님이 반드시 당신들을 돌보시리니**(*돌보실 날이 온다 즉 출애굽하여 가나안에 이르게 하시리라*) 당신들은 여기서 내 해골(뼈)을 메고 올라가겠다 하라(*그리로 가지고 가야 한다*) (50:25)

📖 요셉은 야곱을 (가나안 땅)막벨라 굴에 장사 하고 (50:12) 모세는 출애굽에서 가져온 요셉의 뼈를 세겜(야곱이 산 밭)에 장사 하였으니 (수24:32)

출애굽기 [출] (82쪽)

1. **(모세가 공주의 아들이 되다)** 갈대 상자를 가져다가 역청과 나무 진(*송진*)을 칠하고 **아기를 거기 담아 나일 강 가 갈대 사이에 두었는데** 바로의 딸이 목욕하러 나일 강으로 내려오고 상자를 열어 보니 아이가 우는 지라 그 소녀(미리암)가 가서 **아기의 어머니**(요게벳)**를 유모로 불러오니** 나를 위하여 젖을 먹이라 내가 그 삯을 주리라 그가 공주의 아들(*양자 / 모세*)이 되니라 (2:1-10 요약)

> 📖 (바로의 명령) 아들이 태어나거든 너희(산파)는 그를 나일 강에 던지고 딸이거든 살려 두라 하였더라 (1:22)

2. **(언약을 기억하다)** 하나님이 그들의 고통 소리를 들으시고 **하나님이 아브라함과 이삭과 야곱에게 세운 그의 언약을 기억하사** (2:24) (이스라엘 자손에게) 스스로 있는 자가 나를 너희에게 보내셨다 하라 (3:14) 이제 가라 (4:12) 너희들(모세.아론)이 행할 일(*할 말*)을 가르치리라 (4:15)

3. **(열 가지 재앙과 유월절)** ① 피 ② 개구리 ③ 티끌 ④ 파리 ⑤ 가축이 죽다 ⑥ 악성 종기 ⑦ 우박 ⑧ 메뚜기 ⑨ 흑암 ⑩ (사람과 가축의) **처음 난 것들을 다 죽이다** (7:14-12:42 요약)
- 사람이나 짐승을 막론하고 애굽 땅에 있는 모든 처음 난 것을 다 치고 애굽의 모든 신을 내가 심판하리라 (12:12) **내가** *(문설주의)* **피를 볼 때에 너희를 넘어가리니** 재앙이 너희에게 내려 멸하지 아니하리라 (12:13) 이는 여호와의 유월절 제사라 (애굽에) 재앙을 내리실 때에 ...이스라엘 자손의 집을 넘으사 우리의 집을 구원하셨느니라 (12:27)

4. **(홍해의 광야 길로 인도)** 바로가 백성을 보낸 후에 블레셋 사람의 땅의 길은 가까울지라도(일주일 거리) 하나님이 그들을 그 길로 인도하지 아니하셨으니 이는... 이 백성이 전쟁을 하게 되면 마음을 돌이켜 애굽으로 돌아갈까 하셨음이라 (13:17)

5. **(밤낮 진행하다)** 여호와께서 그들 앞에서 가시며 낮에는 구름기둥으로(*앞서가시며/ 더위를 막고*) 그들의 길을 인도하시고 밤에는 불 기둥을 그들에게 비추사(*앞길을 비추어 주셔서/ 추위를 막고*) 낮이나 밤이나 진행(*행군*)하게 하시니 (13:21)

☞ 시작하기 전에 미리 겸손히 더 기도하면 하나님의 거룩한 뜻을 좀 더 분명히 알 수 있다.

6. **(홍해를 건너다)** 우리를 내버려 두라 ...애굽사람을 섬기는 것이 광야에서 죽는 것보다 낫겠노라(모세 원망) (14:12)
- 모세가 바다 위로 손을 내밀매 여호와께서 큰 동풍이 밤새도록 바닷물을 물러가게 하시니 물이 갈라져 바다가 마른 땅이 된지라 (14:21) (물이 애굽 군대를 덮었으나) 이스라엘 자손은 바다 가운데 육지로 행하였고 물이 좌우에 벽이 되었더라 (14:29)

📖 여호와께서 너희를 위하여 싸우시리니 너희는 가만히 있을지어다 (14:14)

7. **(모세의 구원의 노래)** 여호와는 나의 힘이요 노래시며 나의 구원이시로다 그는 나의 하나님이시니 내가 그를 찬송할 것이요 내 아버지의 하나님이시니 내가 그를 높이리로다 (15:2)

8. **(치료하는 여호와라)** 여호와의 말을 들어 순종하고, 내가 보기에 의를 행하며 내 계명에 귀를 기울이며 내 모든 규례를 지키면 내가 애굽 사람에게 내린 모든 질병 중 하나도 너희에게 내리지 아니하리니 나는 너희를 치료

하는 여호와임이라 (15:26)

9. **(만나와 메추라기로 먹이시다)** 너희가 해 질 때에는 **고기**(메추라기)를 먹고 아침에는 **떡**(만나)으로 배부르리니 내가 여호와 너희의 하나님인 줄 알리라 하라 (16:12)

- (만나를 오멜로 되어 본즉) **많이 거둔 자도 남음이 없고 적게 거둔 자도 부족함이 없이 각 사람은 먹을 만큼만**(한 사람이 한 오멜즉 1일 2L씩. 단 안식일 전날은 2배) **거두었더라** (16:18)

- 이스라엘 자손이 사십 년 동안 만나를 먹었으니 곧 가나안 (현 팔레스타인) 땅 접경에 이르기까지 그들이 만나를 먹었더라 (16:35)

(기록된 것 같이) 많이 거둔 자도 남지 아니하였고 적게 거둔 자도 모자라지 아니하였느니라 (고후8:15)/ 그 땅의 소산물을 먹은 다음 날에 만나가 그쳤으니 (수 5:12)

10. **(동일하신 하나님이라)** 마라에서 쓴물을 단물로 바꾸어 주신 하나님 (15:23-25 요약)은 **르비딤**(므리바)에서도 **또 물을 해결해 주실 동일한 하나님** 인데도 하나님을 믿지 못하고 모세와 다투고 **여호와께서 우리 중에 계신가 안 계신가 시험하여** 큰 재앙을 받았다 (17:1-7 정리, 민20:3-13 참고)

11. **(아말렉과 싸우다)** 모세가 손을 들면 이스라엘이 이기고 손을 내리면 아말렉이 이기더니 (17:11) **아론과 훌이 한 사람은 이 쪽에서, 한 사람은 저쪽에서 모세의 손을 붙들어 올렸더니 그 손이 해가 지도록 내려오지 아니한지라** (17:12) 여호수아가 칼날로 아말렉과 그 백성을 쳐서 무찌르니라 (17:13)

12. **(우두머리를 세워 재판하라/이드로의 건의)** 능력이 있는 사람들 **곧 하나님을 두려워하며 진실하며 불의한 이익을 미워하는 자를** 살펴서 백성 위에

세워 **천부장과 백부장과 오십부장과 십부장을** 삼아 (18:21) 그들이 (작은 사건은) 때를 따라 백성을 재판하게 하라 (18:22)

13. **(제사장 나라가 되리라)** 세계가 다 내게 속하였나니 너희가 내 말을 잘 듣고 내 언약을 지키면 너희는 모든 민족 중에서 내 소유가 되겠고 (19:5) 너희가 내게 대하여 제사장 나라가 되며 거룩한 백성이 되리라 (19:6)

14. 모세가 하나님께 받은 언약 / 십계명 (신명기 5:1-21 참조)

(제일은) 너는 **나 외에는 다른 신들을 네게 두지 말라** (20:3)

📖 하나님을 예배하고 영화롭게 할 것을 요구하신다 (요리문답 46)

(제이는) 우상을 만들지 말고…어떤 형상도 만들지 말며 그것들에게 절하지 말며 그것들을 섬기지 말라 (20:4-5)

📖 (이)죄는 (자손)삼사 대까지…은혜는 천 대까지 베푸신다 (20:5-6)

(제삼은) 너는 네 하나님의 여호와의 이름을 망령되게 부르지 말라 (20:7)

(제사는) **안식일을 기억하여 거룩하게 지키라** (20:8-11)

📖 안식일을 복되게 하여 그날을 거룩하게 하였느니라 (20:11) / 모든 일(창조)을 마치시고 그 날에 안식하셨음이니라 (창2:3)/ 이 날은 여호와께서 정하신 것이라 (시118:24)

〈제오~ 제십은 인간에게 준 계명〉

(제오는) **네 부모를 공경하라** 그리하면 네 하나님 여호와가 네게 준 땅에서 네 생명이 길리라 (20:12)

☞ (축복의) 약속이 있는 (인간에게 준) 첫 계명이다.

(제육은) 살인(하나님의 형상을 파괴 하는 죄)하지 말라 (20:13)

(제칠은) 간음(일부일처제의 파괴 행위)하지 말라 (20:14,창2:24)

(제팔은) 도둑질하지 말라 (20:15)

(제구는) 네 이웃에 대하여 거짓 증거(위증)하지 말라 (20:16)

(제십은) **네 이웃의 집을 탐내지 말라** 네 이웃의 아내나 그의 종이나 그의 여종이나 그의 소나 그의 나귀나 무릇 네 이웃의 소유를 탐내지말라 (20:17)

📖 십계명은 하나님이 사람에게 복종의 법칙으로 처음 계시하는 도덕법으로 그 요지는 온 마음과 온 영혼과 온 힘과 온 뜻을 다하여 주 우리 하나님을 사랑하고 또 이웃을 우리 자신처럼 사랑하라는 것이다 (요리문답 40.42)

15. (예배하는 곳에 임하여 복을 주겠다) 내 이름을 기념하게 하는 모든 곳에서 네게 임하여 복을 주리라 (20:24)

📖 너는 뇌물을 받지 말라 뇌물은 밝은 자의 눈을 어둡게 하고 의로운 자의 말을 굽게 하느니라 (23:8)

16. **(3대 절기를 지키라)** 너는 매년 세 번 내게 절기를 지킬지니라 (23:14)

① (출애굽 기념절기) 너는 **무교병**(누룩 없는 빵)**의 절기**(유월절/ 무교절)를 지키라 (23:15)

📖 내가 피를 볼 때에 너희를 넘어가리니 (12:13) 이는 여호와의 유월절(pass over) 제사라 (12:27)

② **맥추절**(칠칠절 /오순절 성령강림절)을 **지키라** 이는 네가 수고하여 밭에 뿌린 것의 첫 열매를 거둠이니라 (23:16)

③ **수장절**(장막절 초막절 /추수감사절)을 **지키라** 이는 네가 수고하여 이룬 것을 연말에 밭에서부터 거두어 저장함이니라 (23:16)

17. **(성막 일꾼/ 증거판)** 하나님의 영을 그(성막 일꾼)에게 충만하게 하여 지

혜와 총명과 지식과 여러 가지 재주로 (31:3 , 35:31) 정교한 일을 연구하여 금과 은과 놋으로 만들게 하며 (제작하는 기술을 고안하게 하시며) (31:4, 35:32) (말씀을 마치고) *하나님이 손수 돌판에 쓰신 증거판 두 개를 그(모세)에게 주셨다* (31:18)

18. (금송아지 숭배 죄) 모세가 (시내)산에서 내려옴이 더딤(40일)을 보고 모여 (아론에게)...우리를 위하여 우리를 인도할 신을 만들라 (32:1) **금고리를 빼어 아론에게 가져가매** (32:3) **송아지 형상을 만드니** (32:4) 이는*(이 신이)* 너희를 애굽 땅에서 인도하여 낸 너희의 신이라 하였도다 (32:8) 각 사람이 자기의 아들과 자기의 형제를 쳤으니(삼천 명 가량 죽이니/*드렸으니*) 오늘 여호와께 헌신하게 되었느니라 (32:29)

📖 이스라엘 백성에게 은혜를 입히게 하사 그들이 구하는 대로 주게 하시므로 그들이 애굽 사람의 물품(금고리 등)을 취하였더라 (12:36)

19. (인자를 천대까지 베푸신다) 여호와라 자비롭고 은혜롭고 노하기를 더디하고 인자와*(한결같은 사랑과)* 진실이 많은 하나님이라 (34:6) **인자를 천 대까지 베풀며 악과 과실과 죄를 용서하리라** 그러나 **벌을 면제하지는 아니하고***(나는 죄를 벌하지 않은 채 그냥 넘기지는 아니한다)* **아버지의 악행***(죄)***을 자손 삼사 대까지 보응하리라** *(벌을 내린다)* (34:7)

20. **(영광이 성막에 충만하다)** 구름이 회막에 덮이고 **여호와의 영광이 성막에 충만하매***(가득 찼다)* (40:34) *모세는 회막에 구름이 머물고 주님의 영광이 성막에 가득 찼으므로, 거기에 들어 갈 수 없었다*(40:35)

레위기 [레] (147쪽)

1. **(5대 제사)** **번제는** 동물(소 양 염소 새등 수컷)을 불태워 드리는 헌신을 약속하는 제사이며(1장) **소제는** 곡물(곡식 가루, 화덕에 구운 것, 철판에 부친 것, 냄비의 것)로 즉 피없이 성결한 삶을 약속하는 제사이며(2장) **화목제는** 화평을 위하여 흠이 없는 소 양 염소의 머리에 안수례를 하고 살라 바치는 제사이며(3장) **속죄제는** 계명 등을 어긴 죄를 대속물을 죽여 전가시키는 제사이고(4장) **속건제는** 성물이나 재산피해 배상등의 죄를 속죄할 때 숫양으로 드렸다 (5장)

> 📖 그는(예수 그리스도는) 우리 죄를 위한 화목제물이니 (우리만 위할 뿐 아니요) 온 세상의 죄를 위하심이라 (요일 2:2)

2. **(제사장이 집례 중 죽다)** 아론의 아들 나답과 아비후가 각기*(제 각기 자기의)* 향로를 가져다가 **여호와께서 명령하시지 아니하신 다른***(번제단 밖의)* **불을** 담아 분향하였더니 불이 여호와 앞에서 나와 그들을 삼키매 그들이 여호와 앞에서 죽은지라 (10:1-2)

3. **(너희도 거룩하라 /레위기 주제)** 나는 여호와 너희의 하나님이라 **내가 거룩하니 너희도 몸을 구별하여 거룩하게 하고 땅에 기는 길 짐승으로 말미암아 스스로 더럽히지 말라** (11:44) **너희의 하나님이 되려고 너희를 애굽 땅에서 인도하여 낸 여호와라** 내가 거룩하니 너희도 (몸을 구별하여)**거룩할지어다** (11:45)

> 📖 너희는 나에게 거룩할 지어다 이는 나 여호와가 거룩하고 내가 또 너희를 나의 소유로 삼으려고 너희를 만민 중에서 구별하였음이니라 (20:26)

레

4. **(피는 생명 그 자체이다)** 육체의 생명은 피에 있음이라 내가 이 피를 나희에게 주어 제단에 뿌려 너희의 생명을 위하여 속죄하게 하였나니 생명이 피에 있으므로 **피가 죄를 속하느니라** (17:11)

5. **(근친상간 남색 등 성윤리법) 너희는 내 규례와 법도를 지키라** 사람이 이를 행하면 그로 말미암아 살리라 (18:5) 자기의 살붙이(가까운 혈족)를 가까이 하여 그의 하체를 범하지 말라 (18:6) 남자와 동침(남색)하지 말라 (18:22) 이런 가증한 일(근친상간 남색 수간 등)의 하나라도 행하지 말라 (18:26)

6. 여호와께서 모세에게 하신 말씀(19:1-18)**/ 일상 생활 규범**

① **너희는 거룩하라** 이는 나 여호와 너희 하나님이 거룩함이니라 (19:2)
② **부모를 경외하고 나의 안식일을 지키라** (19:3)
③ 헛된 것들에게로 향하지 말며…신상들을 부어 만들지 말라 (19:4)
④ 화목제물을 여호와께 드릴 때에 기쁘게 받으시도록 드 리고 (19:5)
⑤ 가난한 사람과 거류민을 위하여 (이삭을)버려두라 (19:10)
⑥ **도둑질하지 말며 속이지 말며 서로 거짓말하지 말며** (19:11)
⑦ 내(하나님) 이름으로 거짓 맹세함으로 네 하나님 이름을 욕되게 하지 말라(*더럽혀서는 안 된다*) (19:12)
⑧ 이웃을 억압, 착취하지 말며 품꾼의 삯을…네게 두지말 며(당일 해결하라) (19:13)
⑨ 귀먹은 자를 저주하지 말며 맹인 앞에 장애물을 놓지 말라 (19:14)
⑩ 재판할 때에 불의를 행하지 말며 공의로 재판하라 (19:15)
⑪ 네 백성 중에 돌아다니며 사람을 비방(험담)**하지 말며 네 이 웃의 피를 흘려 이익을 도모하지 말라** (19:16)

📖 남을 헐뜯는 험담은 살인보다도 더 위험하다 (유대경전 미드라쉬)

⑫ 형제(동족)를 마음으로 미워하지 말며 네 이웃을(*이웃이 잘못을 하면*) 반

드시 견책하라(*그를 타일러야 한다*) (19:17)

⑬ (한 백성끼리) 원수를 갚지 말며 동포를 원망하지 말며 **네 이웃 사랑하기를 네 자신과 같이**(*몸처럼*) **사랑하라** (19:18)

7. 사형에 해당하는 죄 (20장)

① 자식을 몰렉에게 주는 자 (20:2)

② 접신한 자와 박수무당을 음란하게 따르는 자 (20:6)

③ 자기의 아버지와 어머니를 저주하는 자 (20:9, 출21:17)

④ 남(이웃)의 아내와 간음하는 자 (20:10)

⑤ 부모, 며느리, 남자(동성 간), 장모, 짐승과 동침(교합)한 자 (20:11-16)

※ 자매, 이모, 고모, 숙모, 형제의 아내와 동침한 자 ←저주

8. **(과한 복수를 금하는 동해보복법)** 상처에는(*부러뜨린 것은*) 상처로, 눈에는 눈으로, 이에는 이로 갚을지라 남에게 **상해**(*상처*)**를 입힌 그대로** 그에게 그렇게 할 것이며 (24:20)

☞ 이 구절을 인용하면서 주님은 원수를 갚지 말고 원수를 사랑하며 원수를 하나님께 맡기라고 가르치셨다 (마5:38-44 정리)

9. (내 규례와 계명을 준행하면 26:3/ 3대 축복) 철따라 비를 주리니 땅은 그 산물을 내고...(26:4) 내가 그 땅에 평화를 줄 것인즉 (26:6) 내가 너희를 돌보아 너희를 **번성하게** 하고 너희를 **창대하게 할 것이며** 내가 너희와 함께 한 **내 언약을 이행하리라** (26:9) 성막을 너희 중에 세우리니(*너희가 사는 곳에서 나도 같이 살겠다*) (26:11) 나는 **너희 하나님이 되고 너희는 내 백성이 될 것이니라** (26:12)

☞ 불순종하면 저주의 형벌(사랑의 채찍/ 26:14-39 참조)이 있다/ 3대 축복: 풍년과(4-5)과 땅에 평화와(6-10). 성막을 세워 항상 함께 하리라 (11-13) 이다

10. **(거룩한 헌금/ 십일조)** 여호와께 온전히 바친 모든 것은…팔지도 못하고 무르지도 못하나니 바친 것은 다 여호와께 지극히 거룩함이며 (27:28) 그 땅의 곡식이나 나무의 열매는 그 **십분의 일은 여호와의 것이니 여호와의 성물이라** (27:30)

〈하나님께서 내게 기억하길 원하는 10가지〉

1. 내가 너에게 힘(능력)을 주리라 (I will Strengthen you)
2. 내가 너의 필요를 채우리라 (I will Provide for you)
3. 내가 너에게 응답하리라 (I will Answer you)
4. 내가 너와 함께하리라 (I will Be with you)
5. 내가 너를 쉬게 하리라 (I will Give you Rest)
6. 내가 너를 축복하리라 (I will Bless you)
7. 내가 너를 실족치 않게 하리라 (I will Not fail you)
8. 내가 너를 믿는다 (I Believe In you)
9. 내가 너를 위해 있으리라 (I am For you)
10. 내가 너를 사랑하노라 (I Love you) (인용 유오디아)

민수기 [민] (193쪽)

1. **(제사장들의 축복 선언)** (여호와께서 모세를 통하여 **아론과 그의 아들들에게** 말하여 이스라엘 자손을 위하여 **이렇게 축복하라** 6:22-23요약) 여호와는 네게 복을 주시고 **너를 지키시기를** 원하며(6:24) 여호와는 그의 얼굴을 네게 비추사 **은혜 베푸시기를** 원하며(6:25) 여호와는 그 얼굴을 네게로 향하여 드사 **평강 주시기를** 원하노라 할지니라 하라 (6:26)

- 그들은 이같이 내 이름으로 이스라엘 자손에게 축복할지니 **내가 그들에게 복을 주리라** (6:27)

☞ 제사장은 하나님의 백성들을, 조부모와 부모는 그의 자손들을, 성도들은 서로를 축복하아야 한다 / ※ 밑줄 친 곳에 자녀 이름이나 교회명 등으로 바꾸어 축복해 보자

2\. **(모세가 다시 간청하였다)** (제발 우리만 버려 두지 마십시오) 당신(모세의 장인 호밥)은 우리가 광야에서 어떻게*(어디에)* 진 칠지를 아나니 우리의 눈이*(안내자가)* 되리이다 (10:31)

📖 여호와의 손이 짧으냐 (11:23) → 내가 할 수 없는 일이 있느냐

3\. **(주의 종 모세를 비방하지 말라)** 모세는 **온유함이** 지면의*(땅 위에 사는)* **모든 사람보다 더하더라***(모든 사람 가운데서 가장 겸손한 사람이다)* (12:3) 그와는 내가 대면하여 명백히 말하고 은밀한 말로 하지 아니하며 그는 또 여호와의 형상을 보거늘 너희(미리암과 아론)가 어찌하여 **내 종 모세 비방** (이방 구스 여자를 취하였으므로 12:1) 하기를 두려워하지 아니하느냐 (12:8)

📖 모세 비방에 앞장선 미리암(모세의 누이)은 나병에 걸렸으나 모세의 기도로 이레 동안 진영 밖에 가둔 후에 고침을 받았다 (12:10-16 요약)

4\. **(가나안 땅 정탐 보고)** (출애굽 2년차 즉 가나안을 눈 앞에 두고 각 지파의 수령 12명이 40일 정탐 끝에) (10명은) 그 백성을 차지하지 못하리라 (13:31) 한 지휘관을 세워 애굽으로 돌아가자 하매 (14:4) (그러나 **여호수아와 갈렙은** 자기들의 옷을 찢고) **여호와께서 우리를 기뻐하시면 우리를 그 땅으로 인도하여 들이시고 그 땅을 우리에게 주시리라** 이는 과연 젖과 꿀이 흐르는 땅이니라 (14:8) 여호와는 우리와 함께 하시느니라 (14:9) (전염병으로 그들을 쳐서 멸하려 할 때 모세가 죄를 사하여 달라고 기도하니) 내가 네 말대로 사하노라 (14:20)

민

5. (불평하는 백성을 벌하다) 너희 말이 내 귀에 들린 대로 내가 너희에게 행하리니 (14:28) 이십 세 이상 자 모두는 광야에 엎드러지고(죽고) 갈렙과 여호수아와 유아들만 (가나안에) 들어갔다 (14:29-32 요약) 정탐한 날 수 하루를 일 년으로 쳐서 사십 년간 너희의 죄악을 담당할지니 (14:34) 그 땅에 대하여 악평한 자들은 ...재앙으로 죽었고 (14:37)

📖 내일 돌이켜 홍해 길을 따라 광야로 들어갈지니라 (14:25) → 시내 광야로 되돌아가 40년 광야 생활하라는 심판의 명령이다

6. **(고라 일당이 반역하다)** 광야생활 40년 말기에 고라 일당(250명)이 모세에게 반란하다 (16장 요약) 그들의 모든 소유물을 산 채로 스올에 빠지며 (16:30) (섰던 땅바닥이 갈라지니라 16:31) 땅이 그 위에 덮이니...(16:33) 불이 나와서 분향하는 250명을 불살랐더라 (16:35)

7. (가데스의 다툼과 므리바 물/ 유사 출17:1-7) 백성이 모세와 다투어 말하여 ...(20:3) 이 광야로 인도하여...다 여기서 죽게 하느냐 (20:4)
- 지팡이를 가지고 네 형 아론과 함께 회중을 모으고 그들의 목전에서(*보는 앞에서*) 너희는 **반석에게 명령하여** 물을 내라 하라 (20:8) 모세가 그의 손을 들어 지팡이로 **반석을 두 번 치니** 물이 많이 솟아나오므로...(20:11) 이스라엘 자손의 목전에서(*보는 앞에서*) 내 거룩함을 나타내지 아니한 고로 (*나를 신뢰하지 않았다*) **너희**(모세와 아론)**는 이 회중을 내가 그들에게 준 땅으로 인도하여 들이지 못하리라** (20:12) (모세는 아론과 그의 아들과 함께 호르 산에 올라 20:25) 아론의 옷을 벗겨 그의 아들 엘르아살에게 입히라 아론은 그기서 죽어... 조상에게 돌아가리라 (20:26)

📖 (가나안 땅에 들어가게 해 달라는 모세의 간청에 대하여) 그만해도 족하니 이 일로 다시 내게 말하지 말라 너는 비스가 산 꼭대기에 올라가서...네 눈으로 그 땅을 바라(만) 보라 (신3:26-27)/ ※ 혈기로 두 번 지팡이로 치면서 모세 자신이 물을 내는 것처럼 행하였다.

8. **(놋뱀으로 백성을 구하다) 에돔이 이스라엘의 통과를 두 번 거절하여** 먼 길을 돌아가게 되어 백성이 원망함으로 **불뱀을 보내어 백성을 물게하고 모세가 기도하매** (20:14-21:8 요약) 모세가 놋(*구리*)뱀을 만들어 장대 위에 다니 뱀에게 물린 자가 **놋뱀**(그리스도의 구원을 상징)을 쳐다본즉 모두 살더라 (21:9)

📖 모세가 광야에서 뱀을 든 것 같이 인자도 들려야 하리라 (요3:14)

9. **(오히려 축복한 발람)** 이스라엘의 진격을 두려워한 **모압왕**(발락)**이 술사**(발람)**을 초대해 이스라엘을 저주**(멸)**하려 했으나** 하나님의 역사로 4차례나 축복의 예언을 하였다 (22-25장 요약)

- (하나님은 사람이 아니시니) **어찌 그 말씀하신 바를 행하지 않으시며 하신 말씀을 실행하지 않으시랴**(23:19) 내가 축복할 것을 받았으니…(23:20) (발람의 독백) **야곱을 해할 점술이 없고 이스라엘을 해할 복술**(점치는 기술)**이 없도다** (23:23)

10. **(제비 뽑기로 분배하라)** 그 다소를 막론하고 그들의 기업을 **제비 뽑아 나눌지니라** (26:56)

☞ 우림의 판결(민27:21): 대제사장의 흉패 안에 보관된 우림과 둠밈으로 제비를 뽑아 그 일에 대한 하나님의 뜻을 살피는 것을 말한다.

11. **(여호수아를 모세의 후계자로 안수하라)** 여호와께서 모세에게 이르시되 눈의 아들 **여호수아는 그 안에 영이 머무는 자니** 너는 **데려다가 그에게 안수하고** (27:18) 네 존귀를 그(여호수아)에게 돌려 이스라엘 자손의 온 회중을 그에게 복종하게 하라 (27:20)

📖 눈의 아들 젊은 수종자 여호수아는 회막(성막 장막/ 이동식 성전)을 떠나지 아니하니라 (출33:11)

12. **(서원은 말한 대로 이행해야 한다)** 사람이 여호와께 **서원하였거나 결심하고 서약 하였으면 깨뜨리지 말고 그가 입으로 말한 대로 다 이행할 것이니라** (30:2) 모든 서원은…그의 남편이 그것을 지키게도 할 수 있고 무효하게도 할 수 있으니 (30:13)

📖 네 하나님 여호와께서 반드시 그것(서원한 것)을 네게 요구하시리니 더디면 그것이 네게 죄가 될 것이라 (신 23:21)/ 서원하였거든 갚기를 더디 하지 말라 (전5:4) / 내가 서원한 것이 실수라고 말하지 말라 (전5:6)

신명기 [신] (259쪽)

1. **(갈길을 지시하신 자라)** 여호와께서 너희가 걸어온 길에서 너희를 안으사 이곳까지 이르게 하셨느니라 (1:31) **그는 너희보다** 먼저 그 길을 가시며 장막 칠 곳을 찾으시고 밤에는 불로, 낮에는 구름으로 **너희가 갈 길을 지시**(*인도*)**히신 자이시니라** (1:33)

2. **(대신 싸우리라)** 너희는 그들을 두려워하지 말라 너희의 하나님 **여호와께서 친히 너희를 위**(*대신*)**하여 싸우시리라** 하였노라 (3:22)

3. **(규례와 법도를 그대로 지키라)** 이스라엘아 이제 **내가 너희에게 가르치는 규례와 법도를** (*귀담아*)**듣고 준행하라** 그리하면 너희가 살 것이요 너희 조상의 하나님 여호와께서 너희에게 주시는 땅에 들어가서 그것(*그곳*)을 얻게(*차지하게*) 되리라 (4:1)

4. **(은혜는 천 대까지 베푸신다)** 나를 미워하는 자(우상 숭배자)의 **죄를 갚되** 아버지(본인)로부터 아들(자손)에게로 **삼사 대까지 이르게** 하거니와(5:9, 출 20:5) 나를 사랑하고 내 계명을 지키는 자에게는 (*수*)**천 대** (*자손에 이르기*)

까지 은혜*(한결같은 사랑)***를 베푸느니라** (5:10, 출20:6)

📖 너희에게 명령하신 모든 도를 행하라 그리하면 너희가 살 것이요 복이 너희에게 있을 것이며 너희가 차지한 땅에서 너희의 날이 길리라 (5:33)

신

5. **(큰 계명/ 쉐마)** 이스라엘아 들으라(쉐마) 우리 하나님 여호와는 오직 유일한 여호와이시니 **너는 마음을 다하고 뜻을 다하고 힘을 다하여 네 하나님 여호와를 사랑하라** (6:4-5)

- 오늘 내가 네게 명하는 이 말씀을 너는 마음에 새기고 **네 자녀에게 부지런히 가르치며** 집에 앉았을 때에든지 길을 갈 때에든지 누워 있을 때에든지 일어날 때에든지 이 말씀을 강론할 것이며 (6:6-7)
- 네 손목에 매어 기호를 삼으며 미간*(이마)*에 붙여 표로 삼고 또 네 집 문설주와 바깥 문*(대문)*에 기록할지니라 (6:8-9)

📖 평생에 자기 옆에 두고 읽어 ..경외하기를 배우고 ...이 규례를 지켜 행할 것이라 (17:19)/ ※**쉐마** : 6:4-9절(이스라엘의 매일 기도문)의 첫 글자(들으라)를 따서 쉐마라 부르는데 곧 종교교육의 주제요 삶의 고백이다.

6. **(불순종에 대한 경고)** 너희가 맛사에서 시험한 것같이 **너희 하나님 여호와를 시험하지 말고**...명령과 증거와 규례를 삼가 지키며 (6:16-17) **여호와께서 보시기에 정직하고 선량한 일을 행하라** 그리하면 네가 복을 받고 그 땅에 들어가서 여호와께서 모든 대적을 네 앞에서 쫓아 내시겠다고... 맹세한 아름다운 땅을 차지하리니 (6:18-19)

7. **(규례를 지키면 잘 살게 된다)** 이 모든 규례를 지키라고 명령하셨으니 이는 ...여호와를 경외하여 항상 복을 누리게 하기 위하심이며 ...오늘과 같이 *(잘)*살게 하려 하심이라 (6:24) 그것이(모든 명령을 지키는 것이) 곧 우리의 의로움이니라 (6:25)

신

8. **(당장에 보응 하신다)** 그를 사랑하고 그 계명을 지키는 자에게는 천대까지 그의 언약을 이행하시며 인애를 베푸시되 (7:9) **그를 미워하는 자에게는 당장에 보응하여***(벌을 내려서)* 멸하시나니 여호와는 자기를 미워하는 자에게 *(징벌을)*지체하지 아니하시고 당장에 그에게 보응하시느니라 (7:10)

9. **(순종의 축복)** 너희가 **이 모든 법도를 듣고 지켜 행하면…네 조상들에게 맹세하신 언약을 지켜 네게 인애***(한결 같은 사랑)***를 베푸실 것이라** (7:12) 곧 너를 사랑하시고 복을 주사 너를 번성하게 하시되… 네 소생에게 은혜를 베푸시며 네 토지 소산과 곡식과 포도주와 기름을 풍성하게 하시고 네 소와 양을 번식하게 하시리니 (7:13) **네가 복을 받음이 만민보다 훨씬 더하여** (7:14) 여호와께서 너를 인도하여 내실 때에 **네가 본 큰 시험과 이적과 기사와 강한 손과 편 팔을 기억하라** (7:19) 너는 그들을 두려워하지 말라 너희의 하나님 여호와 곧 크고 두려운 **하나님이 너희 중에 계심이니라** (7:21)

10. **(영의 양식을 먹어야 산다)** **알지 못하던 만나를** 네게 먹이신 것은 사람이 떡(육의 양식)으로만 사는 것이 아니요 **여호와의 입에서 나오는 모든 말씀**(영의 양식)**으로 사는 줄을 네가 알게 하려 하심이라** (8:3, 마4:4) 이 사십 년 동안에 네 의복이 해어지지 아니하였고 네 발이 부르트지 아니하였느니라 (8:4) *(사람이 자기 자녀들을 훈련시키듯이…하나님도 당신들을 훈련시키신다는 것을 마음 속에 새겨 두십시오)* (8:5)

11. **(재물은 거저 주는 선물이다)** **네 소유가 다 풍부하게 될 때에 네 마음이 교만하여 네 하나님 여호와를 잊어버릴까 염려하노라** (8:13-14) **이는**(광야, 반석의 물, 만나 등은) **다 너를 낮추시며 너를 시험하사 마침내 네게 복을 주려 하심이었느니라** (8:16) 그러나 네가 마음에 이르기를 내 능력과 내 손의 힘으로 내가 이 재물을 얻었다 말할 것이라 (8:17) 네 하나님 여호와를 기억하라 **그가 네게 재물 얻을 능력을 주셨음이라** (8:18)

📖 (심는 자에게 씨와 먹을 양식을 주시는 이가) 너희 심을 것을 주사 풍성하게 하시고 너희 의의 열매를 더하게 하시리니 (고후9:10) / ☞ 부와 번영은 사람들의 노력의 결과가 아니라 하나님의 거저 주는 은혜(선물)이다.

12. **(하나님이 요구하시는 것)** 여호와를 경외하여 그의 모든 도를 행하고 그를 사랑하며 마음을 다하고 뜻을 다하여 **네 하나님 여호와를 섬기고** (10:12) 내가 오늘 네 행복을 위하여 네게 명하는 **여호와의 명령과 규례를 지킬 것이 아니냐** (10:13) 그러므로 너희는 마음에 할례를 행하고 다시는 목을 곧게 하지 말라(*고집을 부리지 마십시오*) (10:16) ...**사람을 외모로 보지 아니하시며** (10:17)

13. **(약속의 땅에서 순종)** (차지할 땅은) 네 하나님 **여호와께서 돌보아 주시는 땅이라** 연초부터 연말까지 네 하나님 여호와의 눈이 항상 그 위에 있느니라 (11:12) 내 명령을 너희가 만일 **청종**(순종)**하고**... 여호와를 **사랑하여** 마음을 다하고 뜻을 다하여 **섬기면** (11:13) **네가 먹고 배부를 것이라** (11:15)
- **내가 오늘 복과 저주를 너희 앞에 두나니** (11:26) 여호와의 명령을 들으면 복이 될 것이요 (11:27) 여호와의 명령을 듣지 아니하고... 다른 신들을 따르면 저주를 받으리라 (11:28)

☞ 믿음은 순종을 낳고, 하나님의 복은 반드시 순종을 통해 온다/ ※ 미래에 축복 받을 3가지 요구 사항(11:13)은 순종. 사랑. 섬김이다.

14. **(택한 곳에서 예배하라)** 아무 곳에서나 번제를 드리지 말고 (12:13) **여호와께서 택하실 그 곳에서**(*그 곳으로 가서*) **번제를 드리고 또 내가 네게 명령하는 모든 것을 거기서 행할지니라** (12:14)

15. **(영구히 복이 있다)** 내가 네게 명령하는 **이 모든 말을 듣고 지키라** 네 하나님 여호와의 목전에 **선과 의를 행하면** 너와 네 후손에게 영구히 복이 있

으리라 (12:28)

신

16. **(이단의 말을 듣지 말라)** 너희 중에 선지자나 꿈꾸는 자가(이단들) 일어나서 **이적과 기사**(*표징과 기적*)**를 네게 보이고** (13:1) 다른 신들을 우리가 따라 섬기자고 말할지라도 (13:2) 이는... 여호와를 사랑하는 여부를 알려 하사 너희를 **시험하심이니라** (13:3)

17. **(궁핍한 자를 도우라)** (레위인 객 고아 과부를 배부르게 하라) 그리하면 네 하나님 여호와께서 네 손으로 하는 범사에 네게 복을 주시리라 (14:29)

- 너는 반드시 그(궁핍한 자)에게 줄 것이요, 줄 때에는 아끼는 마음을 품지 말 것이니라 **이로 말미암아 네 하나님 여호와께서 네가 하는 모든 일과 네 손이 닿는 모든 일에 네게 복을 주시리라** (15:10) 네 형제 중 곤란한 자와(*가난하고*) 궁핍한 자에게 네 손을 펼지니라 (15:11)

18. **(초막절 헌금의 자세)** 네 모든 소출과 네 손으로 행한 모든 일에 복 주실 것이니 너는 온전히 즐거워할지니라 (16:15)

- (3대 절기 때에) 여호와께서 택하신 곳에서 여호와를 뵈옵되 빈손으로 여호와를 뵈옵지 말고... **주신 복을 따라 그 힘대로 드릴지니라** (16:16-17)

19. **(경계표를 옮기지 말라)** 조상이 정한 네 이웃의 경계표를 옮기지 말지니라 (19:14)

📖 네 선조가 세운 옛 지계석을 옮기지 말지니라 (잠22:28)

20. **(적군과 함께 싸우시다)** 너희 하나님 여호와는 너희와 함께 행하시며(*싸움터에 나가서*) 너희를 위하여 너희 적군과 싸우시고(*대적을 치시고*) 구원하실 것이라(*승리를 주시는 분이시다*) (20:4)

21. **(가증한 소득으로 헌금하지 말라)** 창기가 번 돈과 개 같은 자(동성애자 등)의 소득은 어떤 서원하는 일로든지 네 하나님 여호와의 전에 가져오지 말라(23:18)

22. **(그의 소리를 들으리라)** 여호와께서 강한 손과 편 팔과 큰 위엄과 이적과 기사로 우리를 애굽에서 인도하여 내시고 이곳으로 인도하사 이 땅 곧 젖과 꿀이 흐르는 땅을 주셨나이다 (26:8-9) 네가 오늘 여호와를 네 하나님으로 **인정하고 또 그 도를 행하고** 그의 **규례와 명령과 법도를 지키며** 그의 소리를 들으리라 (26:17)

23. **(모세의 축복 기도)** 여호와의 말씀을 삼가 듣고 내가 오늘 네게 **명령하는 그의 모든 명령을 지켜 행하면 네 하나님 여호와께서 너를 세계 모든 민족 위에 뛰어나게 하실 것이라** (28:1)

- 여호와의 말씀을 청종하면 이 모든 복이 네게 임하며 네게 이르리니 (28:2) **성읍에서도 복을 받고 들에서도 복을 받을 것이며 네 몸의 자녀와 네 토지의 소산과 네 짐승의 새끼와 소와 양의 새끼가 복을 받을 것이며** (28:3-4) **들어와도 복을 받고 나가도 복을 받을 것이니라** (28:6) 그들이 한 길로 너를 치러 들어 왔으나 네 앞에서 일곱 길로 도망하리라 (28:7) 네 창고와 네 손으로 하는 모든 일에 복을 내리시고 (28:8) 많은 민족에게 꾸어줄지라도 **너는 꾸지 아니할 것이요** (28:12)

24. **(모든 일이 형통하리라)** **너희는 이 언약의 말씀을 지켜행하라 그리하면 너희가 하는 모든 일이 형통하리라** (29:9)

> 📖 너와 네 자손이 살기 위하여 생명을 택하고 네 하나님 여호와를 사랑하고 그의 말씀을 청종하며 또 그를 의지하라 (30:19-20)

25. **(여호와가 함께하니 담대하라)** 너희는 강하고 담대하라 두려워 하지 말라 그

신
수

들 앞에서 떨지 말라 이는 네 하나님 여호와 **그가 너와 함께 가시며** 결코 너를 떠나지 아니하시며 버리지 아니하실 것임이라 하고 (31:6, 8절 참조)

26. **(아버지에게 물으라)** 옛날을 기억하라 역대의(*조상 대대로 내려온*) 연대(*세대*)를 생각하라 네 **아버지에게 물으라** 그가 네게 설명할 것이요 네 **어른들에게 물으라** 그들이 네게 말하리로다 (32:7) 호위하시고 보호하시며 자기의 눈동자같이 지키셨도다(32:10)

27. **(모세의 축복)** 아셀(야곱/여종 실바의 아들)은 **아들들 중에 더 복을 받으며 그의 형제에게 기쁨이 되며 그의 발이 기름에 잠길지로다** (33:24) 네가 사는 날을 따라서 능력이 있으리로다 (33:25)
- 이스라엘이여 너는 행복한 사람이로다 여호와의 구원을 너 같이 얻은 백성이 누구냐 (33:29)

28. **(모세가 죽다)** 모세가 죽을 때 **나이 백이십 세였으나 그의 눈이 흐리지 아니하였고 기력이 쇠하지 아니하였더라** (34:7)
- 모세가 눈의 아들 여호수아에게 안수하였으므로 **그에게 지혜의 영이 충만하니** 이스라엘 자손이 여호와께서 모세에게 명령하신 대로 여호수아의 말을 순종하였더라 (34:9) **모세는 여호와께서 대면하여 아시던 자요** (34:10)

여호수아 [수] (320쪽)

1. **(가나안으로 가라)** (내 종 모세가 죽었으니 이제 너는 이 모든 백성과 더불어 일어나 이 요단을 건너...) 그 땅으로 가라 (1:2) 내가 너를 떠나지 아니하며 버리지 아니하리니 (1:5) **모세가 네게 명령한 그 율법을 다 지켜 행하고** 우로나 좌로나 치우치지 말라...(1:7) 이 율법책을 네 입에서 떠나지 말게 하며 주야로

그것을 묵상하여 그 안에 기록된 대로 다 지켜 행하라 **그리하면 네 길이 평탄하게 될***(네가 가는 일이 순조로울)* **깃이며 네가 형통하리라***(성공할 것이다)* (1:8)

2. **(강하고 담대하라) 강하고 담대하라 두려워하지 말며 놀라지 말라 네가 어디로 가든지 네 하나님 여호와가 너와 함께 하느니라** 하시니라 (1:9) → 세계인이 가장 좋아하는 구절

3. **(라합이 믿음으로 정탐꾼을 숨기다)** (지붕위) 삼대 속에 정탐꾼을 숨겨 놓고 왕이 보낸 사람에게 그들이 내게 왔으나 어디로 갔는지 알지 못하니 급히 따라가면 잡으리라 (2:2-7 요약) 여호와께서 **이 땅을 너희에게 주신 줄을 내**(기생 라합)**가 아노라** (2:9) 내가 너희를 선대하였은즉…우리 목숨을 죽음에서 건져내라 (2:12-13 요약)

4. **(마른 땅으로 요단 강을 건너다) 너희는 자신을 성결**(거룩)**하게 하라** 여호와께서 내일 너희 가운데에 기이한 일(언약궤를 멘 제사장들의 발이 물 가에 잠기자 물이 끊어져 백성들이 **마른 땅으로 요단 강을 건너간 일** 3:6-17)들을 행하시리라 (3:5) 지파 수대로 요단 가운데서 돌 열둘을 택하여 유숙할 곳(제사장들의 발이 선 곳)에 세웠다 (4:1-9 요약)

※ 요단에서 가져온(10km거리) 열두 돌을 길가에도 세워 마르게 한 일을 기념함

5. **(여리고성을 점령하다)** 철옹성인 여리고성을 (이르신 대로)모든 군사와 제사장 7명이 언약궤를 메고 나팔을 불며 6일간 매일 성을 조용히 돌고 **마지막 날에는 7번 돈 후에 외치니 성이 무너져 내린지라** (6:1-21 요약)

6. **(여리고 성에 대한 저주)** (여호수아가 맹세하여 이르되) **여리고 성을 건축하는 자는 여호와 앞에서 저주를 받을 것이라** 그 기초를 쌓을 때에 그의 맏아들을

잃을 것이요 그 문을 세울 때에 그의 막내아들을 잃으리라 하였더라(6:26)

📖 (500년 후에 히엘이 여리고 성을 건축하였는데) 그가 그 터를 쌓을 때에 맏아들 아비람을 잃었고 그 성문을 세울 때에 막내아들 스굽을 잃었으니…여호수아를 통하여 하신 말씀과 같이 되었더라(왕상 16:34)

수

7. **(아이 성 점령 실패)** **아간이** 온전히 바친 물건을 가져가고 **도둑질하며 속이고** 범죄하여 아이 성 점령에 실패하였으나 아간을 돌로 쳐 죽이고 돌무덤을 쌓고(7:11-26 요약)

- 그 후에야 아이 성을 점령하게 된다(8:1-29 요약)

8. **(여호수아가 기브온을 건지다)** 여리고와 아이성에서 행한 일을 듣고서 **진멸을 면하고자** 기브온 사람들이 **여호수아를 속여** 조약을 맺었으니 속은 줄 알고 그들을 종으로 삼았다(9장 요약)

- 그러나 **아모리족속 연합군이 기브온을 칠 때에** 여호와께서 우박을 내려 도우심으로 크게 승리하였다(10:4-11 요약)

- (여호수아가) **태양아 너는 기브온 위에 머무르라** 달아 너도 아얄론 골짜기에서 그리할지어다 하매(10:12) **태양이 머물고 달이 멈추기**를 백성이 그 대적(아모리 사람)에게 원수를 갚기까지 하였느니라(10:13) **사람의 목소리를 들으신 이같은 날은** 전에도 없었고 후에도 없었나니(10:14)

9. **(죄인을 구할 도피성)** 도피성(예수 그리스도의 예표)들을 너희를 위해 정하여 **부지중에 실수로 사람을 죽인 자를 그리로 도망하게 하라** 이는 너희를 위해 피의 보복자를 피할 곳이니라(20:2-3)

10. **(약속은 다 이루어진다)** (여호와께서 이스라엘 족속에게 말씀하신) **선한 말씀**(땅을 차지하고 주위에 안식을 주겠다는 말씀)이 하나도 남음이 없이 다 응하였

더라 (21:45)

📖 그 온 땅을 점령하여 이스라엘 지파의 구분에 따라 기업으로 주매 그 땅에 전쟁이 그쳤더라 (11:23)

수
삿

11. **(죽음을 앞둔 여호수아의 유언)** 그러므로 너희는 크게 힘써 모세의 **율법책에 기록된 것을 다 지켜 행하라** 그것을 떠나 우로나 좌로나 치우치지 말라 (23:6) 여호와를 사랑하라 (23:11)

12. **(섬길 자를 택하라)** 이제는 여호와를 경외하며 온전함과 진실함으로 그를(여호와만) 섬기라 (24:14) 너희가 섬길 자를 오늘 택하라 **오직 나와 내 집은 여호와를 섬기겠노라** (24:15)

사사기 [삿] (360쪽)

1. **(사사 시대로)** 그(여호수아) **후에 일어난 다른 세대는 여호와를 알지 못하며 여호와께서 이스라엘을 위하여 행하신 일도 알지 못하였더라** (2:10)

☞ 다른 세대는 여호와를 버려 징벌하셨으나 선지자를 세워 구원하시되 또 죄악이 반복되는 한 심판도 계속하셨다.

2. **(여사사 드보라의 노래)** 너희 왕들아 들으라 통치자들아 귀를 기울이라 나 곧 내가 여호와를 노래할 것이요 이스라엘 하나님 여호와를 찬송하리로다 (5:3)

3. **(기드온이 미디안에 대승하다)** 이스라엘을 미디안의 손에서 구원하라 **내가 너를 보낸 것이 아니냐** (6:14) 내가 반드시 너와 함께 하리니 (6:16) **두려워 떠는 자** 이만 이천명이 돌아가고 남은 자가 만명이었더라 (7:3) (무릎을 꿇고

마시는 자(구천 칠백명)를 제외하고) 이 **물을** (혀로)**핥아 먹은 삼백명으로 너희를 구원하며** (7:7) 세 대가 나팔을 불며 항아리를 부수고 왼손에 횃불을 들고 오른손에는 나팔을 들어 불며 외쳐 이르되 **여호와와 기드온의 칼이다** 하고 (7:20) 여호와께서…친구끼리 칼로 치게 하시므로 적군(135천명)이 도망하여…(7:22) 미디안을 추격하였더라 (7:23)

4. **(멸시 받던 입다를 통한 이스라엘의 구원)** 암몬 자손과 전투에서 승리하고 돌아올 때 그의 무남독녀 딸이 영접하니 (경솔한 서원이지만) 서원한 대로 딸을 번제물로 바치다 (10:1-11:39 요약)

📖 입다는 신앙의 인물로 소개 (히 11:32)

5. **(실패한 삼손을 사사로 사용하다)** (40년간 블레셋의 압제를 받을 때에) 마노아의 아들로 **이스라엘을 구원할 나실인으로** 삼손이 출생하고 (13장 요약) 여호와의 영이 삼손에게 임하시니 나귀 턱뼈로 블레셋 군사 일 천명을 죽이는 대승을 거둔다 (15:14-20 요약)
- 들릴라 기생의 꼬임(4회)에 빠져 머리에 삭도를 대지 말라는 비밀을 알려 주어 **하나님이 그를 떠날 때에 힘이 없어져** 눈이 뽑히고 옥에서 맷돌을 돌리는 수치를 경험한다 (13:1-16:31 요약) 나의 두 눈을 뺀 블레셋 사람에게 (다곤 신전의 두 기둥을 무너뜨려) 원수를 단번에 갚게(삼천 명 가량 죽임) 하옵소서 하고 (16:28) 기도했다

룻기 [룻] (402쪽)

1. **(룻은 시어머니와 함께한 신앙인이었다)** 어머니(나오미)께서 가시는 곳에 나(룻)도 가고 어머니께서 머무시는 곳에서 나도 머물겠나이다. 어머니의 백성이 나의 백성이 되고 어머니의 하나님이 나의 하나님이 되시리니 (1:16)

어머니께서 죽으시는 곳에서 나도 죽어 거기 묻힐 것이라 (1:17)

☞ 다말(유다의 셋째 며느리), 라합(믿음으로 정탐꾼을 숨겨준 여리고성의 기생/ 이방여인), 룻(보아스와 재혼한 모압여인), 밧세바(우리아의 아내)는 예수의 족보에 등장하는 네 여인이다

룻
삼상

2. **(보아스가 발치에 누운 룻을 위로하다)** 여호와께서 네(룻)게 복주시기를 원하노라…**네가 베푼 인애가 처음보다 나중이 더하도다** (3:10)

3. **(룻이 메시야 왕권의 예표인 다윗을 낳다)** (살몬은 라합에게서 보아스를 낳고 보아스는 룻에게서 오벳을 낳고)**오벳은** 이새를 낳고 이새는 **다윗을 낳았더라** (4:22, 마1:5-6)

📖 (메시야 예언) 그 날 그 때에 내가 다윗에게서 한 공의로운 가지가 나게 하리니 그가 이 땅에 정의와 공의를 실행할 것이라 (렘33:15)

사무엘상 [삼상] (408쪽)

1. **(한나의 기도)** (사무엘을 얻은 한나는 그를 하나님께 드렸다) 심히 교만한 말을 다시 하지 말 것이며 오만한 말을 너희의 입에서 내지 말지어다 여호와는 지식의(*모든 것을 아시는*) 하나님이시라 **행동**(*사람의 하는 일*)을 (*저울에*) **달아 보시느니라** (2:3) 여호와는 가난하게도 하시고 부하게도 하시며 낮추기도 하시고 높이기도 하시는도다 (2:7) 가난한 자를 진토(*티끌*)에서 일으키시며 빈궁한 자를 거름더미에서 올리사…영광의 자리를 차지하게 하시는도다 (2:8)

2. **(엘리 제사장 집에 내린 저주)** 네 두 아들 홉니와 비느하스가 한 날에 죽으리니 그 둘이 당할 그 일이 네게 표징이 되리라 (2:34)

- 사무엘에게 이르시되 보라 내가 이스라엘 중에 **한 일**(4:17의 일)을 행하리니 (3:11) 이는 그(엘리)가 **자기의 아들들이 저주를 자청**(제사를 경멸하고 수종드는 여인과 동침하는 나쁜 행실로)**하되 금하지 아니하였음이니라** (3:13) **엘리 집의 죄악은** 제물로나 예물로나 영원히 속죄함을 받지 못하리라 하였노라 (3:14)

삼상

3. **(빼앗긴 언약궤)** (이스라엘이 블레셋 사람들 앞에서 도망하였고)… 당신(엘리)의 두 아들 홉니와 비느하스도 죽임을 당하였고 하나님의 궤는 빼앗 겼나이다 (4:11, 4:17) (하나님의 궤로 다곤 신전이 파괴되고 독종으로 치니 블레셋이 속건제를 드리고) 젖나는 소 둘이 끄는 수레에 궤를 싣고 송아지는 집에 두고 벧세메스로 돌려 보내매 **아비나답의 집에 들여놓고 구별하여 지키고 온 이스라엘 족속이 여호와를 사모하니라** (6, 7장 요약)

4. **(미스바 대성회로 승리)** (전심으로 여호와께 돌아오려거든) 이방 신들과 아스다롯을 너희 중에서 제거하고…**그만을 섬기라** 그리하면 너희를 블레셋 사람의 손에서 건져내시리라 (7:3)
- **사무엘이 이르되 온 이스라엘은 미스바로 모이라**… 내가 너희를 위하여 여호와께 기도 하리라 하매 (7:5) 당신은 우리를 위하여 우리 하나님 **여호와께 쉬지 말고 부르짖어** 우리를 블레셋 사람들의 손에서 구원하시게 하소서 (7:8)
- (큰 우레를 발하여 이기고) 여호와께서 여기까지 우리를 도우셨다하고 그 이름을 **에벤에셀**이라 하니라 (7:12)

5. **(사무엘의 고별사)** 너희는 **이제 가만히 서서 여호와께서 너희 목전에서 행하시는 이 큰 일**(건기에 우레와 비를 보낸 일)**을** *(직접)* **보라** (12:16) 우리가… **왕을 구하는 악**을 더하였나이다 (12:19) 나는 너희를 위하여 **기도하기를 쉬는 죄를** 여호와 앞에 결단코 범하지 아니하고 **선하고 의로운 길을 너희에게 가르칠** 것인즉 (12:23) 오직 그를 경외하며 너희의 마음을 다하여 진실히 섬기라 (12:24)

6. (요나단이 믿음으로 믹마스 전투 승리) (이 할례 받지 않은 자들에게로 건너가자) 여호와께서 우리를 위하여 일하실까 하노라 **여호와의 구원**(*승리*)**은 사람이**(*군대의 수가*) **많고 적음에 달리지 아니하였느니라** (14:6)

7. (사울을 왕으로 삼으신 것을 후회하셨더라 15:35) 출애굽 때에 길에서 대적한 일로 **아말렉을 진멸하라**(다 없어지기까지 치라)명령 (15:2-3)하였으나 **아각 왕과 좋은 것을 남기고 하찮은 것은 진멸 하니라** (15:9) 그가(사무엘이) 길갈에서 여호와 앞에서 아각을 찍어 쪼개니라 (15:33)

- **순종이 제사보다 낫고** 듣는 것이(*말씀을 따르는 것이*) 숫양의 기름보다 나으니 이는 **거역하는** 것은 점치는 죄와 같고 **완고한**(고집을 부리는) **것은** 사신 우상에게 절하는 죄와 같음이라 (15:22-23)

📖 사람은 외모를 보거니와 나 여호와는 중심을 보느니라 (16:7)

8. **(다윗이 기름 부음을 받다)** 사무엘이 기름 뿔병을 가져다가(들고) 그의 형제 중에서 그에게 부었더니 이 날 이후로 다윗이 여호와의 영에게 크게 감동되니라 (16:13) 여호와의 영이 사울에게서 떠나고 여호와께서 부리시는 악령이 그를 번뇌하게 한지라 (16:14)

9. (다윗이 골리앗을 이기다) **너는 칼과 창과 단창으로 내게 나아오거니와 나는...하나님의 이름으로 네게 나아가노라** (17:45) *전쟁에서 이기고 지는 것은 주님께 달린 것이다* (17:47) 다윗이 이같이 물매와 돌로 블레셋 사람(골리앗)을 이기고 그를 쳐 죽였으나 자기 손에는 칼이 없었더라 (17:50)

10. **(최고의 우정/ 다윗과 요나단)** 요나단(사울 왕의 장자)의 마음이 다윗의 마음과 하나가 되어 **요나단이 그를 자기 생명같이 사랑하니라** (18:1)

- (사랑하여 언약을 맺었으며) 요나단이 자기가 입었던 **겉옷을 벗어 다윗에**

삼상

게 주었고 자기의 군복과 칼과 활과 띠도 그리하였더라 (18:4)

📖 다윗왕이 (죽은)요나단으로 말미암아 그 아들 므비보셋에게 은총을 베푸사 사울과 그의 온 집안의 모든 것을 주고 항상 왕의 상에서 떡을 먹게 하니라 (삼하9:6-10 참조)

삼상 삼하

11. (사울 왕을 살려주다) (다윗이 있던 굴에 뒤를 보러 들어온 사울의 겉옷 자락만 가만히 베어 살려주면서) 여호와의 기름 부음을 받은 내 주를 치는 것은 여호와께서 금하시는 것이니 (24:6)

📖 (다윗이 사울을 또 살려 줄 때에) 너는(아비새)는 그의 머리 곁에 있는 창과 물병만 가지고 가자하고 (26:11) 다윗아…네가 큰 일을 행하겠고*(일을 해낼 만한 사람이니)* 반드시 승리를 얻으리라 하니라 (26:25)

12. **(다윗과 아비가엘의 만남)** (다윗이 소유물을 지켜준 불량한 부자 나발에게) 너는 평강하라 네 집도 평강하라 네 소유의 모든 것도 평강하라 (25:6) 인사하고 먹거리를 부탁하였으나 나발이 거절하자 아비가엘(후일 다윗의 후처)이 나발 대신 먹거리를 바치며 사죄하고 진노를 면하니라 (25.2-42 요약)

※ 하나님이 나발을 치시매 그가 죽으니라 (25:38)

사무엘하 [삼하] (463쪽)

1. (나단이 다윗에게 이른 계시/ 대상17:1-15) 내 여호와가 너(다윗)와 함께 있어…네 이름을 위대하게 만들어 주리라 (7:9) 그(솔로몬)는 내 이름을 위하여 집을 건축할 것이요 (7:13) 나는 그에게 아버지가 되고 그는 내게 아들이 되리니…(7:14) 네 집과 네 나라가 내 앞에서 영원히 보전되고 네 왕위가 영원히 견고하리라 (7:16)

2. **(다윗의 기도)** **주의 종의 집**(가문과 나라)**이 영원히 복을 받게 하옵소서** (7:29) 다윗이 어디로 가든지 여호와께서 이기게 하시니라 (8:6)

3. **(다윗의 불륜과 나단 선지자의 책망)** 한 여인(우리아의 아내 밧세바)이 목욕을 하는데 심히 아름다워 보이는 지라 (11:2) (임신하매) 전쟁터의 남편을 불러 동침하게하여 임신했다는 술수가 실패하자 그(우리아)를 전쟁터에서 죽게하였다 (11장 요약)

   - **그것이**(사울의 손에서 구원하고 집과 아내를 주고 왕이 된 것이)**부족하였을 것 같으면 내가 네게 이것 저것을 더 주었으리라** (12:8) (다윗이)**내가 여호와께 죄를 범하였노라 하매** ...여호와께서도 당신의 죄를 사하였나니 당신이 죽지 아니하려니와 (12:13)

   📖 불륜과 (청부)살인까지한 다윗은 칼과 재앙이 집에 있고 아내들이 백 주에 동침 당하며 아이가 죽는 벌을 받았으나 나단 선지의 책망을 듣고 참회함으로 회복의 은총도 받았다 (12:9-12 요약)

4. **(다윗의 승전가)** 여호와는 나의 **반석**이시요 나의 **요새**시요 나를 위하여 **나를 건지시는 자**시요 (22:2) 내가 피할 나의 **반석의 하나님**이시요 나의 **방패**시요 나의 구원의 뿔이시요 나의 높은 **망대**시요 그에게 피할 나의 피난처시요 나의 구원자시라 (22:3)

   - 주께서 **곤고한 백성을 구원하시고 교만한 자를 살피사 낮추시리이다** (22:28) 하나님의 도는 완전하고 여호와의 말씀은 진실하니 그는 자기에게 피하는 모든 자에게 방패시로다 (22:31)

5. **(다윗의 인구조사 대상 21:1-27)** 여호와께서 **다시** 이스라엘을 향하여 진노하사 **그들을 치시려고** 다윗을 격동 시키사 가서 이스라엘과 유다의 **인구를 조사하라** 하신지라 (24:1)

   📖 합당하지 못한 일을 하게 하셨으니 (롬1:28)

삼하

열왕기상 [왕상] (508쪽)

왕상

1. **(다윗이 솔로몬에게 유언하다)** **너는 힘써 대장부가 되고***(굳세고 장부다워야 한다)* (2:2) 네 하나님 여호와의 명령을 지켜 그 길로 행하여 그 법률과 계명과 율례와 증거를 모세의 율법에 기록된 대로 지키라 **그리하면 네가 무엇을 하든지 어디로 가든지** (모든 일이)**형통할지라** (2:3)

2. **(일천 번제 후에 꿈에 나타나시다)** 네게 무엇을 줄꼬 너는 구하라 (3:5) **솔로몬이 이것을***(재판하는 데에, 듣고서 무엇이 옳은지 분별하는 능력을 3:11)* **구하매 그 말씀이 주의 마음에 든지라** (3:10) **내가 또 네가 구하지 아니한 부귀와 영광도 네게 주노니** 네 평생에 왕들 중에 너와 같은 자가 없을 것이라 (3:13)

3. **(솔로몬의 지혜/ 심리 재판)** (진짜 생모를 가리려고) 칼을 가져 오라 산 아이를 둘로 나누어 주라 (3:16-28 요약)

📖 **이 또한 지나가리라** (This, too, shall pass away) → 내가 승리를 거두고 기쁠 때에 교만하지 않게 하시고, 절망에 빠지고 시련에 처했을 때에 용기와 희망을 줄 수 있는 글귀를 반지에 새겨 넣어라는 다윗의 지시를 받은 세공사가 솔로몬에게 물어 얻은 글귀이다

4. **(스바의 여왕이 찾아오다)** **여호와의 이름으로 말미암은** 솔로몬의 명성을 듣고 와서 어려운 문제로 그를 시험하고자 하여 (10:1) 당신의 지혜와 복이 내가 들은 소문보다 더하도다 (10:7)

📖 (남방 여왕이) 솔로몬의 지혜로운 말을 들으려고 땅 끝에서 왔음이거니와 (마12:42, 눅11:31)/ ☞ 여왕은 이 모든 것이 하나님의 은혜임을 알았다

5. **(솔로몬이 타락하다)** (그렇게) 영화롭던 솔로몬은 많은 이방여인과 혼인하고 산당까지 지어주며 **우상을 방치한 결과** 자녀 세대에 왕국이 분열되는 징계를 당한다 (11장 요약)

📖 이 나라를 네게서 빼앗아 네 신하에게 주리라 (11:11)

6. **(사르밧 과부의 믿음. 기적)** **그가 가서 엘리야의 말대로 하였더니** 그와 엘리야와 그의 식구가 여러 날 먹었으나…통의 가루가 떨어지지 아니하고 병의 기름이 없어지지 아니하니라 (17:15-16) 엘리야의 소리를 들으시므로 그 아이의 혼이 몸으로 돌아오고 살아난지라 (17:22)

왕상

7. **(엘리야와 바알 선지자의 갈멜산 대결)**(바알 숭배로 비가 오지 않자) **너희가 어느 때까지 둘 사이에 머뭇머뭇 하려느냐** (18:21) (너희는 너의 신의 이름을 부르라) 나는 여호와의 이름을 부르리니 이에 불로 응답하는 신 그가 하나님이니라 (18:24) 이에 여호와의 불이 내려서…(모든 백성이 보고) **여호와 그는 하나님이시로다** (18:38-39) 엘리야가 그들을(바알 선지자 450명) 기손 시내로 내려다가 거기서 죽이니라 (18:40) 승리를 맛본 엘리야였지만 이세벨의 협박에 낙심하였으나 하나님께서 돌보시고 새 사명을 주셨다 (19:1-18 요약)

8. **(겸손은 악의 심판도 미루신다)** (악한 아합왕도) **그가 내 앞에서 겸비하므로** *(겸손해졌기 때문에)* **내가 재앙을 저의 시대에는***(살아있는 동안에는)* **내리지 아니하고** 그 아들의 시대에야 그의 집에 재앙을 내리리라 하셨더라 (21:29) 아합 왕이 이 전쟁에서 죽는다는 미가야 선지자의 경고를 무시하고 변장하고 싸웠지만 한 사람이 무심코 쏜 화살에 맞아 죽고(예언대로) 개들이 그의 피를 핥았다 (22:29-40 요약)

열왕기하 [왕하] (559쪽)

왕하

1. **(엘리야가 승천하다)** 엘리사가 이르되 당신의 **성령이 하시는 역사가**(*가지고 계신 능력이*) **갑절이나 내게 있게 하소서** 하는지라 이르되 **네가 어려운 일**(하나님의 주권에 속한 일)을 **구하는 도다 그러나 나를 네게서 데려가시는 것**(하나님의 권능)을 **네가 보면 이루어지려니와**… (2:9-10) 불수레와 불말들이(하나님의 현현과 권능으로) 두 사람을 갈라 놓고 엘리야가 회오리바람으로 하늘로 올라가더라 (2:11)

2. **(나만이 고침을 받다)** (그가 엘리사의 집 문에 서니 직접 영접하지 않고) 엘리사가 사자를 그에게 보내 이르되 너는 가서 **요단 강에 몸을 일곱 번 씻으라 네 살이 회복되어 깨끗하리라 하는 지라** (5:10)…분노하여 떠나니(5:12) 종들이 권하매 이에 내려가서 엘리사의 말대로 **순종하여 요단강에 일곱 번 씻었더니 나병이 깨끗하게 되었더라** (5:13-14 요약)

3. **(원수의 손에서 건져내리라)** 오직 너희 하나님 여호와만을 경외하라 **그가 너희를 모든 원수의 손에서 건져내리라** (17:39)

4. **(앗수르 침공 때에 히스기야의 기도)** **그**(앗수르 왕의) **편지를 여호와 앞에 펴 놓고…히스기야가 기도하여** (19:14-15) **이제 우리를 그의**(앗수르 왕 산헤립) **손에서 구원하옵소서** 그리하시면 천하 만국이 주 여호와가 홀로 하나님이신 줄 알리이다 (19:19)

📖 내가 한 영을 그(산헤립)의 속에 두어 그로 소문을 듣고 그의 본국으로 돌아가게 하고 본국에서 그에게 (아들들의) 칼에 죽게하리라 (19:7)

5. (히스기야의 중병 치유) 네가 죽고 살지 못하리라는 이사야의 말에 (20:1) (히스기야가 얼굴을 벽으로 향하고) **내가 진실과 전심으로 주 앞에 행하며 주께서 보시기에 선하게 행한 것을 기억하옵소서** (20:3) 내가 네 기도를 들었고 네 눈물을 보았노라 **내가 너를 낫게 하리니…네 날에 십오 년을 더할 것이며** (20:5-6) (이 약속의 징표로) 아하스의 해시계 위에 나아갔던 해 그림자를 십도 뒤로 물러가게 하셨더라 (20:11, 사38:1-8)

6. (요시야의 종교 개혁) 요시야와 같이 마음을 다하며 뜻을 다하며 힘을 다하여 모세의 모든 율법을 따라 여호와께로 돌이킨 왕은 요시야 전에도 없었고 후에도 그와 같은 자가 없었더라 (23:25) (그러나) 유다를 향한…**진노를 돌이키지 아니하셨으니 이는 므낫세**(요시야의 조부)**가 여호와를 격노하게 한 그 모든 격노 때문이라** (23:26)

> 📖 그러나 벌을 면제하지는 아니하고 아버지의 악행을 자손 삼사 대까지 보응하리라 (출34:7)

역대상 [대상] (609쪽)

1. (야베스의 기도) 야베스가 이스라엘 하나님께 아뢰어 이르되 주께서 내게 복을 주시려거든*(복에 복을 더하여 주시고)* **나의 지역**(영토)**을 넓히시고 주의 손으로 나를 도우사 나로 환난을 벗어나** *(불행을 막아 주시고)* **내게 근심이 없게 하옵소서***(고통을 받지 않게 하여 주십시오)* 하였더니 하나님이 그가 구하는 것을 허락하셨더라 (4:10)

2. **(에벧에돔의 언약궤 축복)** 하나님의 궤를 새 **수레에 싣고** …소들이 뛰므로 웃사가…**궤를 붙들었더니…하나님 앞에서 죽으니라** (13:7-10)

- (3개월 동안 궤를 잘 보관함으로) 여호와께서 오벧에돔의 집과 그의 모든

왕하 대상

소유에 복을 내리셨더라 (13:14)

📖 성물(궤 번제단 떡상 등)을 만지지 말라 그들이 죽으리라 …고핫 자손이 멜 것이며 (민4:15) / ☞ 언약궤(궤. 법궤. 증거궤)는 하나님의 지상 임재를 상징하며 십계명 두 돌판과 아론의 싹난 지팡이와 만나가 든 항아리가 보관되어 있다

3. **(여호와께 경배하라)** 여호와와 그의 능력을 구할지어다 항상 그의 얼굴을 찾을지어다*(언제나 그의 얼굴을 찾아 예배하라)* (16:11) **나의 기름 부은 자에게 손을 대지 말며 나의 선지자를***(예언자들을)* **해하지 말라** (16:22) 제물을 들고 그 앞에 들어갈지어다 아름답고 거룩한 것으로 여호와께 경배할지어다 (16:29) 여호와께 감사하라 그는 선하시며 그의 인자하심이 영원함이로다 (16:34)

4. **(다윗의 인구 조사한 죄/ 삼하24:1-25 참조)** 하나님이 이 일(군사력을 더 의존하려고 인구조사한 일)을 악하게 여기사 이스라엘을 치시매 (21:7) 이 재앙(전염병으로 칠만 명이 죽은 일 21:14) 내림을 뉘우치사 (21:15) (아브라함에게 약속한 모리아 산에 있는)오르난의 타작 마당에서…제단을 쌓으라 하신 지라 (21:18) (타작 마당을 그저 취하라는 오르난에게 이르되) **값 없이는 번제를 드리지도 아니하리라** (21:24)

☞ (모리아산) 오르난의 타작 마당에 솔로몬 왕 넷째 해에 솔로몬 성전 건축을 시작하여 7년 후에 준공하다 (대하3:1-3 참조)

5. **(다윗이 신앙을 상속하다)** 너희 하나님 여호와의 모든 **계명을 구하여 지키기로 하라** 그리하면 너희가 이 아름다운 땅을 누리고 너희 후손에게 끼쳐 영원한 기업이 되게 하리라*(길이길이 물려 줄 수 있을 것입니다)* (28:8) 내 아들 솔로몬아 너는 **네 아버지의 하나님을 알고 온전한 마음과 기쁜 뜻으로 섬길지어다 여호와께서는 모든 마음을 감찰하사 모든 의도를 아시나니**

대상

네가 만일 그를 찾으면 만날 것이요 만일 네가 그를 버리면 그가 너를 영원히 버리시리라 (28:9)

6. **(다윗이 솔로몬에게 성전 건축을 지시하다)** 여호와께서 너(솔로몬)를 택하여 성전의 건물을 건축하게 하셨으니 힘써 행할지니라 (28:10) **너는 강하고 담대하게 이 일**(건축)**을 행하라 두려워하지 말며 놀라지***(염려하지)* **말라 네가 성전 공사의 모든 일을 마치기까지...너와 함께 계시사 네게서 떠나지 아니하시고** 너를 버리지 아니하시리라 (28:20)

📖 너(다윗)는 전쟁을 많이 한 사람이라 피를 많이 흘렸으니 내 이름을 위하여 성전을 건축하지 못하리라 하셨느니라 (28:3)

7. **(다윗의 감사기도)** 부와 (존)귀가 주께로 말미암고(부터 나오고) 또 주는 만물의 주재가 되사*(만물을 다스리시며)* 손에 권세와 능력이 있사오니 **모든 사람을 크게 하심과 강하게 하심이 주의 손에 있나이다** (29:12) 우리가 주의 손에서 받은 것으로 주께 드렸을 뿐이니이다 (29:14) (성전을 건축하려고 미리 저축한) 이 모든 물건이 다 주의 손에서 왔사오니 다 주의 것이니이다 (29:16) 나의 하나님이여 주께서 **마음을 감찰하시고 정직을 기뻐하시는 줄을** 내가 아나이다 (29:17)

역대하 [대하] (656쪽)

1. **(하나님의 뜻에 합한 솔로몬의 기도)** 회막 앞에 있는 놋 제단에 솔로몬이 이르러 그 위에 **천 마리 희생으로** (일천)**번제를 드렸더라** (1:6) 그 날 밤에 하나님이 솔로몬에게 나타나 그에게 이르시되 **내가 네게 무엇을 주랴 너는 구하라** 하시니(1:7) **내게 지혜와 지식을 주사 이 백성 앞에서 출입하게 하옵소서** (1:10) (부,재물,영광,원수의 생명,장수도 구하지 아니하고) 오직 내가

네게 다스리게 한 내 백성을 재판하기 위하여 지혜와 지식을 구하였으니 그러므로 **내가 네게 지혜와 지식을 주고 부와 재물과 영광도 주리니 네 전의 왕들도...후에도 이런 일이 없으리라 하시니라** (1:11-12)

2. **(솔로몬 성전에서 기도)** 내 이름으로 일컫는 내 백성이 **그들의 악한 길에서 떠나 스스로 낮추고***(겸손해 져서)* **기도하여** 내 얼굴을 찾으면*(나를 찾고)* **내가 하늘에서 듣고 그들의 죄를 사하고** 그들의 **땅을 고칠지라***(그 땅을 다시 번영시켜 주겠다)* (7:14) → 레이건 대통령 취임식 때에 한 선서 말씀
- 이제 이 곳에서 하는 기도에 내가 눈을 들고 귀를 기울이리니 (7:15) 이는 내가 이미 이 성전을 택하고 거룩하게 하여 내 이름을 여기에 영원히 있게 하였음이라 **내 눈과 내 마음이 항상 여기에 있으리라** (7:16)

대하

3. **(구스의 백만대군이 치러 왔을 때에 아사 왕의 기도)** 힘이 강한 자와 약한 자 사이에는 주밖에 도와줄 이가 없사오니...우리를 도와 주소서...우리가 주를 의지하오며 주의 이름을 의탁하옵고 이 많은 무리를 치러 왔나이다...**사람이 주를 이기지 못하게 하옵소서** (14:11)

☞ 아사 왕은 마아가가 아세라 목상을 만들자 태후의 자리를 폐할 만큼 종교개혁을 철저히 했다 (15:16 참조)

4. **(주를 찾지 않는 자는 죽이기로 맹세하다 15:13)** 온 유다가 **이 맹세를 기뻐한지라** 무리가 마음을 다하여 맹세하고 뜻을 다하여 여호와를 찾았으므로 여호와께서도 그들을 만나 주시고 그들의 사방에 평안을 주셨더라 (15:15)

5. **(여호와를 향하는 자에게 능력을 베푸신다)** 여호와의 눈은 온 땅을 두루 감찰하사 전심으로 자기에게 향하는 자들을 위하여 능력을 베푸시나니 (16:9)

6. (예후가 악한 아합왕을 도운 유다왕을 책망하다) **왕**(유다왕 여호사밧)**이 악한 자**(북 이스라엘의 아합왕)를 (동맹을 맺어)**돕고 여호와를 미워하는 자들을 사랑하는 것이 옳으니이까** (19:2)

☞ 여호사밧 왕이 예후의 책망에 순종하여 2차 종교개혁을 하다

7. **(여호사밧이 아람 전쟁에서 대승하다)** 이 큰 무리(모압 암몬 세일 산 사람들)를 우리가 대적할 능력이 없고…오직 주만 바라보나이다 (20:12) **이 전쟁은** 너희에게 속한 것이 아니요 **하나님께 속한 것이니라** (20:15) 너희 하나님 **여호와를 신뢰하라** 그리하면 견고히 서리라 (20:20) (찬양대를 선봉에 세워) 여호와께 감사하세 그의 인자하심이 영원하도다 (20:21) **노래와 찬송이 시작될 때에** 여호와께서 복병을 두어 (무리들이 서로 치고) 그들이(그 후에 모압 암몬군이) 서로 쳐 죽였더라 (20:22-23)

8. (히스기야는 종교개혁으로 형통하였다) **그**(히스기야)**가 행하는 모든 일**(유월절 회복. 우상 파괴. 성전 봉사직과 십일조 정비 등 종교개혁) **곧** 하나님의 전에 **수종드는 일에나 율법에나 계명에나** 그의 하나님을 찾고 한 마음으로 행하여 **형통하였더라** (31:21)
- (히스기야 왕이)**이사야와 더불어 하늘을 향하여 부르짖어 기도하였더니** 여호와께서 한 천사를 보내어…(이 밤에… 앗수르 진영에서 군사 18만5천명을 친지라…다 송장이 되었더라 왕하19:35) 멸하신지라 (32:20-21)

☞ 산헤립이 낯이 뜨거워 그의 고국으로 돌아갔으나 그의 신전에서 제사중 아들들에게 살해되었다.

9. **(므낫세의 회개로 회복)** 그가 환난을 당하여(바벨론 포로로 끌려가) …**여호와께 간구하고…크게 겸손하여 기도하였으므로…**예루살렘에 돌아와서 **다시 왕위에 앉게 하시매** 므낫세가 그제서야 **여호와께서 하나님이신 줄을**

알았더라(33:12-13)

10. **(요시야가 발견한 언약책의 말씀에 순종하다)** 마음을 다하고 목숨을 다하여 여호와를 순종하고 그의 계명과 법도와 율례를 지켜 **이 책에 기록된 언약의 말씀을 이루리라**(34:31)

> 📖 (요시야)왕이 율법책의 말을 듣자 곧 그의 옷을 찢으니라 (왕하 22:11) /
> ※ 여호수아 에스라 욥 르우벤 엘리사 요시야 왕도 자기의 옷을 찢고 속죄함

대하
스

에스라 [스] (710쪽)

1. **(예언을 성취한 포로 귀환 칙령)** 예레미야의 입을 통해 하신 말씀(렘29:10)을 이루게 하시려고 **바사 왕 고레스의 마음을 감동시키시매** 그가 온 나라에 공포도 하고 조서도 내려 이르되 (1:1) **이스라엘의 하나님은 참 신이라** 너희 중에 그의 백성 된 자는 다 유다 예루살렘으로 올라가서 이스라엘의 하나님 여호와의 성전을 건축하라 그는 예루살렘에 계신 하나님이시라 (1:3)

> 📖 (포로된)바벨론에서 칠십 년이 차면…이곳으로 돌아오게 하리라 (렘29:10)

2. **(바사 왕들의 성전 건축 조서)** (하나님의 명령과 바사 왕 **고레스와 다리오와 아닥사시다**의 조서를 따라) 성전을 건축하며 일을 끝내되(20년 만에 끝내고) (6:14) 성전 봉헌식을 행하니 (6:16) 이레 동안 무교절을 지켰으니…앗수르 왕(바사왕 다리오)의 마음을 돌려…성전 건축하는 손을 힘 있게 하도록 하셨음이었더라 (6:22)

> 📖 (다리오 왕은) 성전 금,은 그릇들을 돌려보내어(6:5) 공사를 막지 말고 (6:7)

3. **(백성의 죄를 회개한 에스라의 기도)** 하나님이여 (잡혼으로) **내가 부끄럽고**

낯이 뜨거워서 감히 나의 하나님을 향하여 얼굴을 들지 못하오니 **이는 우리 죄악이 많아 정수리에 넘치고**(*우리가 지은 죄는, 우리 스스로가 감당할 수 없을 만큼 불어났고,*) 우리의 허물이 커서 하늘에 미침이니이다 (9:6)

📖 (에스라는 회개하고 율법대로) 이방인 아내와 자녀를 내쫓는다 (10:1-11요약)

느헤미야 [느] (726쪽)

1. **(신앙의 승리)** 우리 하나님이 우리를 위하여 싸우시리라 (4:20)

2 **(율법책의 낭독)** 책을 펼 때에 모든 백성이 일어서니라(8:5) 백성이 율법의 말씀을 듣고 다 우는지라(8:9) 여호와로 인하여 기뻐하는 것이 너희의 힘이니라(8:10)

3. **(언약을 주시다)** 시내산에 강림하시고…하늘에서부터 그들과 말씀하사 **정직한**(*바른*) **규례**(율법의 세부사항)와 **진정한**(*참된*) **율법**(하나님의 뜻이 기록된 율법: 토라)과 **선한**(*좋은*) **율례**(규례에 의무와 약속의 세부 사항에 법도를 가미)와 **계명**(모세가 호렙에서 받은 십계명)을 그(유다 백성)들에게 주시고 (9:13)

4. **(용서의 하나님이시라)** 그러나 **주께서는 용서하는 하나님이시라** 은혜로우시며 긍휼히 여기시며 더디 노하시며 인자가 풍부하시므로 그들을 버리지 아니하셨나이다 (9:17)

에스더 [에] (750쪽)

1. **(모르드개가 왕후에게 구원을 청하다)** 이 때에(하만이 유다인을 멸하려 할 때에) 네(왕후 에스더)가 만일 잠잠하여 말이 없으면 **유다인은 다른 데로 말미**

암아 놓임과 구원을 얻으려니와 너와 네 아버지 집은 멸망하리라 **네가 왕후의 자리를 얻은 것이 이 때를 위함이 아닌지 누가 알겠느냐** 하니 (4:14)

☞ 유다 민족 멸절의 위기 앞에 먼저 금식하며 연합하여 부르짖고 목숨을 건 희생적 믿음으로 하나님의 역사를 경험한다

2. **(죽으면 죽으리이다)** 나도 나의 시녀와 더불어 이렇게(밤낮 삼일을) 금식한 후에 규례를 어기고 (아하수에로)왕에게 나아가리니 **죽으면 죽으리이다** 하니라 (4:16)

3. **(부림절을 지켜라)** **이** 두 날(아달월 14.15일)을 지켜 **잔치를 베풀고 즐기며 서로 예물을 주며 가난한 자를 구제하라** (9:22)

☞ 부림절은 에스더와 모르드개의 협치로 하만의 유다인 몰살 계략을 막고 대적을 처형하고 유다인이 구원 받은 것을 기념하는 날이다

4. **(모르드개가 유다인을 안위하다)** 모르드개가 아하수에로 왕의 다음이 되고 유다인 중에 크게 존경받고 그의 허다한 형제에게 사랑을 받고 그의 백성의 이익을 도모하며 그의 모든 종족을 안위하였더라 (10:3)

욥기 [욥] (761쪽)

1. **(의인 욥도 고난을 받다)** **그와 같이 온전하고 정직하여 하나님을 경외하며 악에서 떠난 자는 세상에 없느니라** (1:1, 8) 내가 그의(동방에서 으뜸가는 부자 욥의) 소유물을 다 네(사탄) 손에 맡기노라 (1:12)

☞ 고난은 죄 때문이 아니라 자신의 연약함과 무지를 깨닫게 하는 절대 주권자의 섭리이기도 하다

에
욥

2. **(욥의 고백과 찬양)** **욥이 자녀와 재산을 다 잃다** (1:13-19 요약) 주신 이도 여호와시요 **거두신 이도 여호와시오니 여호와의 이름이 찬송을 받으실지니이다** 하고 (1:21) (하나님을 욕하고 죽으라는 아내의 말에) 우리가 하나님께 복을 받았은즉 화도 받지 아니하겠느냐 하고 이 모든 일에 욥이 입술로 범죄하지 아니하니라 (2:10)

3. **(징계는 복이다 / 엘리바스의 충고)** 볼지어다 하나님께 징계 받는 자에게는 복이 있나니 그런즉*(그러니)* 너는 전능자의 징계를 업신여기지 말지니라 *(훈계를 거절하지 말아라)* (5:17) 하나님은 아프게 하시다가 싸매시며 상하게 하시다가 그의 손으로 고치시나니*(손수 낫게도 해주신다)* (5:18)

4. **(나중에는 크게 될 것이다/ 빌닷의 위로)** **네 시작은 미약하였으나 네 나중은 심히 창대하리라***(크게 될 것이다)* (8:7)

☞ 어설픈 위로는 상처만 남긴다

5. **(하나님과 화목하라/ 엘리바스의 말)** **너는 하나님과 화목하고 평안하라** 그리하면 복이 네게 임하리라*(너에게 은총을 베푸실 것이다)* (22:21) 너는 그에게 기도하겠고 그는 들으실 것이며 너의 서원을 네가 갚으리라 (22:27) **네가 무엇을 결정하면 이루어질 것이요 네 길에 빛이 비치리라** (22:28)

📖 하나님과의 관계를 회복함으로 세상의 모든 문제가 해결된다 (풀마이어)

6. **(주는 내가 가는 길을 아신다)** 내가 가는 길을 그가 아시나니 그가 나를 단련하신 후에는 내가 순금같이 되어 나오리라 (23:10)

📖 최악의 고통을 겪어봐야 좋은 작품을 쓸 수 있다 (존밀턴/ 실낙원)

7. **(주를 경외함이 지혜요)** 또 사람에게 말씀하셨도다 보라 **주를 경외함이 지혜요** 악을 **떠남이**(멀리하는 것이) **명철**(슬기)**이니라** (28:28)

📖 교훈을 따르면 복이 뒤따르고 충고를 물리치면 재앙이 뒤따른다 (탈무드)

8. **(현현하신 하나님)** 무지한 말로 생각을 어둡게 하는 자가 누구냐 (38:2) 네가 번개를 보내어 가게(*번쩍이게*) 하되 **번개**가 네게(*와서*) 우리가 여기 있나이다 하게 하겠느냐 (38:35)

※ 영감을 받아 전파를 발견한 구절

9. **(욥의 회개)** **주께서는 못 하실 일이 없사오며 무슨 계획이든지 못 이루실 것이 없는 줄 아오니**(*저는 깨달았습니다*) (42:2) 나는 깨닫지도 못한 일을 (*함부로*)말하였고 스스로 알 수도 없고 헤아리기도 어려운 (*신기한*)일을 말하였나이다 (42:3) 귀로 듣기만 하였사오나 이제는 눈으로 주를 뵈옵나이다 (42:5) *제 주장을 거두어들이고…회개합니다* (42:6)

10. **(갑절의 축복을 주셨다)** 욥이 **그의 친구들을 위하여 기도할 때**(*용서해 달라고 기도를 드리고 난 다음에*) 여호와께서 **욥의 곤경을**(*재산을*) **돌이키시고** **여호와께서 욥에게 이전 모든 소유보다 갑절이나 주신지라** (42:10)

시편 [시] (805쪽)

1. **(참된 행복)** **복 있는 사람은** 악인들의 꾀를 따르지 아니하며 **죄인들의 길에 서지** 아니하며 오만(거만)한 자들의 자리에 앉지 아니하고 **오직 여호와의 율법을 즐거워하여 그의 율법을 주야로 묵상하는도다** (1:1-2) 그는 시냇가에 심은 나무가 철을 따라 열매를 맺으며 그 잎사귀가 마르지 아니함 같

욥
시

으니 그가 하는 모든 일이 다 형통하리로다*(하는 일마다 잘 될 것이다)* (1:3) 악인들의 길은 망하리로다 (1:6)

📖 여호와를 경외함으로 섬기고 떨며 즐거워할지어다 (2:11)

2. **(아들 압살롬을 피할 때에)** 천만인*(천만대군)*이 나를 에워싸 진 친다 하여도 나는 두려워하지 아니하리이다 (3:6) 구원은 여호와께 있사오니 주의 복을 백성에게 내리소서 (3:8)

📖 주 여호와는 나의 힘이시며 나의 노래시며 나의 구원이심이라 (사12:2)

3. **(새벽 기도)** **아침에 주께서 나의 소리를 들으시리니** 아침*(새벽)*에 내가 주께 기도하고 바라리이다 (5:3)

📖 (온 갈릴리에 전도하러 떠나시면서) 새벽 아직도 밝기 전에 예수께서 일어나 나가 한적한 곳으로 가사 거기서 기도하시더니 (막1:35)/ 아침에 나로 하여금 주의 인자한 말씀을 듣게 하소서 (143:8)

4. **(하나님은 의인의 편이시다)** 어리석은 자는 그의 **마음에 이르기를***(마음 속으로)* 하나님이 없다 하는도다 그들은 **부패하고 그 행실이 가증하니***(한결같이 썩어서 더러우니)* 선*(바른 일)*을 행하는 자가 *(하나도)* 없도다 (14:1.3,롬3:12) *(하나님은 의인의 편이시니, 행악자가 크게 두려워한다)* (14:5)

5. **(생명의 길을 보이시리라/ 다윗의 금언시)** 하나님이여 나를 지켜주소서 **내가 주께 피하나이다** (16:1) **주는 나의 주님이시오니 주 밖에는 나의 복이 없다…성도들은 존귀한 자들이니…***(나의 기쁨이다)* (16:2-3) 내가 여호와를 항상 내 앞에 모심이여 그가 나의 오른쪽에 계시므로 내가 흔들리지 아니하리로다 (16:8) 주께서 **생명의 길을 내게 보이시리니***(보여 주시며)* **주의 앞에는 충만한 기쁨이 있고***(주님을 모시고 사는 삶에는 기쁨이 넘칩니다)* **주의**

시

오른쪽에는 영원한 즐거움이 있나이다 (16:11)

6. **(눈동자 같이 보호하리라)** 주의 기이한 사랑을 나타내소서 (17:7) **나를** *(주님의)***눈동자 같이 지키시고** 주의 날개 그늘 아래에 감추사 (17:8)
- 주께서 **나의 등불을 켜심이여***(밝히시며)* 여호와 내 하나님이 내 흑암*(어둠)*을 밝히시리이다 (18:28) 하나님의 도는 완전하고 여호와의 말씀은 순수하니*(티도 없다)* 그는 **자기에게 피하는** 모든 자의 방패시로다 (18:30, 삼하22:31)

7. **(선한 율법 찬양)** 여호와의 **율법***(교훈)*은 완전하여 영혼을 소성시키며*(사람에게 생기를 북돋우어 주고)* 여호와의 **증거**는 확실하여 우둔한*(어리석은)* 자를 지혜롭게 하며 여호와의 교훈은 정직하여 마음을 기쁘게 하고 여호와의 **계명**은 순결*(순수)*하여 눈을 밝게 하시도다 (19:7-8)
- 또 주의 종이 이것*(그 교훈)*으로 경고를 받고 이것을 지킴으로 상이 크니이다 (19:11) **내 입의 말과 마음의 묵상***(생각)***이 주님 앞에 열납되기를***(주님의 마음에 들기를)* **원하니이다** (19:14)

8. **(승리를 위한 기도)** 네 마음의 소원대로 허락하시고 네 모든 계획을 이루어 주시기를 원하노라 (20:4)

☞ 주여 (내가 알지 못하는 것을)깨닫게 하시고 생각나게 하시고 보여 주옵소서

9. **(메시야의 수난 예언)** **하나님이여 어찌 나를 버리셨나이까** (22:1)내가 날 때부터 (주께) 맡긴 바(몸이) 되었고 **모태에서 나올 때부터 주는***(주님만이)* **나의 하나님이 되셨나이다** (22:10) 나를 멀리하지 마옵소서 환난이 가까우나 도울 자 없나이다 (22:11) (수난으로) 내가 내 모든 뼈를 셀수 있나이다 (22:17)

10. **(나의 선한 목자시다)** 여호와는 나의 목자시니 내게 부족함이 없으리로다 그가 나를 푸른 풀밭에 누이시며 쉴 만한 물가로 인도하시는도다 (23:1-2)

시

내 영혼을 소생시키시고 자기 이름을 위하여 의의*(바른)* 길로 인도하시는도다 (23:3)
- 내가 사망의 음침한 골짜기로 다닐지라도 해를 두려워하지 않을 것은 **주께서 나와 함께 하심이라** 주의 (긴)지팡이와 (짧은)막대기가 나를 안위하시나이다 (23:4) 주께서 내 원수의 목전에서*(보는 앞에서)* **내게** *(잔칫)***상을 차려** 주시고 기름을 **내 머리에 부으셨으니***(귀한 손님으로 맞아 주시니)* **내 잔이 넘치나이다** (23:5)

11. **(인도와 도움을 구하는 기도)** 여호와여 주의 도*(길)*를 내게 보이시고 **주의** *(내가 마땅히 가야 할 그)* 길을 내게 가르치소서 (25:4) 주의 진리로 나를 지도하시고 교훈하소서 주는 **내 구원의 하나님이시니 내가 종일 주를 기다리나이다** (25:5)

📖 여호와여 나를 살피시고 시험하사 내 뜻과 내 양심을 단련하소서 (26:2)

시

12. **(내가 누구를 무서워하리요)** **여호와는 나의 빛이요 나의 구원이시니 내가 누구를 두려워하리요** 여호와는 내 생명의 능력*(피난처)*이시니 **내가 누구를 무서워하리요** (27:1)
- 내 평생에 여호와의 집에 살면서 **여호와의 아름다움***(자비로운 모습)*을 **바라보며** 그의 성전에서 **사모하는***(의논하면서 사는)* **그것이라** (27:4) **내 부모는 나를 버렸으나** 여호와는 나를 **영접하시리이다***(돌보아 주십니다)* (27:10)

13. **(대자연을 다스리는 자)** 너희 권능*(권세)*있는 자들아 **영광과 능력***(권능)*을 **여호와께 돌리고 돌릴지어다** (29:1) **여호와께 그의 이름에 합당한 영광을 돌리며 거룩한 옷을 입고 여호와께 예배할 지어다***(주님 앞에 꿇어 엎드려라)* (29:2) 그의 노염은*(진노는)* 잠깐이요 그의 은총은 평생*(영원)* 이로다...아침에는 기쁨이 오리로다 (30:5)

14. **(인생을 살피신다)** **나의 앞날이 주의 손에 있사오니** 내 원수들과 나를 핍박하는 자들의 손에서 나를 건져주소서 (31:15) **여호와의 계획은 영원히 서고 그의 생각은 대대에 이르리로다** (33:11) 여호와께서 하늘에서 굽어보사 모든 인생을 살피심이여 (33:13) *(마음을 지으신 분)* **그들이 하는 일을** 굽어살피시는 이로다 (33:15)

15. **(죄는 자복해야 한다)** 내 허물을 여호와께 자복하리라 하고 주께 내 죄를 아뢰고 내 죄악을 숨기지 아니하였더니 곧 주께서 내 죄악을 사하셨나이다 (32:5) 내가 네 갈 길을 가르쳐 보이고 너를 주목하여 훈계*(조언)*하리로다 (32:8)

16. **(낙심한 사람을 구원하신다)** 내가 여호와께 간구하매 내게 응답하시고 내 모든 두려움에서 나를 건지셨도다 (34:4) **이 곤고한***(비천한)* **자가 부르짖으매 여호와께서 들으시고 그의 모든 환난***(온갖 재난)***에서 구원하셨도다** (34:6) 너희는 여호와의 선하심을 맛보아 알지어다 그에게 피하는 자는 복이 있도다…그(여호와)를 경외하는 자에게는 부족함이 없도다 여호와를 찾는 자는 모든 좋은 것에 부족함이 없으리로다 (34:8-10)

- 여호와는 마음이 상한 자를 가까이 하시고 충심으로 통회하는 자를*(낙심한 사람을)* 구원하시는도다 (34:18) **의인은 고난이 많으나 여호와께서 그의 모든 고난에서 건지시는도다** (34:19)

17. **(의인의 형통과 악인의 멸망)** 악을 행하는 자들 때문에 불평하지 말며 불의를 행하는 자들을 *(잘 산다고)* 시기하지 말지어다 (37:1) 여호와를 의뢰*(주님만 의지)*하고 선을 행하라 땅에 머무는*(사는)* 동안 그의 성실을 먹을거리로 삼을지어다*(성실히 살아라)* (37:3) 또 여호와를 기뻐하라*(기쁨은 오직 주님에게서 찾으라)* 그가 네 마음의 소원을 네게 이루어 주시리로다*(들어주신다)* (37:4, 엡5:10 참조)

- 네 (갈)길을 여호와께 맡기라 그를 의지하면 그가 이루시고*(이루어 주실 것*

이다) (37:5) 네 의를 빛*(과)* 같이 네 공의를 정오의 빛 같이 하시리로다*(한 낮의 햇살처럼 빛나게 하실 것이다)* (37:6) 분을 그치고 노를 버리며 불평하지 말라 오히려 악을 만들 뿐이라 (37:8) 여호와를 소망하는(온유한 37:11) 자들은 땅을 차지하리로다 (37:9)

18. **(의인의 후손은 번창한다) 여호와께서 사람의 걸음**(삶)**을 정**(든든하게 인도) **하시고 그의 길을 기뻐하시나니** 그(의인)는 넘어지나 아주 엎드러지지 아니함은 그의 손으로 붙드심이로다 (37:23-24) **의인이 버림을 당하거나 그의 자손이 걸식함을 보지 못하였도다** (37:25) 그의 **마음에는 하나님의 법이** 있으니 그의 *(발)*걸음은 실족함이 없으리로다 (37:31) 여호와를 바라고*(기다리라)* 그의 *(법)*도를 지키라 그리하면 네가 땅을 차지하게 하실 것이다 (37:34)

19. **(기다린 다음에 응답된다) 나의 소망은 주께 있나이다** (39:7) 내가 여호와를 기다리고 기다렸더니 귀를 기울이사 나의 부르짖음을 들으셨도다 (40:1) 주는 나의 도움이시요 나를 건지시는 이시라 (40:17)

☞ 하나님께서 은혜를 베풀실 때까지 오래 참아 기다려야 한다

20. **(병을 고쳐 주세요)** 가난한 자를 보살피는 자에게 복이 있음이여*(가난하고 힘없는 사람을 돌보는 사람은 복이 있다)* **재앙의 날에** 여호와께서 그를 건지시리로다 (41:1) 그를 지키사 살게 하시리니 (41:2) 여호와께서 **그를 병상에서 붙드시고***(돌보시며)* 그가 누워 있을 때마다 **그의 병을 고쳐 주시나이다** (41:3)

📖 긍휼이 여기는 자는 복이 있나니(자비한 사람은 복이 있다) (마5:7)

21. **(하나님께 소망을 두라)** 내 영혼아 네가 어찌하여 낙심하며 어찌하여 내 속에서 불안해 하는가 **너는 하나님께 소망을 두라** 그가 나타나 도우심으로 말미암아 내가 여전히 찬송하리로다 (42:5.11) (43:5)

22. **(환난 때에 하나님을 부르라)** 하나님은 우리의 피난처시요 힘이시니 환난 중에 만날 큰 도움이시라 (46:1) **환난**(*재난*) **날에 나를 부르라 내가 너를 건지리니 네가 나를 영화롭게 하리로다** (50:15) 감사로 제사를 드리는 자가 나를 영화롭게 하나니 **그의 행위를 옳게 하는**(*올바른 길을 걷는*) 자에게 내가 하나님의 구원을 보이리라 (50:23)

📖 너희는 가만히 있어 내가 하나님 됨을 알지어다 (46:10)

23. **(밧세바 불륜 사건에 참회)** 내 죄과(밧세바와 불륜)를 아오니 내 죄가 항상 내 앞에 있나이다 (51:3) 주께서는 중심이 진실함을 원하시오니…(51:6) **내 속에 정**(*깨끗*)**한 마음을 창조하시고 내 안에 정직한 영을**(*내 속을 견고한 심령으로*) **새롭게 하소서** (51:10) 나를 주 앞에서 쫓아내지 마시며 **주의 성령을 내게서 거두지 마소서**(51:11) 피 흘린(우리아를 죽게 한) 죄에서 나를 건지소서 (51:14) 하나님께서 구(*원*)하시는 제사(*제물*)는 **상한**(*찢겨진*) **심령이라** (51:17)

24. **(네 짐을 여호와께 맡기라)** **네 짐을 여호와께 맡기라** 그가 너를 붙드시고 의인의 요동함을(*망하도록*) 영원히 허락하지 아니하시리로다 (55:22)

25. **(절망적 순간에도 하나님만 의지하리라)** 내가 하나님을 의지하였은즉 두려워하지 아니하리니…**사람이 내게 어찌하리이까** (56:4)

- **나의 눈물을 주의 병**(*가죽부대*)**에 담으소서** (56:8) 이것으로(*내가 주님를 부르면, 원수들이 뒷걸음쳐 물러갈 것입니다*) 하나님이 내 편이심을 내가 아나이다 (56:9) 내 영혼이 주께 피하되 주의 날개 그늘 아래서 **이 재앙들이 지나가기까지 피하리이다** (57:1)

26. **(하나님만 바라라)** 나의 영혼아 잠잠히 하나님만 **바라라**(*기다려라*) 무릇 나

시

의 소망이*(희망은)* 그로부터 나오는도다 (62:5) 권능*(권세)*은 하나님께 속하였다 하셨도다 (62:11) 주께서 각 사람이 행한 대로 갚으심이니이다 (62:12) - **그는 우리 영혼을 살려 두시고** 우리의 실족함을 허락하지 아니하시는 주시로다 (66:9) 우리가 불과 물을 통과하였더니 주께서 우리를 끌어내사 *(건지셔서)* 풍부한 곳에 들이셨나이다 (66:12) **내가 나의 마음에 죄악을 품었더라면 주께서 듣지 아니하시리라** (66:18)

27. **(소망을 갖되 크게 가져라)** 나는 항상 소망을 품고 주를 더욱더욱 찬송하리이다 (71:14) 나를 더욱 창대하게 하시고 돌이키사 나를 위로하소서 (71:21) 그가 가난한 백성의 억울함을 풀어 주며 궁핍한 자의 자손을 구원하며 압박하는 자를 꺾으리로다 (72:4) **내 육체와 마음은 쇠약하나 하나님은 내 마음의 반석이시요 영원한 분깃이시라** (73:26) **하나님께 가까이함이 내게 복이라** (73:28) **내 음성으로 하나님께 부르짖으면 내게 귀를 기울이시리로다** (77:1) (애굽 땅에서 인도하여 낸) 네 하나님이니 **네** (은혜, 구원, 기도, 소망의)**입을 크게 열라***(벌려라)* **내가 채우리라***(마음껏 먹여 주겠다)* (81:10)

28. **(예배의 기쁨/ 성전 예찬가)** 주의 궁정에서 한 날이 다른 곳에서 천 날보다 나은즉...(84:10) **여호와께서 은혜와 영화를 주시며 정직하게 행하는 자에게 좋은 것을 아끼지 아니하실 것임이니이다** (84:11)

29. **(내게 은혜를 베푸소서)** 주는 긍휼히 여기시며 은혜를 베푸시며 노하기를 더디 하시며 인자와 신실이 풍성하신 하나님이시오니 (86:15) 내게로 돌이키사*(얼굴을 돌려 주시고)* 내게 은혜를 베푸소서 주의 종에게 힘을 주시고 주의 여종의 아들을 구원하소서 (86:16) **은총의 표적을 내게 보이소서**...여호와여 주는 나를 돕고 위로하시는 이시니이다 (86:17)

📖 **(길을 찾는 기도/ 비탄시)** 나의 기도가 주 앞에 이르게 하시며 나의 부르짖음에 주의 귀를 기울여 주소서 (88:2) 내가 매일 주를 부르며 주를 향하여 나의 두 손을 들었나이다*(들고 기도하였습니다)* (88:9)

30. (순식간의 인생이다) (주님께서 노하시면) **우리의 평생이 순식간에 다하였나이다** 우리의 연수가 칠십이요 강건하면 팔십이라도 그 연수의 자랑은 수고와 슬픔뿐이요 신속히 가니*(빠르게 지나가니)* 우리가 날아가나이다 (90:9-10) 우리에게 **우리 날 계수함**(*세는 법* /인생이 얼마나 짧은지)**을 가르치사** 지혜로운 마음을 얻게 하소서 (90:12)

31. (이 재앙에서 건지서소) 지존자의 은밀한 곳(은신처)**에** 거주하며 전능자의 **그늘 아래 사는 자여**...그는 나의 피난처요 나의 요새요 내가 의뢰하는*(의지할)* 하나님이라 하리니 이는 **그가 너를 새 사냥꾼의 올무에서와 심한 전염병에서 건지실 것임이로다** (91:1-3)

- 그가 너를 그의 깃으로 덮으시리니 네가 그의 날개 아래에 피하리로다 그의 진실함은 방패와 손 방패가 되시나니 (91:4) 천 명이 네 왼쪽에서, 만 명이 네 오른쪽에서 엎드러지나 **이 재앙이 네게 가까이 하지 못하리로다** (91:7)

32. (환난 날에 함께하소서) 여호와는 나의 피난처시라 하고 **지존자를***(가장 높으신 분을)* **너의 거처로 삼았으므로** (91:9) 그가 너를 위하여 그의 천사들을 명령하사 네 모든 길에서 너를 지키게 하심이라 (91:11)

- 하나님이 이르시되 그가 나를 사랑한즉 내가 그를 건지리라 그가 내 이름을 안즉 내가 그를 높이리라 (91:14) **그가 내게 간구하리니 내가 그에게 응답하리라** 그들이 환난 당할 때에 내가 그와 함께하여 그를 건지고 영화롭게 하리라 (91:15) 내가 그를 장수하게 함으로 그를 만족하게 하며 나의 구원을 그에게 보이리라 하시도다 (91:16)

33. (주님께 예배) 주로부터 **징벌**을 받으며*(주님께서 꾸짖으시고)* 주의 법으로 **교훈하심**을 받는 자가 **복이** 있나니 (94:12) 여호와여 나의 발이 미끄러진다고 말할 때에 **주의 인자하심이** *(사랑이)* **나를 붙드셨사오며** 내 속에 근심이 많을 때에 **주의 위안이 내 영혼을 즐겁게** 하시나이다 (94:18-19)

- 오라 **우리가 굽혀 경배하며** 우리를 지으신 여호와 앞에 무릎을 꿇자 그는 우리의 하나님이시요 우리는 그가 기르시는 백성이며 그의 손이 돌보시는 양이기 때문이라*(그가 손수 이끄시는 양 떼다)* (95:6-7)

34. **(감사의 시)** 온 땅이여 **여호와께 즐거운 찬송을 부를지어다** 기쁨으로 여호와를 섬기며 노래하면서 그의 앞에 나아갈지어다 (100:1-2) 그는 우리를 지으신 이요 **우리는 그의 것이니 그의 백성이요** 그의 기르시는 양이로다 (100:3) 감사함으로 그의 문에 들어가며 찬송함으로 그의 궁정에 들어가서 **그에게 감사하며 그의 이름을 송축***(찬양)***할지어다** 여호와는 선하시니 그의 인자하심이 영원하고 그의 성실하심이 대대에 이르리로다 (100:4-5)

35. **(빈궁한 자의 기도)** 여호와께서 **빈궁한***(헐벗은)* **자의 기도**를 돌아보시며 그들의 기도를 멸시하지 아니하셨도다 (102:17) 이 일이 장래 세대를 위하여 기록되리니…*(다음세대가 읽도록 주님께서 하신 일을 기록하여라)* (102:18)

36. (주님의 놀라운 사랑)) 그가 네 모든 **죄악을 사하시며** 네 모든 **병을 고치시며** 네 생명의 파멸에서 속량하시고 인자와 긍휼로 **관을 씌우시며***(단장하여 주시며)* **좋은 것으로 네 소원을 만족하게 하사 네 청춘***(젊음)***을 독수리 같이***(처럼)* **새롭게** 하시는도다*(해 주시는 분이시다)* (103:3-5)

- **인생은 그 날이 풀과 같으며 그 영화가 들의 꽃과 같도다***(같아,)* (103:15) 바람이 지나가면 없어지나니…(103:16) 곧 그의 언약을 지키고 그의 법도를 기억하여 행하는(따르는) 자에게로다*(이를 것이다)* (103:18)

시

37. **(교만과 겸손은 순환된다)** 그가 그의 말씀을 보내어 그들을 고치시고*(단 한 마디 말씀으로 그들을 고쳐 주시고)* 위험한 지경(구렁)에서 건지시는도다 (107:20) **또 복을 주사 그들이 크게 번성하게 하시고...** 다시 압박과 재난과 우환을 통하여... 낮추시는도다 (107:38-39)

☞ 겸손하여 복을 누리다가 다시 교만하여지면 초라하게 낮추신다

38. **(대적을 해도 너는 기도하라)** 나는 사랑하나 그들은 도리어 나를 대적(고발)하니 나는 기도할 뿐이라 (109:4)

📖 나는 이제 너 없이도 너를 좋아 할 수 있다 (시인 나태주)

39. **(즐거이 헌신/ 다윗의 메시야 통치 예언 시)** **주의 권능의 날에** 주의 백성이 거룩한 옷을 입고 **즐거이 헌신하니** 새벽 이슬 같은*(맺히듯이)* 주의 청년들이 주께 나오는도다(모여들 것입니다) (110:3)

40. **(여호와를 경외하는 자는 복이 있다)** 여호와를 경외하며 그의 계명을 크게 즐거워하는 자는 복이 있도다 (112:1)

- 부와 재물이 그(정직한 자들)의 집에 있음이여 그의 공의가 영구히 서 있으리로다 **정직한 자들에게는 흑암 중에 빛이 일어나나니** 그는 자비롭고 긍휼이 많으며 의로운 이로다 (112:3-4)

- **은혜를 베풀며 꾸어주는 자는 잘되나니 그 일을 정의로***(공평하게)* **행하리로다** (112:5)

📖 의인의 정의 ① 정직한 자(4절) ② 은혜를 베풀며 꾸어 주는 자(5절) ③ 여호와를 의뢰하는 자(7절) ④ 재물을 흩어 빈궁한 자에게 나누어 주는 자(9절)/ 의를 위하여 고난을 받으면 복 있는 자니(벧전3:14)

41. **(여호와께서 복을 주시리라)** 높은 사람이나 낮은 사람을 막론하고 **여호와**

를 경외하는 자들에게 복을 주시리로다 (115:13) **너희는** 천지를 지으신 여호와께 **복을 받는 자로다** (115:15)

📖 내 음성과 내 간구를 들으시므로 내가 그를 사랑하는도다 (116:1)

42. **(여호와는 내 편이시라)** 내가 고통 중에 여호와께 부르짖었더니 여호와께서 응답하시고 나를 넓은 곳에 세우셨도다 (118:5) **여호와는** (나를 돕는 자들 중에 계시니 118:7)**내 편이시라** 내가 두려워하지 아니하리니 사람이 내게 어찌할까*(무슨 해를 끼칠 수 있으랴)* (118:6)

- 여호와는 나의 능력과 찬송이시요 또 나의 구원이 되셨도다 (118:14) **내가 죽지 않고 살아서 여호와께서 하시는 일을 선포하리로다** (118:17)

43. **(버린 돌이 머릿돌이 되다)** 건축자가 버린 돌(멸시 천대 받는 사람/예수)이 집 **모퉁이의 머릿돌**(귀한 사람)이 되었나니 이는*(이것은)* 여호와께서 행하신 것이요 (그래서)우리 눈에 기이한 바로다 (118:22-23)

- **이 날은***(안식일은)* **여호와께서 정하신 것***(구별해 주신 날)***이라 이 날에 우리가 즐거워하고 기뻐하리로다** (118:24)

44. **(율법 준행을 다짐하다)** 행위가 온전하여 여호와의 **율법을 따라 행하는 자들은 복이 있음이여** 여호와의 증거들을 지키고 전심으로 여호와를 구하는 자는 복이 있도다 (119:1-2) 청년이 무엇으로 그의 행실을 깨끗하게 하리이까 주의 말씀만 지킬 따름이니이다 *(말씀을 지키는 길, 그 길 뿐입니다)* (119:9) 내가 **주께 범죄하지 아니하려** 하여 **주의 말씀을 내 마음에 두었나이다** (119:11)

📖 나로 하여금 깨닫게 하여 주소서 내가 주의 법을 준행하며 전심으로 지키리이다 (119:34)/ 죄가 우리를 성경으로부터 멀어지게 하거나 성경이 우리를 죄로부터 멀어지게 할 것이다 (무디)

시

45. **(고난도 유익이라)** 이 말씀은 나의 고난 중의 위로라 (119:50) 고난 당하기 전에는 내가 그릇 행하였더니 이제는 주의 말씀을 지키나이다 (119:67) 고난 당한 것이 내게 **유익이라** 이로 말미암아*(그 고난 때문에)* 내가 주의 율례들을 배우게 되었나이다 (119:71)

46. **(주의 말씀은 내 길에 빛이니이다)** 내가 주의 법을 어찌 그리 사랑하는지요 내가 그것을 종일 작은 소리로 읊조리나이다 (119:97) **주의 계명들이** 항상 나와 함께 하므로 그것들이 나를 원수 보다 지혜롭게 하나이다 (119:98)

- 주께서 나를 가르치셨으므로 내가 주의 규례들에서 떠나지 아니하였나이다 **주의 말씀의 맛이 내게 어찌 그리 단지요 내 입에 꿀보다 더 다니이다** 주의 법도들로 말미암아 내가 명철하게 되었으므로 모든 거짓 행위를 미워하나이다 (119:102-104)

- **주의 말씀은 내 발에 등이요 내 길에 빛이니이다** 주의 의로운 규례들을 지키기로 맹세하고 굳게 정하였나이다 (119:105-106) 내가 주의 계명들을 금 곧 **순금보다 더 사랑하나이다** (119:127)

- 주의 법을 사랑하는 자에게는 큰 평안이 있으니 **그들에게 장애물이 없으리이다** (119:165)

47. **(여호와는 너를 지키는 자이다/ 축복기도)** 내가 (시온)산을 향하여 눈을 들리라 **나**의 도움이 어디서 올까 (121:1) **나**의 도움은 천지를 지으신 여호와에게서로다*(주님에게서 온다)*(121:2) 여호와께서 **너를 실족하지 아니하게 하시며***(네가 헛발을 디디지 않게 지켜 주신다)* **너**를 지키시는 이가 졸지 아니하시리로다 (121:3) 여호와는 **너를 지키시는 이시라** (121:5) 여호와께서 **너를 지켜 모든 환난을 면하게 하시며 또 네 영혼***(생명)***을 지키시리로다** 여호와께서 **너의 출입을 지금부터 영원까지 지키시리로다** (121:7-8)

☞ 밑줄 친 글자(나, 너...)를 자녀 이름나 교회 명 등으로 바꾸어 축복 기도할 수 있다

48. **(올무에서 벗어나다)** 우리의 영혼이 사냥꾼의 올무(덫)에서 벗어난 새 같이 되었나니 **올무가 끊어지므로 우리가 벗어났도다** 우리의 도움은 천지를 지으신 여호와의 이름에 있도다 (124:7-8)

📖 하나님은 영원히 우리의 하나님이시니 우리를 죽을 때까지 인도하시리라 (48:14)

49. **(자유를 얻은 자의 감격)** 여호와께서 우리를 위하여 큰 일(고레스의 포고령으로 바벨론 포로 생활을 청산하고 가나안 땅으로 돌아온 일)을 행하셨으니 우리는 기쁘도다 (126:3)

- 눈물을 흘리며 씨를 뿌리는 자는 기쁨으로 거두리로다 (126:5) 울며 씨를 뿌리러 나가는 자는 반드시 기쁨으로 그 곡식 단을 가지고 돌아오리로다 (126:6)

50. **(여호와의 보호가 없으면 헛되도다)** 여호와께서 집을 세우지 아니하시면 세우는 자의 수고가 헛되며 **여호와께서 성을 지키지 아니하시면 파수꾼의 깨어 있음이 헛되도다** (127:1) 보라 **자식들은 여호와의 기업**(*주신 선물*) **이요 태의 열매는 그의 상급이로다** (127:3)

51. **(주를 따르는 자는 복이 있다)** **여호와를 경외하며 그의 길을 걷는 자마다 복이 있도다**(*주의 명에 따라 사는 사람은, 그 어느 누구나 복을 받는다*) (128:1) 네가 네 손이 **수고한 대로** 먹을 것이라(*네 손으로 일한 만큼 먹으니,*) 네가 복되고 형통하리로다(*이것이 복이요, 은혜이다*) (128:2)

52. **(주님을 신뢰하여라)** 여호와여 내 마음이 **교만하지 아니하고** 내 눈이 **오만하지 아니하오며** 내가 큰 일(*너무 큰 것*)과 감당하지 못할 놀라운 일을 하려고 힘쓰지 아니하나이다(*분에 넘치는 놀라운 일을 이루려고도 하지 않습니다*) (131:1) 실로(*오히려*) 내가 **내 영혼으로 고요하고 평온하게 하기를**

시

(내 마음은 고요하고 평온합니다) **젖 뗀 아이가 그의***(어머니의)* **품에 있음 같게 하였나니***(안겨 있듯이,)* 내 영혼이*(영혼도)* 젖 뗀 아이와 같도다 (131:2)

53. **(형제 간의 교제는 아름답다)** 형제가 연합하여 동거함이 어찌 그리 선하고 아름다운고 (133:1) **헐몬의 이슬이 시온의 산들에 내림 같도다** 거기서 여호와께서 복을 명령(약속)하셨나니 곧 영생이로다 (133:3)

54. **(여호와를 송축하고 감사하라)** 성소(하나님이 계신 곳)를 **향하여 너희 손을 들고 여호와를 송축**(축복)**하라** (134:2) 천지를 지으신 여호와께서 시온에서 네게 복을 주실지어다 (134:3) 여호와께 감사하라 그는 선하시며 그 인자하심이 영원함이로다 (136:1) 여호와께서는 ...낮은 자를 굽어살피시며 멀리서도 교만한 자를 아심이니이다 (138:6) 내가 환난 중에 다닐지라도 **주께서 나를 살아나게** 하시고 주의 손을 펴사 **내 원수들의 분노를 막으시며** 주의 오른손이 **나를 구원하시리이다** (138:7)

55. **(진심으로 부르는 자에게는 가까이 계신다)** 여호와께서는 자기에게 간구하는 모든 자 곧 **진실하게 간구하는***(진심으로 부르는)* **모든 자에게 가까이 하시는도다***(계신다)* (145:18) 그는(주님은) **자기를 경외하는 자들의** 소원을 이루시며 또 그들의 부르짖음을 들으사 구원하시리로다*(는 소리를 듣고 구원해주신다)* (145:19)

56. **(새 노래로 찬양하라)** 상심한 자들을 고치시며 그들의 **상처를 싸매시는도다** (147:3) 우리 주는 위대하시며 능력이 많으시며 **그의 지혜가 무궁하시도다** (147:5) 새 노래로 여호와께 노래하며 성도의 모임 가운데서 찬양할지어다 (149:1) 춤추며 그의 이름을 찬양하며 소고와 수금으로 그를 찬양할지어다 (149:3) 호흡이 있는(숨 쉬는) 자마다 여호와를 찬양할지어다 (150:6)

☞ 찬양은 기도를 더 깊이 들어가게 한다.

시

잠언 [잠] (911쪽)

1. (여호와를 경외하는 것이 지식의 근본이다) 지혜 있는 자는 듣고 학식이 더 할 것이요 명철한 자는 지략*(지혜)*을 얻을 것이라 잠언과 비유와 지혜 있는 자의 말과 그 오묘한 말을 깨달으리라 (1:5-6)

- (잠언의 주제) 여**호와를 경외하는 것이 지식의 근본이거늘 미련한***(어리석은)* **자는 지혜와 훈계를 멸시하느니라** (1:7)

2. 젊은이에게 주는 교훈 / 그리하면

① 내 아들아 나의 법*(가르침)*을 잊어버리지*(잊지)* 말고 **네 마음으로 나의 명령을 지키라***(내 계명을 네 마음에 간직하여라)* **그리하면 그것이 네가 장수하여 많은 해를 누리게 하며 평강***(평안)***을 더하게 하리라** (3:1-2)

② **인자와 진리가** 네게서 떠나지 말게 하고 그것을 네 목에 매며 **네 마음 판에 새기라 그리하면** 네가 하나님과 사람 앞에서 은총과*(은혜를 입고)* 귀중히 여김을 받으리라 (3:3-4)

③ 너는 마음을 다하여 여호와를 신뢰하고 네 **명철을** 의지하지 말라 **너는 범사에 그를 인정하라 그리하면** 네 길을 지도하시리라 (3:5-6)

④ 스스로 지혜롭게 여기지 말지어다 **여호와를 경외하며 악을 떠날지어다 이것이** 네 몸에 양약*(보약)*이 되어 네 골수를 윤택하게 하리라 *(상처가 낫고 아픔이 사라질 것이다)* (3:7-8)

⑤ 네 재물과 네 소산물의 처음 익은 열매로 여호와를 공경하라 **그리하면** 네 창고가 가득히 차고 네 포도즙 틀에 포도즙이 넘치리라 (3:9-10)

⑥ 내 아들아 여호와의 징계를 경히 여기지 말라 **그 꾸지람***(책망)***을 싫어하지 말라. 대저** 여호와께서 그 사랑하는 자를 징계하시기를 마치 아비가 그 기뻐하는 아들을 징계함 같이 하시느니라 (3:11-12)

잠

3. **(지혜의 가치)** 지혜를 얻은 자와 **명철을** 얻은 자는 복이 있나니 이는 지 **혜를 얻는 것이 은을 얻는 것 보다 낫고 그 이익이 정금보다 나음이니라** (3:13-14) 네 손이 선을 베풀 힘이 있거든 마땅히 받을 자*(도움을 청하는 자)* 에게 베풀기를 아끼지 말며*(주저하지 말고 선을 행하여라)* (3:27) 의인의 집에는 복이 있느니라 (3:33) 겸손한 자에게 은혜를 베푸시나니(3:34)

4. **(지혜가 주는 유익)** 내 말을 네 마음에 두라*(간직하고)* **내 명령을 지키라 그리하면** 살리라*(네가 잘 살 것이다)* (4:4) **지혜를 얻으며 명철을 얻으라** (4:5) 지혜를 버리지 말라 그가*(그것이)* 너를 보호하리라 (4:6) **네가 얻은 모든 것**(지혜)**을 가지고 명철을 얻을지니라** (4:7) 그를 높이라 그리하면 그가 너를 높이 들리라*(지혜를 소중히 여겨라. 그것이 너를 높일 것이다)* **만일 그를 품으면 그가 너를 영화롭게 하리라***(지혜를 가슴에 품어라 그것이 너를 존귀하게 할 것이다)* (4:8) 내 말을 받으라 그리하면 네 생명의 해가 길리라 (4:10)

잠

5. **(마음을 지키라)** 모든 지킬 만한 것 중에 더욱 네 **마음을 지키라** 생명의 근원이 이(마음)에서 **남이니라** (4:23)

☞ 스트레스로 인하여 DNA 복구 유전자와 면역 방어 체계가 정상적으로 작동하지 못할 때에 각종 질병이 생긴다.

6. **(아내의 사랑을 항상 연모하라/ 부부관계)** 너는 네 우물(아내)에서 물을 마시며 네 샘(아내)에서 흐르는*(솟아나는)* 물을 마시라 (5:15) 네 샘으로 복되게 하라 *(샘이 복된 줄 알고)* 네가 젊어서 취한*(맞은)* 아내를*(아내와 더불어)* 즐거워하라 (5:18) 그는 사랑스러운 암사슴 같고...너는 그의 품을 항상 족하게 여기며 그의 사랑을 항상 연모*(사모)*하라 (5:19)

📖 아내를 얻는 자는 복을 얻고 여호와께 은총을 받는 자니라 (18:22)

7. **(주는 사람의 길을 지켜보신다)** 대저 **사람의 길은 여호와의 눈 앞에 있나니 그가 그 사람의 모든 길을 평탄하게 하시느니라** *(주님의 눈은 사람의 길을 지켜 보시며, 그 모든 길을 살펴보신다)* (5:21)

8. **(게으르지 말라 / 빈궁과 곤핍하게 된다)** 게으른 자여 개미에게 가서 그가 하는 것을 보고 지혜를 얻으라 (6:6) 좀 더 자자 좀 더 졸자 손을 모으고 좀 더 누워 있자 하면 네 빈궁*(가난)*이 강도같이 오며 네 곤핍*(빈곤)*이 군사같이 이르리라*(무장한 용사처럼 달려들 것이다)* (6:10-11)

〈 하나님이 미워하시는 7가지 6:17-19 〉

교만한 눈. 거짓된*(거짓말 하는)* 혀. 무죄한 자의 피를 흘리는 손. 악한 계교를 꾀하는 마음. 빨리 악으로 달려가는 발. 거짓을 말하는 망령된 증인*(거짓으로 증거하는 사람)*. 형제*(친구)* 사이를 이간하는 자이니라

잠

9. **(불륜은 무지한 짓이다)** **남의 아내와 통간***(간통)***하는 자도 이와**(불을 품에 품고 있거나 숯불을 밟고 있는 자 6:27-28) **같을 것이라** (6:29) **여인과 간음하는 자는 무지한***(생각이 모자라는)* **자라** 이것을 행하는 자는 자기의 영혼을 망하게 하며 (6:32) 상함과 능욕을 받고 부끄러움*(수치)*을 *(절대로)* 씻을 수 없게 되나니 (6:33)

> 📖 도둑질한 물이 달고 몰래 먹는 떡이 맛이 있다 하는도다 (9:17)/ 모든 사람은 결혼을 귀히 여기고 침소를 더럽히지 않게 하라 (히13:4)

10. **(지혜 예찬)** **여호와를 경외하는 것은 악을 미워하는 것이라** 나는 교만과 거만*(오만)*과 악한 행실과 패역한*(거짓된)* 입을 미워 하느니라 (8:13) **내게는 계략***(지략)***과 참 지식이 있으며 나는 명철이라 내게 능력이 있으므로** *(명철과 능력이 있다)* (8:14) 나를 사랑하는 자들이 나의 사랑을 입으며 **나를 간절히 찾는 자가 나를 만날 것이니라** (8:17)

11. (사랑은 모든 허물을 가린다) 지혜로운 아들은 아비를 기쁘게 하거니와 미련한 아들은 어미의 근심(*거리*)이니라 (10:1)

- 미움은 다툼을 일으켜도 사랑은 모든 허물을 가리느니라 (10:12)

📖 여호와께서 주시는 복은 사람을 부하게 하고 근심을 겸하여 주지 아니하시느니라 (10:22)

12. (구제가 풍요를 준다) 흩어 구제하여도 더욱 부하게 되는 일이 있나니 과도히 아껴도 가난하게 될 뿐이니라 (11:24) **구제를**(*남에게 베풀기를*) **좋아하는 자는 풍족**(*부유*)**하여질 것이요 남을 윤택하게 하는 자는 자기도 윤택하여지리라** (11:25)

13. **(선인은 여호와께 은총을 받는다)** 선인은 여호와께 은총을 받으려니와 악을 꾀하는 자는 정죄하심을 받으리라 (12:2)

- 어진 연인(*아내*)은 그 지아비(*남편*)의 면류관이나 욕을 끼치는 여인은 그 지아비의 뼈가 썩음 같게 하느니라 (12:4)

잠

14. (미련한 자와 사귀면 해를 받는다) 지혜로운 자와 동행하면 지혜를 얻고 미련한 자와 사귀면 해를 받느니라 (13:20)

- 매를 아끼는 자는 그의 자식을 미워함이라 자식을 사랑하는 자는 근실히 징계하느니라(*훈계를 게을리하지 않는다*) (13:24)

📖 지혜로운 사람은 본 것을 이야기 하지만 어리석은 사람은 들은 것을 이야기 한다 (탈무드)

15. (유순한 말/ 가난이 번뇌보다 낫다) 유순한(*부드러운*) 대답은 분노를 쉬게 하여도 과격한(*거친*) 말은 노(*화*)를 격동하느니라(*돋운다*) (15:1) **마음의 근심은 심령을 상하게 하느니라** (15:13)

- 가산(*재산*)이 적어도 여호와를 경외하는 것이 크게 부하고 번뇌하는 것보다 나으니라 (15:16) 채소를 먹으며 서로 사랑하는 것이 살진 소(*쇠고기*)를 먹으며 서로 미워하는 것보다 나으니라 (15:17)
- 분을 쉽게 내는 자는 다툼을 일으켜도 **노하기를 더디 하는 자는** (용사보다 낫고 16:32상) 시비(*싸움*)를 그치게 하느니라 (15:18)

16. **(경영은 의논이다)** **의논이 없으면 경영이**(*계획은*) **무너지고**(*실패하지만*) 지략(*조언*)이 많으면 경영이 성립하느니라(*이루어진다*) (15:22) 악한 꾀는 여호와께서 미워하시나 **선한**(*친절한 사람의*) **말은 정결**하니라(*정결한 제물처럼 받으신다*) (15:26) 겸손은 존귀의 길잡이니라 (15:33)

17. **(경영을 여호와께 맡기라)** **너의 행사를 여호와께 맡기라 그리하면 네가 경영하는 것이 이루어지리라**(16:3) 여호와께서 온갖 것을 그 쓰임에 적당하게 지으셨나니(*알맞게 만드셨으니*) 악인도 악한 날에 적당하게 하셨느니라 (*악인은 재앙의 날에 쓰일 것이다*) (16:4)

📖 주는 내 하나님 이시라...나의 앞날이 주의 손에 있사오니...(시31:14-15)

18. **(주님께서 결정하신다)** **사람이 마음으로 자기의** (*앞*)**길을 계획할지라도 그의** (*발*)**걸음을 인도하시는 이는 여호와시니라** (16:9) → 한국 기독교인이 좋아하는 성경 구절이다.

- 교만은 패망의 선봉이요 거만한 마음은 넘어짐의 앞잡이니라 (*파멸이 따른다*) (16:18) 삼가 **말씀에 주의하는 자는** 좋은 것을 얻나니 **여호와를 의지하는 자는 복이** 있느니라 (16:20) 자기의 마음을 다스리는 자는 성을 빼앗는 자보다 나으니라 (16:32) **제비는 사람이 뽑으나 모든 일을 작정**(*결정*)**하기는 여호와께 있느니라** (16:33)

19. **(재앙을 기뻐하면 형벌을 받는다)** 가난한 자를 조롱하는 자는 그를 지으신 주

잠

를 멸시(*모욕*)**하는 자요** 사람의 재앙을 기뻐하는 자는 형벌을 면하지 못할 자니라 (17:5) 허물을 덮어 주는 자는 사랑을 구하는 자요 (17:9) **누구든지 악으로 선을 갚으면 악이** *(재앙이)* **그 집을 떠나지 아니하리라** (17:13)

☞ 다른 사람의 재앙을 기뻐하면 나도 그렇게 된다

20. **(형제는 고난을 나누라)** 친구는 사랑이 끊어지지 아니하고 **형제는 위급한 때를 위하여 났느니라**(*고난을 함께 나누도록 태어난 것이 혈육이다*) (17:17)

📖 가까운 이웃이 먼 형제보다 나으니라 (27:10)

21. **(절제된 말)** 미련한 자라도 잠잠하면 지혜로운 자로 여겨지고 그의 입술을 닫으면 슬기로운 자로 여겨지느니라 (17:28)

- (말한 대로 된다) **죽고 사는 것이 혀의 힘에 달렸나니** 혀를 쓰기 좋아하는 자는 혀의(*잘 쓰는 사람은 그*) 열매를 먹으리라 (18:21)

잠

📖 경우에 합당한(알맞는) 말은 아로새긴 은 쟁반에 *(담긴)* 금 사과니라 (25:11)/ 사람들은 심판 날에 자기가 말한 온갖 쓸데없는 말을 해명해야 할 것이다 (마12:36)/ 혀는 능히 길들일 사람이 없나니…악이요…독이 가득한 것이라 (약3:8)

22. **(제비뽑기로 해결하라)** 사연을 듣기 전에 대답하는 자는 미련하여 욕을 당하느니라 (18:13) 제비 뽑는 것은 **다툼을 그치게 하여** *(끝내고)* 강한 자 사이에 해결하게 하느니라(*논쟁이 판가름 난다*) (18:18)

23. **(선행은 여호와께 꾸어 드리는 것이다)** 허물을 용서하는 것이 자기의 영광이니라 (19:11) **가난한 자를 불쌍히 여기는 것**(선행)**은 여호와께 꾸어 드리는 것이니 그의 선행을 그에게** *(넉넉하게)***갚아 주시리라** (19:17) 네가 그(*성격이 불같은 사람*)를 건져 주면 다시 그런 일이(*구하여 줄 일이 또*) 생기리라

(19:19) 사람이 마음에는 많은 계획이 있어도 **오직 여호와의 뜻만이 완전히 서리라** (19:21)

24. **(복수는 하나님의 일이다)** 너는 악을 갚겠다 말하지 말고 여호와를 기다리라 그가 너를 구원하시리라 (20:22)

☞ 성경은 복수하는 것이 사람의 일이 아니라 하나님의 고유한 일임을 강조하고 있다 (신32:35, 롬12:19)

25. **(사람은 자기의 길을 알 수 없다) 사람의 걸음**(장래)**은 여호와로 말미암나니 사람이 어찌 자기의 길을 알 수 있으랴** (20:24)

26. (여호와는 마음을 감찰하신다) 사람의 행위가 자기 보기에는 모두 정직하여도 **여호와는** *(그)* **마음을 감찰하시느니라***(꿰뚫어 보신다)* (21:2)

- 공의와 정의를 행하는 것은 제사드리는 것보다 여호와께서 기쁘게 여기시느니라 (21:3) **속이는 말로 재물을 모으는 것은***(속여서 모은 재산은)* 죽음을 구하는 것이라*(너를 죽음으로 몰아 넣고)* **곧 불려다니는 안개니라***(안개처럼 사라진다)* (21:6)

27. **(배우자 선택시 교훈)** 다투는 여인과 함께 큰 집에서 사는 것보다 움막에서(혼자) 사는 것이 나으니라 (21:9, 25:24) **다투며 성내는 여인***(아내)***과 함께 사는 것보다** 광야에서 사는 것이 나으니라 (21:19)

📖 불안스러운 마음으로 풍족하게 사는 것보다도 나는 두렴움과 걱정없이 부족한 생활을 하는 것이 행복하다 (에픽테토스)

28. **(명예와 은총을 택하라)** 많은 재물보다 명예를 택할 것이요 은이나 금보다 은총(은혜)을 더욱 택할 것이니라 (22:1)

잠

- **겸손과 여호와를 경외함의**(*경외하는 사람의*) **보상은 재물**(*재산*)**과 영광과**(*영예와*) **생명**(*장수*)**이니라** (22:4)

29. (자녀 신앙 교육) 마땅히 행할 길을 아이에게 가르치라 그리하면 늙어도 그것(*그길*)을 떠나지 아니하리라 (22:6)

- 아이의 마음에는 미련한 것이 얽혔으나 징계하는 채찍이 이를 (*훈계의 매가 그것을*) 멀리 쫓아내리라 (22:15)

30. **(빚에 보증서지 말라)** 남의 빚에 보증을 서지 말라 (22:26)

📖 돈이나 물건을 그냥 주지 말고 빌려 주어야 한다 빌려주고 빌려쓰면 대등한 사이를 유지할 수 있기 때문이다 (탈무드)

31. **(여호와를 경외하면)** 항상 여호와를 경외하라 정녕히(*그러면*) 네 장래가 있겠고(*너의 미래가 밝아지고*) 네 소망이 끊어지지 아니하리라 (23:17-18)

술 취하고 음식을 탐하는 자는 가난하여질 것이요 잠자기를 즐겨하는 자는 해어진 옷을 입을 것임이니라 (23:21)

32. (악인은 망하리라) 의인은 일곱 번 넘어질지라도 다시 일어나려니와 악인은 재앙으로 말미암아 엎드러지느니라 (24:16)

- 악인의 형통함을 부러워하지 말라 (24:19)

33. (원수에게 자비를 베풀라) 네 원수가 배고파하거든 음식을 먹이고 목말라하거든 물을 마시게 하라 (25:21) (그리하는 것은…) **여호와께서 네게** (*상으로*) 갚아 주시리라 (25:22)

34. (자랑하지 말라) 너는 내일(할) 일을 자랑하지 말라 하루 동안에 무슨 일

잠

이 일어날는지 네가 알 수 없음이니라 (27:1) (한 일은) **타인이 너를 칭찬하게 하고 네 입으로는 하지 말며** (27:2)

- **면책**(면전에서 책망/*드러내고 꾸짖는 것*)은 **숨은**(은밀한) **사랑보다 나으니라** (27:5) (항상 배고픈 사람이 되라) 배부른 자는 꿀이라도 싫어하고 주린 자에게는 쓴 것이라도 다니라 (27:7) 가까운 이웃이 먼 형제(*친척*)보다 나으니라 (27:10)

35. **(칭찬으로 사람을 단련할 수 있다)** 풀무로(화덕은) 금을, **칭찬으로 사람을 단련하느니라** (27:21)

☞ 칭찬(축복)의 유형 : 될 것이다(Will), 주실 것이다(Will Give), 되어라(Will Be), 원한다(Want)/ 주옵소서

36. **(성실이 부유보다 낫다)** 가난하여도 성실하게 행하는(*흠 없이 사는*) 자는 부유하면서 굽게 행하는(*구부러진 길을 가는*) **자보다 나으니라** (28:6)

📖 소가 없으면 구유는 깨끗하려니와 소의 힘으로 얻는 것이 많으니라 (14:4)

37. **(죄를 자복하면 불쌍히 여김을 받는다)** 자기의 죄를 숨기는 자는 형통하지 못하나 **죄를 자복**(*자백*)**하고** (*그것을 끊어*)**버리는 자는** 불쌍히 여김을 받으리라 (28:13) 충성된(*신실한*) 자는 복이 많아도 속히 부하고자 하는 자는 형벌을 면하지 못하리라 (28:20) 가난한 자를 구제하는 자는 궁핍하지 아니하려니와 (28:27)

38. **(통치자의 책무)** 왕이 **가난한 자를 성실히 신원**(*정직하게 재판/ 변호*)**하면** 그의 왕위가 영원히 견고하리라 (29:14) 네 자식을 징계하라 그리하면 그가 너를 평안하게 하겠고 또 네 마음에 기쁨을 주리라 (29:17) **묵시**(*계시. 비전*)**가 없으면** 백성이 방자히 행하거니와 율법을 지키는 자는 복이 있느

잠

니라 (29:18)

- 사람이 교만(*오만*)하면 낮아지게 되겠고 **마음이 겸손하면** 영예를 얻으리라 (29:23) **사람을 두려워하면 올무에 걸리게 되거니와 여호와를 의지하는 자는 안전하리라** (29:25) **바르게 행하는 자**는 악인에게 미움을 받느니라 (29:27)

☞ 미련한 자와는 시시비비를 가리지 말라 (29:9 뜻)

39. **(일용할 양식을 주옵소서/ 아굴의 잠원)** 곧 헛된 것과(*허위와*) 거짓말을 내게서 멀리 하옵시며 **나를 가난하게도 마옵시고 부**(*부유*)**하게도 마옵시고 오직 필요한 양식으로 나를 먹이시옵소서** (30:8) 혹 내가 배불러서 하나님을 모른다 여호와가 누구냐 할까 하오며 혹 내가 가난하여 도둑질하고 내 하나님의 이름을 욕되게 할까 두려워함이니이다 (30:9)

- 너는 종을 그의 상전(*주인*)에게 비방하지 말라 그가 너를 저주하겠고 너는 죄책을 당할까 두려우니라(*너에게 죄가 돌아갈까 두렵다*) (30:10)

잠전

40. **(현숙한 아내는)** 남편에게 선을 행하고 악을 행하지 아니하느니라 (31:12) 집안 일을 보살피고 게을리 얻은 양식을 먹지 아니하나니(*일하지 않고 얻은 양식을 먹는 법이 없다*) (31:27)

- 오직 여호와를 경외하는 여자는 칭찬을 받을 것이라 (31:30) 그 손의 열매가 그에게로 돌아갈 것이요(*아내가 손수 거둔 결실은 아내에게 돌려라*) 그 행한 일로 말미암아 성문에서 칭찬을 받으리라(*아내가 이룬 공로가 성문 어귀 광장에서 인정받게 하여라*) (31:31)

전도서 [전] (948쪽)

1. **(하나님 없는 삶은 다 헛되다)** 전도자(솔로몬)가 이르되 헛되고 헛되며 헛되고 헛되니 모든 것이 헛되도다 (1:2)

- 눈은 보아도 족함이 없고 귀는 들어도 가득 차지 아니하도다(1:8)

📖 지혜자의 죽음이 우매자의 죽음과 일반이로다 (2:16)

2. **(지식이 많으면 근심도 많다)** 지혜가 많으면 번뇌도 많으니 **지식을 더하는 자는 근심을 더하느니라**(*아는 것이 많으면 걱정도 많다*) (1:18)

☞ 참된 지혜는 하나님을 경외함에 있다

3. **(유산은 헛된 일이다)** 내 손으로 한 모든 일과 내가 수고한 모든 것이 다 헛되어 바람을 잡는 것이며 해 아래서 무익한 것이로다 (2:11)
   - 그가 얻은 것(재산)을 수고하지 아니한 자(자손)에게 그의 몫으로 넘겨 주리니 이것(상속)도 헛된 것이며 큰 악이로다(*무엇인가 잘못된 것이다*) (2:21)

☞ 재물의 가치를 모르는 자손이 재물을 가치있게 사용하는 것은 쉽지 않기 때문에 유산을 물려주는 것도 헛된 일이다

전

4. **(매사에 때가 있다)** **범사에 기한이 있고 천하 만사가 다 때가 있나니** (3:1) 날 때가 있고 죽을 때가 있으며 (3:2) **지킬 때가 있고 버릴 때가 있으며** (3:6) (사람들에게는 영원을 사모하는 마음을 주셨느니라) 그러나 **하나님이 하시는 일의 시종을 사람으로 측량할 수 없게 하셨도다**(*사람은, 하나님이 하신 일을 처음부터 끝까지 다 깨닫지 못하게 하셨다*) (3:11)

5. **(하나님이 주신 최고의 은총들)** 사람들이 사는 동안에 **기뻐하며 선을 행하는 것**보다 더 나은 것이 없는 줄을 내가 알았고 (3:12) 사람마다 **먹고 마시는 것**과(*먹을 수 있고, 마실 수 있고*) **수고함으로 낙을 누리는**(*하는 일에 만족을 누릴 수 있다면*) **그것이 하나님의 선물인 줄도 또한 알았도다**(*이것이야말로 하나님이 주신 은총이다*) (3:13)

6. **(자기 일을 즐거워하라)** 사람이 **자기 일에 즐거워하는**(*자기가 하는 일에 보람을 느끼는*) **것보다 더 나은 것이 없음을 보았나니**(*더 좋은 것은 없다는 것을 알았다*) 이는 그것이 그의 몫이기 때문이라 (3:22)

> 📖 일을 하여 얻은 빵보다 더 맛있는 것은 없다 (사뮤엘 스마일즈) / **천재는 노력하는 자를 이기지 못하고 노력하는 자는 즐기는 자를 이기지 못한다** (논어)

7. **(연합하면 승리할 수 있다)** 한 사람이면 패하겠거니와 두 사람이면 맞설 수 있나니 세 겹 줄은 쉽게 끊어지지 아니하느니라 (4:12)

8. **(재물은 선물이다)** 네가 하나님께 서원하였거든 갚기를 더디게 하지 말라 (5:4) 하나님이 **재물과 부요를 그에게 주사**(*사람에게 부와 재물을 주셔서*) 능히 누리게 하시며 제 몫을 **받아 수고함으로 즐거워하게 하신 것은** 하나님의 선물이라 (5:19)

전

9. **(지혜가 돈보다 더 유익하다)** 지혜는 유산같이(*유산을 받는 만큼이나*) 아름답고(*좋은 것이니*) 햇빛을 보는 자(세상 사람들)에게 유익이 되도다 (7:11) **지혜에 관한 지식이** (돈 보다) **더 유익함은 지혜가 그 지혜 있는 자를** (삶의 위험에서)**살리기 때문이니라** (7:12)

10. **(하나님의 절대 주권에 순종하라)** 하나님께서 행하시는 일을 (*생각해*)보라 하나님께서 굽게 하신 것(역경 곤고 등 *구부려 놓은 것*)을 **누가 능히 곧게 하겠느냐**(*펼 수 있겠는가*) (7:13) **형통한**(*좋은*) **날에는 기뻐하고 곤고한**(*어려운*) **날에는 뒤돌아 보아라**(*생각하여 보라*) 이 두 가지를 하나님이 병행하게 하사 **사람이 그의 장래 일을 능히 헤아려 알지 못하게 하셨느니라** (7:14)

> ☞ 성 어거스틴(참회록 저자)은 7:11-14절을 읽고 32세에 회심함

11. **(의인은 없다/ 모든 곳에 악이 있다)** 선을 행하고*(좋은 일만 하고)* 전혀 죄를 범하지 아니하는 의인은 세상에 없기 때문이로다 (7:20)

> 📖 또 내가 해 아래서 보건대 재판하는 곳 거기에도 악이 있고 정의를 행하는 곳 거기에도 악이 있도다 (3:16) / 의인은 없나니 하나도 없으며 (롬3:10)/ 선을 행하는 자는 없나니 하나도 없도다 (롬3:12)

12. **(주권적 희락)** 이에 내가 희락을 찬양하노니*(나는 생을 즐기라고 권하고 싶다)* 이는 사람이 먹고 마시고 즐거워하는 것보다 더 나은*(좋은)* 것이 해 아래*(세상에)*는 없음이라... 수고하는 일 중에*(한 평생을 사는 동안에,)* *(언제나 기쁨이)* 그와*(사람과)* 함께 있을 것이니라 (8:15)

13. **(아내와 즐겁게 살지어다)** (모든 헛된 날에) 네가 **사랑하는 아내와 함께 즐겁게 살지어다** 그것이 네가 평생에 해 아래*(세상)*에서 수고하고 얻은 네 몫(분복/보상)이니라 (9:9)

전

14. **(지혜로운 삶)** 너는 **네 떡을 물 위에 던져라**(대가를 바라지 말고 선을 행하라) 여러 날 후에 도로 찾으리라(하나님이 갚아 주시리라) *(돈이 있으면 무역에 투자하여라 여러날 뒤에 너는 이윤을 남길 것이다)* (11:1)

15. **(청년의 즐거움을 누려라)** 청년이여 네 **어린(청년) 때를 즐거워하며...마음에 원하는 길들과 네 눈이 보는 대로 행하라** 그러나 하나님이 이 모든 일로 말미암아 너를 심판하실 줄 알라 (11:9)

16. **(창조주를 기억하고 경외하라/ 결론)** 너는 청년의 때에(늙기 전에) 너의 창조주를 기억하라 (12:1) **하나님을 경외*(두려워)*하고 그의 명령*(계명)*들을 지킬지어다 이것이 모든 사람의 본분*(의무)*이니라**(12:13)

- 하나님은 모든 행위와 모든 은밀한 일을 선악 간에(*선한 것이든 악한 것이든 다*) 심판하시리라 (12:14)

아가 [아] (960쪽)

1. **(사랑을 간구하는 신부와 신랑의 노래)** 솔로몬의 아가(노래중 노래)라 내게 입맞추기를 원하니 네 사랑이 포도주(최고의 기쁨을 상징)보다 나음이로구나 (1:1-2) 내 사랑아 너는 어여쁘고 어여쁘다 네 눈이 비둘기(신부의 순결하고 온유한 눈빛) 같구나 (1:15)

2. **(신부의 간절한 사랑의 노래)** 내 사랑이 원하기 전에는(*우리가 마음껏 사랑하기까지는*) 흔들지 말고 깨우지 말지니라 (2:7, 3:5, 8:4) 나의 사랑하는 자가 내게 말하여 이르기를 **나의 사랑 내 어여쁜 자야 일어나서 함께 가자** (2:10) **내 사랑하는 자는 내게 속하였고 나는 그에게 속하였도다** (2:16)

3. **(신부를 기리는 신랑의 노래)** 나의 사랑 너는 어여쁘고 아무 흠이 없구나 (4:7) 내 누이, **내 신부는 잠근 동산이요 덮은 우물이요 봉한**(*막아 버린*) **샘이로구나** (4:12)

4. **(떠나간 신랑을 찾는 신부의 노래)** **나는 내 사랑하는 자에게 속하였고**(*나는 임의 것*) 내 사랑하는 자는 내게 속하였으며(*임은 나의 것*) 그가 백합화 가운데서 그 양 떼를 먹이는도다 (6:3)

5. **(신부를 칭송하는 신랑의 노래)** 사랑아 네가 어찌 그리 아름다운지, 어찌 그리 화창한지 즐겁게 하는구나 (7:6) 많은 물도 **이 사랑을**(*그 사랑의 불길*) 끄지 못하겠고 …사람이 그의 온 가산(*재산*)을 **다 주고 사랑과 바꾸려 할지라도** 오히려 멸시를 받으리라 (8:7) 내 사랑하는 자야 너는 빨리 달리라 (8:14)

이사야 [사] (968쪽)

1. **(죄를 자복하고 돌이키면/ 순종하면) 너희의 죄가 주홍 같을지라도 눈**(양털)**과 같이 희어질 것이요** (1:18) 너희가 즐겨 순종하면 땅의 아름다운 소산을 먹을 것이요 (1:19)

2. **(이사야를 부르시다)** 내가 누구를 보내며 누가 우리를 위하여 갈꼬 하시니 그 때에 내가 이르되 **내가 여기 있나이다 나를 보내소서** 하였더니 (6:8) 듣기는 들어도 깨닫지 못할 것이요 (6:9)

3. **(임마누엘의 징조)** (주께 구하라는 이사야의 권면을 거절하여 7:10, 전쟁 참화를 겪고도 오히려 앗수르 편에서 우상 숭배한 아하스 왕이지만) 주께서 친히 징조를 너희에게 주실 것이라 보라 **처녀가 잉태하여 아들을 낳을 것이요** 그의 이름을 임마누엘이라 하리라 (7:14)

> 📖 이는 한 아기가 우리에게 났고 한 아들을 우리에게 주신 바 되었는데 그의 어깨에는 정사를 메었고 그의 이름은 기묘자라, 모사라, 전능하신 하나님이라, 영존하시는 아버지라, 평강의 왕이라 할 것임이라 (9:6)

4. **(여호와를 아는 지식/ 구원이시라)** 내 거룩한 산 모든 곳에서 해 됨도 없고 상함도 없을 것이니 이는 물이 바다를 덮음같이 **여호와를 아는 지식이 세상에 충만할 것임이니라** (11:9) 보라 하나님은 나의 구원이시라 내가 신뢰하고 두려움이 없으리니 주 **여호와는 나의 힘이시며 나의 노래시며 나의 구원이심이라** (12:2)

5. **(평강하도록 지키신다)** 주께서 심지가 견고한 자를 **평강하고 평강하도록**

사

지키시리니 이는 그가 주를 신뢰함이니이다 (26:3)

6. **(기다리는 자는 복이 있도다) 여호와께서 기다리시나니 이는 너희에게 은혜를 베풀려 하심이요 일어나시리니 이는 너희를 긍휼히**(*불쌍히*) **여기려 하심이라** 대저 여호와는 정의(*공의*)의 하나님이심이라 **그를 기다리는 자마다**(*모든 사람은*) **복이 있도다** (30:18)

☞ 요셉은 감옥에서 13년, 다윗은 왕으로 기름부음 받고 13년, 사도 바울도 기름부음 받고 선교 여행 떠나기까지 13년, 아브라함은 아들 약속 받고 25년, 모세는 광야에서 40년을 기다렸다

7. **(선택은 하나님의 결정이다)** 너희가 오른쪽으로 치우치든지 왼쪽으로 치우치든지 네 뒤에서 말소리가 네 귀에 들려 이르기를 **이것이 바른 길이니 너희는 이리로**(*이 길로*) **가라할 것이며** (30:21)

☞ 그 순간의 잘못된 선택이 먼 훗날 더 나은 결과가 될 수 있다

사

8. **(존귀한 일에 서리라)** 존귀한(*고귀한*) 자는 존귀한 일을 계획하나니 그는 항상 존귀한 일에 서리라(*하고, 그 고귀한 뜻을 펼치며 삽니다*) (32:8)

9. **(짐승들을 모으다)** 이것들(*짐승들*) 가운데서 빠진 것이 하나도 없고 제 짝이 없는 것이 없으리니 이는 여호와의 입이 이를(*그렇게 되라고*) 명령하셨고 그의 영이 이것들을 모으셨음이라 (34:16)

10. **(고통은 평안을 주려 하심이라/ 히스기야의 감사 노래) 내게 큰 고통을 더하신 것은 내게 평안을 주려 하심이라** 주께서 내 영혼을 사랑하사 멸망의 구덩이에서 건지셨고(*건져 주시고*) 내 모든 죄를 주의 등 뒤에 던지셨나이다 (*주님께서 용서하십니다*) (38:17)

11. **(새 힘을 얻으리라)** 외치는 자의 소리여 이르되 너희는 광야에서 여호와의 *(오실)*길을 예비하라*(닦아라)* 사막에서 우리 하나님의 대로를 평탄하게 하라*(오실 큰 길을 곧게 내어라)* (40:3) 풀은 마르고 꽃은 시드나 우리 하나님의 말씀은 영원히 서리라 하라 (40:8) 오직 **여호와를 앙망하는 자는 새 힘을 얻으리니** 독수리가 날개치며 올라감 같을 것이요 달음박질하여도 곤비하지*(지치지)* 아니하겠고 걸어가도 피곤하지 아니하리로다 (40:31)

12. **(너와 함께 하리라)** 두려워하지 말라 내가 너와 함께 함이라 놀라지 말라 나는 네 하나님이 됨이라 **내가 너를 굳세게 하리라** 참으로 **너를 도와 주리라** 참으로 **나의 의**(공의)로운 **오른손**(힘과 권세를 상징)**으로 너를 붙들리라** (41:10)

13. **(주님의 종)** 상한 갈대를 꺾지 아니하며 꺼져가는 등불을 끄지 아니하고 진실*(진리)*로 정의*(공의)*를 시행할*(베풂)* 것이며 (42:3) (나 주가 의를 이루려고 너를 불렀다) **내가 네 손을 잡아***(붙들어 주고)* **너를 보호하며 너를 세워 백성의 언약과 이방의 빛이 되게 하리니** (42:6)

사

14. **(너는 내 것이라)** 너는 두려워하지 말라 **내가 너를 구속***(속량)***하였고 내가 너를 지명하여 불렀나니 너는 내 것이라** (43:1) 네가 내 눈에 보배롭고 존귀하며*(존귀하게 여겨)* 내가 너를 사랑하였은즉 내가 **네 대신** *(다른)* **사람들을 내어 주며** ...(43:4) 나 외에 구원자가 없느니라 (43:11)

📖 나는 처음이요 나는 마지막이라 나 외에는 다른 신이 없느니라 (44:6)

15. **(새 일을 행하리라)** **보라 내가 새 일을 행하리니** 이제 나타낼 것이라 너희가 그것을 알지 못하겠느냐 반드시 내가 광야에 길을 사막에 강을 내리니...내 백성, 내가 택한 자에게 마시게 할 것임이라 (43:19-20)

- 이 백성은 내가 나를 위하여 지었나니 나를 찬송(*찬양*)하게 하려 함이니라 (43:21)

16. **(끝까지 품을 것이라)** 백발이 되기까지 내가 너희를 품을 것이라 내가 지었은즉 내가 업을 것이요 내가 품고 구하여 내리라 (46:4) **내가 말하였은즉 반드시 이룰 것이요 계획하였은즉 반드시 시행하리라**(*성취하겠다*) (46:11)

📖 그들은(어머니가) 혹시 (자식을) 잊을지라도 나는 너를 (절대로) 잊지 아니할 것이라 (49:15)

17. **(예루살렘의 회복/ 순종)** 그들이 주리거나 목마르지 아니할 것이며 더위와 볕이 그들을 상하지 아니하리니 이는 그들을 긍휼히 여기는 이가 그들을 이끌되 샘물 근원(천국/ 예수)으로 인도할 것임이라 (49:10)
- **주 여호와께서 나를 도우시므로 내가 부끄러워하지 아니하고** 내 얼굴을 부싯돌 같이 굳게 하였으므로(*오히려 내가 각오하고 모든 어려움을 견디어 냈다*) **내가 수치를 당하지 아니할 줄 아노라** (50:7) 나를 의롭다 하시는 이가 가까이 계시니(*계시기 때문이라*) (50:8)

사

☞ 무디가 사랑한 구절/ ※부싯돌: 불을 일으키는 돌, 차돌

18. **(예수의 수난을 예언)** 고운 모양도 없고 풍채도 없은즉 우리가 보기에 흠모할 만한 아름다운 것이 없도다 (53:2) 그는 멸시를 받아 사람들에게 버림 받았으며 간고(아픔)를 많이 겪었으며 질고(질병 괴로움)를 아는 자라 마치 사람들이 그에게서 얼굴을 가리는 것 같이 멸시를 당하였고 우리도 그를 귀히 여기지 아니하였도다 (53:3)
- 그는 실로 우리의 질고를 지고 우리의 슬픔을 (대신)당하였거늘 우리는 생각하기를 그는 징벌을 받아 하나님께 맞으며 고난을 당한다 하였노라 (53:4)
- 그(예수)가 찔림은 우리의 허물 때문이요 그가 상함은 우리의 죄악 때문이라 그가 징계를 받으므로 우리는 평화를 누리고 그가 채찍에 맞음으로

우리는 나음을 받았도다 (53:5) 우리는 다 양 같아서 그릇 행하여 각기 제 길로 갔거늘 여호와께서는 **우리 모두의 죄악을 그에게 담당시키셨도다** (53:6)

19. (하나님의 자비) 너희 모든 목마른(심령이 갈급한) **자들아** *(어서)* **물로**(예수께) **나아오라 돈 없는 자도 오라** 너희는 와서 사 먹되 돈 없이, 값 없이 와서 포도주와 젖을 사라 (55:1)

20. (영적 게으름을 꾸짖다) **너희는 여호와를 만날 만한**(은혜의) **때에 찾으라 가까이 계실 때에 그를 부르라** (55:6) 악인은 그의 길을, 불의한 자는 그의 생각을 버리고 여호와께로 돌아오라 그리하면 그가 긍휼히 여기시리라 우리 하나님께로 돌아오라 그가 너그럽게 용서하시리라 (55:7) **이는 내 생각이 너희의 생각과 다르며 내 길**(하나님의 섭리와 경륜)**은 너희의 길과 다름이니라** (55:8) *나의 생각은 너희의 생각보다 높다* (55:9)

21. (정의를 지키며 의를 행하라 56:1) 이는 나의 구원이 가까이 왔고 나의 공의가 나타날 것임이라 하셨도다 (56:1) 안식일을 지켜 더럽히지 아니하며 그의 손을 금하여 모든 악을 행하지 아니하여야 하나니…**이와 같이 굳게잡는 사람은 복이 있느니라** (56:2)

22. **(연합한 이방인을 부르시다)** 그들(여호와께 연합한 고자, 이방인)을나의 성산으로 인도하여 기도하는 내 집에서 그들을 기쁘게 할 것이며 그들의 번제와 희생을 나의 제단에서 기꺼이 받게 되리니 이는 **내 집은 만민이** *(모여)***기도하는 집이라 일컬음이 될 것임이라** (56:7)

23. (하나님께서 기뻐하시는 실천적 경건) **내가 기뻐하는 금식은** 흉악의*(부당한)* 결박을 풀어 주며 멍에의 줄을 끌러 주며 압제 당하는 자를 자유하게 하며 모든 멍에를 꺾는 것이 아니겠느냐 (58:6)

사

- 또 *(굶)*주린 자에게 네 양식을 나누어주며 유리하는*(떠도는)* 빈민을 집에 들이며 헐벗은 자를 보면 입히며 또 네 골육*(형제등 육친)*을 피하여 스스로 숨지 아니하는 것이 아니겠느냐 (58:7)
- 그리하면 네 빛이 새벽 같이*(햇살처럼)* 비칠 것이며 네 치유가 급속할 것이며 네 공의가 네 앞에 행하고 여호와의 영광(구원)이 네 뒤에 호위하리니 **네가 부를 때에는 나 여호와가 응답하겠고 네가 부르짖을 때에는 내가 여기 있다 하리라** (58:8-9상)

24. **(절제와 이웃 사랑의 축복)** 만일 네가 너희 중에서 멍에와 손가락질과 허망한 말을 제하여 버리고 주린 자에게 네 심정이 동하며 괴로워하는 자의 심정을 만족하게 하면 **네 빛이 흑암 중에서 떠올라 네 어둠이 낮과 같이 될 것이며** (58:9-10)
- 여호와가 너를 항상 인도하여 메마른 곳에서도 네 영혼을 만족하게 하며 네 뼈를 견고하게 하리니 **너는 물 댄 동산 같겠고 물이 끊어지지 아니하는 샘 같을 것이라** (58:11)
- 네게서 날 자들이 오래 황폐된 곳들을 다시 세울 것이며 너는 역대의 파괴된 기초를 쌓으리니 **너를 일컬어 무너진 데를 보수하는 자라 할 것이며 길을 수축하여 거할 곳이 되게 하는 자라 하리라** (58:12)

25. **(백성의 죄악을 규탄)** 여호와의 손이 짧아 구하지 못하심도 아니요 귀가 둔하여 듣지 못하심도 아니라 (59:1) 오직 너희 죄악이 너희와 너희 하나님 사이를 갈라 놓았고 너희 죄가 그의 얼굴을 가리어서 너희에게서 듣지 않으시게 함이니라 (59:2)

26. **(영광의 빛이 시온에 빛나리라)** 일어나라 빛을 발하라 이는 네 빛이 이르렀고 여호와의 영광이 네 위에 임하였음이니라 (60:1)

27. **(구원의 소식/ 메시야의 도래)** **나를 보내사** 마음이 상한 자를 고치며 포로된 자에게 자유를, 갇힌 자에게 놓임(*석방*)을 선포하며 (61:1, 눅4:17-21 참조) 여호와의 **은혜의 해**(은혜 베푸시는 때/ 희년)와 우리 하나님의 **보복의 날을 선포하여 모든 슬픈 자를 위로하되** (61:2) 그들이 **의의 나무** 곧 **여호와께서 심으신 그 영광을 나타낼 자라 일컬음을 받게 하려 하심이라**(*주님께서 스스로 영광을 나타내시려고 손수 심으신 나무라고 부른다*) (61:3)

28. **(하나님 나라의 비전)** 이리와 어린양이 함께 먹을 것이며 사자가 소처럼 짚을 먹을 것이며 뱀은 흙을 양식으로 삼을 것이니 **나의 성산에는 해함도 없겠고 상함도 없으리라** (65:25)

예레미야 [렘] (1050쪽)

1. **(하나님은 모든 것을 예정하셨다/ 예정론의 근거)** **내가 너를 모태에 짓기 전에 너를 알았고**(*선택하고*) 네가 배에서 나오기(*태어나기도*) 전에 너를 성별하였고(*거룩하게 구별해서*) **너를 여러 나라의 선지자로 세웠노라**(*뭇 민족에게 보낼 예언자로 세웠다*) (1:5)

> 📖 곧 영원부터 우리 주 그리스도 예수 안에서 **예정하신 뜻대로 하신 것이라** (엡3:11)/ 하나님은 장차 일어날 모든 것을 자유롭게 또한 변함없게 제정하셨다. 모든 상태에서 일어나든지 일어날 수 있는 모든 것을 아신다. 그러나 그것을 정하신 것은 아니다 (웨스트민스터 신앙고백 제3장 1.2)

2. **(마음에 합한 목자를 주리라)** 내가 또 **내 마음에 합한 목자들을 너희에게 주리니** 그들이 지식과 명철(*훈계*)로 너희를 양육하리라 (3:15)

3. **(명령한 길로 걸어가라)** 너희는 내 목소리를 들으라 그리하면 나는 너희 하

사
렘

나님이 되겠고 너희는 내 백성이 되리라 너희는 **내가 명령한 모든 길로 걸어가라 그리하면 복을 받으리라** (7:23)

4. **(괴롭게 하여 깨닫게 하리라)** 내가 이 땅에 사는 자를 이번에는 **내던질 것이라 그들을 괴롭게 하여 깨닫게 하리라** 하셨느니라 (10:18)

5. **(마음을 아시고 그에 보응하신다)** 만물보다 거짓되고 **심히 부패한 것은 마음이라** 누가 능히 이를 알리요마는 **나 여호와는 심장을 살피며 폐부**(마음의 깊은 속)**를 시험하고 각각 그의 행위와 그의 행실대로 보응하나니***(갚아 주겠다)* (17:9-10)

- 불의로 치부하는 자는 자고새가 낳지 아니한 알을 품음 같아서 그의 중년에 그것(치부)이 떠나겠고 마침내 어리석은 자가 되리라 (17:11)

6. **(나를 고치소서)** 여호와여 주는 나의 찬송이시오니 **나를 고치소서** 그리하시면 내가 낫겠나이다 나를 구원하소서 그리하시면 내가 구원을 얻으리이다 (17:14)

렘

7. **(하나님께 돌아오게 하겠다)** 내가 여호와인 줄 아는 마음을 그들에게 주어서 그들이 전심*(온전한 마음)*으로 **내게 돌아오게 하리니***(돌아와서)* 그들은 내 백성이 되겠고 나는 그들의 하나님이 되리라 (24:7)

8. **(고치면 뜻을 돌이키리라)** 너희 길과 행위를 고치고 너희 하나님 여호와의 목소리를 청종하라 그리하면 여호와께서 너희에게 선언하신 재앙에 대하여 뜻을 돌이키시리라 (26:13)

9. **(하나님의 생각은 미래와 희망을 주는 것이다)** **너희를 향한 나의 생각을 내가 아나니 평안***(번영)***이요 재앙이 아니니라 너희에게 미래와 희망을 주는 것이니**

라 (29:11) → SNS 시대가 선호하는 구절

- 너희가 내게 부르짖으며 내게 와서 기도하면 내가 너희들의 기도를 들을 것이요 (29:12) **너희가 온 마음으로 나를 구하면 나를 찾을 것이요 나를 만나리라** (29:13)

※ 유대인 포로들에게 보낸 편지 (29장)

10. **(주는 다 하실 수 있다)** 내가 너의 상처로부터 새살이 돋아나게 하여 너를 고쳐 주리라 (30:17) 주께서 큰 능력과 펴신 팔로 천지를 지으셨사오니 **주에게는 할 수 없는 일이 없으시니이다** (32:17) 나는 여호와요 모든 육체의 하나님이라 **내게 할 수 없는 일이 있겠느냐** (32:27)

11. **(내게 부르짖으라) 너는 내게 부르짖으라 내가 네게 응답하겠고 네가 알지 못하는 크고 은밀한 일을 네게 보이리라** (33:3)

☞ 여호와는 과거, 현재, 미래를 주관하시는 분이다. 우리가 더 크게 생각해야 더 크게 역사하신다.

렘
애

12. **(무조건 순종하다)** 그의 목소리가 우리에게 좋든지 좋지 않든지를 막론하고 **순종하려 함이라** 우리가 우리 하나님 여호와의 목소리를 순종하면 우리에게 복이 있으리이다 하니라 (42:6)

예레미야애가 [애] (1143쪽)

1. **(고난도 긍휼이다)** 내 고초와 재난 곧 쑥과 담즙(*쓸개즙*)을 기억하소서 (3:19) 이것을 내가 마음에 담아 두었더니 **그것**(고초와 재난)**이 오히려 나의 소망이 되었사옴은** 여호와의 인자와 긍휼이 무궁하시므로 우리가 진멸

되지 아니함이니이다 (3:21-22)

☞ 긍휼하신 하나님은 의미 없는 고난을 주지 않는다. 따라서 고난을 주신 하나님의 뜻을 생각해 보아야 한다. 고난도 하나님이 베푸시는 긍휼의 한 방편이다. 징계는 하시되 은총은 거두지 않는다.

2. **(구원을 바라며 기다리자) 사람이 여호와의 구원을 바라고 잠잠히 기다림이 좋도다** (3:26)

☞ 주위의 환경을 보지 않고 그 환경을 주관하시는 하나님을 바라볼 때 그의 마음 속에는 위로와 소망이 샘솟았다

3. **(하나님의 본심)** 주께서 인생으로 고생하게 하시며*(우리를 괴롭게 하거나)* 근심하게 하심은 *(그분의)* 본심이 아니시로다 (3:33)
- **주의 명령이 아니면** 누가 이것을 능히 말하여 이루게 할 수 있으랴 (3:37)
우리가 스스로 **우리의 행위들을 조사하고***(지나온 길을 돌이켜 살펴보고)* 여호와께로 돌아가자 (3:40)

📖 나를 간절히 찾는 자가 나를 만날 것이니라 (잠 8:17)

애
겔

4. **(다시 새롭게)** 여호와여 우리를 주께로 돌이키소서 ...**우리의 날들을 다시 새롭게 하사 옛적 같게 하옵소서** (5:21)

에스겔 [겔] (1151쪽)

1. **(큰 죄는 우상 숭배다) 인자야**(에스겔아) **내가 너를 이스라엘 족속의 파수꾼으로 세웠으니 너는 내 입의 말을 듣고 나를 대신하여 그들을 깨우치라***(경고 하여라)* (3:17) **하나님이 가장 미워하시는 것은 우상 숭배였다** 하나님은

징계를 내려서라도 그들이 잘못을 깨닫고 돌아오길 원하셨나 (6장 요약) 하나님은 죄인을 긍휼히 여기실지라도 죄는 간과하지 않으신다 (7장 요약)
- (죄악 때문에) 탄식하며 우는 자의 이마에 표를 그리라 (10:4)

2. **(나를 살피시는 하나님 창16:13)** **너희 마음에서 일어나는 것을 내가 다 아노라***(너희가 하는 말과 너희 마음속에 품은 생각을 나는 잘 안다)* (11:5)

3. **(새 영을 넣어 주겠다)** 내가 그들에게 한*(일치된)* **마음을 주고 그 속에 새 영을 주며** 그 몸에서 돌 같은 마음을 제거하고 살처럼 부드러운 마음을 주어 (11:19) 내 율례를 따르며 내 규례를 지켜 행하게 하리니 그들은 **내 백성이 되고 나는 그들의 하나님이 되리라** (11:20)

4. **(공의와 악은 자기에게 돌아가리라)** 범죄하는 그 영혼은 죽을지라 아들은 아버지의 죄를 담당하지 아니할 것이요 아버지는 아들의 죄를 담당하지 아니하리니 **의인의 공의도 자기에게로 돌아가고 악인의 악도 자기에게로 돌아가리라** (18:20) 내가 너희 각 사람이 행한 대로 심판할지라 너희는 돌이켜 **회개하고 모든 죄에서 떠날지어다** 그리한즉 그것이 너희에게 죄악의 걸림돌이 되지 아니하리라*(그렇게 하면 죄가 장애물이 되어 너희를 넘어뜨리는 일이 없을 것이다)* (18:30)

5. **(이스라엘의 반역)** (유다는 멸망해야 했지만) **그들을 애굽 땅에서 인도하여 내었나니 이는 내 이름을 위함이라** (20:9)

> ☞ 국가의 장래나 개인의 생사회복이 오로지 하나님께 달려 있다. 애굽(바로 왕)을 바벨론(느부갓네살 왕)이 쳐서 멸망시키게 하셨다.

6. **(공의를 믿고 범죄하면 죽으리라)** 그가(의인이) 그 공의를 스스로 믿고 죄악을 행하면 그 모든 의로운 행위가 하나도 기억되지 아니하리니 그가 그 지

겔

은 죄악으로 말미암아 곧 그 안에서 죽으리라 (33:13) 만일 **악인이 돌이켜 그 악에서 떠나 정의와 공의대로 행하면 그가 그로 말미암아 살리라** (33:19)

7. **(새 영을 너희 속에 두겠다)** 또 새 영을(*새로운 마음을*) 너희 속에 두고 새 마음을 너희에게 주되 너희 육신에서 굳은 마음을 제거하고 부드러운 마음을 줄 것이며 (36:26, 유사 11:19) 또 **내 영을 너희 속에 두어 너희로 내 율례를 행하게 하리니 너희가 내 규례를 지켜 행할지라**(*실천할 것이다*) (36:27)

8. **(그래도 구해야 한다) 그래도** 이스라엘 족속이 이같이(부족한 것이) **자기들에게 이루어 주기를 내게 구하여야 할지라** 내가 그들의 수효(*인구*)를 양 떼 같이 많아지게 하되(*불어나게 하겠다*) (36:37)

9. **(여호와삼마)** 그 날(제비 뽑아 이스라엘 자손에게 땅을 나눈 날) 후로는 그 성읍의 이름을 **여호와삼마**(여호와께서 거기 계신다는 뜻/ 에스겔서의 주제어)라 하리라 (48:35)

다니엘 [단] (1231쪽)

1. **(다니엘에게 꿈을 알려주시다)** (느부갓네살 왕의) 꿈과 그 해석을내게 보이라(알게하라) (2:6) 바벨론의 모든 지혜자들(다니엘 포함)을 다 죽이라 명령하니라 (2:12) 그들(사드락 메삭 아벳느고)로 하여금 구하게 하니라 (2:18) **그는 깊고 은밀한 일**(*심오한 것과 비밀*)**을 나타내시고 어두운 데에 있는 것을 아시며 또 빛**(지혜를 상징)**이 그와 함께 있도다** (2:22) 그 해석을 왕 앞에 아뢰리이다 (2:36-45 요약)

2. **(왕명을 거절하다)** 왕이여 우리가 섬기는 하나님이 계시다면 우리를 맹렬

겔
단

히 타는 풀무불 가운데에서 능히 건져내시겠고 왕의 손에서도 건져내시리이다 (3:17) **그렇게 하지 아니하실지라도** 왕이여 우리가 왕의 신들을 섬기지도 아니하고 (3:18)

- 느부갓네살이 분이 가득하여 ...극렬히 타는 풀무불 가운데에 던지라 하니라 (3:19-20) (천사가 구하매...왕이 그들을) 더욱 높이니라 (3:30)

3. **(다니엘의 기도)** (다니엘이 이 조서에 (다리오)왕의 도장이 찍힌 것을 알고도 자기 집에 돌아가서는) 윗방에 올라가 **예루살렘으로 향한 창문을 열고 전에 하던 대로 하루 세 번씩 무릎을 꿇고 기도하며** 그의 하나님께 감사하였더라 (6:10)

   - (정권이 바뀌자 다니엘을 시기한 고관들이 만든 금령을 어기게 되었으나 왕이 그를 사랑함으로) 왕이 다니엘에게 이르되 네가 항상 섬기는 너의 하나님이 너를 구원하시리라 하니라 (6:16)

4. **(네 짐승의 환상)** 네 짐승 〈**사자**(바벨론 느부갓네살) **곰**(메대와 바사) **표범**(헬라제국) **열 뿔과 쇠를 가진 짐승**(로마)〉은 장차 나타날 세상 나라의 등장과 몰락을, 하나님 나라의 영원한 승리를 보여 준다 (7장 요약)

5. **(말세의 현상)** (다니엘아 마지막 때까지 이 말을 간수하고 이 글을 봉함하라) **많은 사람이 빨리 왕래하며 지식이 더하리라** (12:4)

단호

호세아 [호] (1257쪽)

1. **(회개/ 용서)** 오라 우리가 여호와께로 돌아가자 **여호와께서 우리를 찢으셨으나 도로 낫게 하실 것이요 우리를 치셨으나 싸매어 주실 것임이라** (6:1)

2. **(여호와를 알자)** 그러므로 **우리가 여호와를 알자 힘써 여호와를 알자** (6:3) 나는

인애를 원하고 제사를 원하지 아니하며*(내가 바라는 것은 변함없는 사랑이지 제사가 아니다)* **번제***(제사)***보다 하나님을 아는 것을 원하노라***(더 바란다)* (6:6)

3. **(두 마음을 품으면 벌을 받는다)** 그들이 두 마음(속여 바알 신을 숭배하는 속이는 마음)을 품었으니 이제 벌*(죄값)*을 받을 것이라 (10:2)

4. **(여호와를 찾을 때라)** 너희가 자기를 위하여 공의를 심고 인애를 거두라*(정의를 뿌리고 사랑의 열매를 거두어라)* 너희 묵은 땅을 기경하라*(갈아 엎어라/* 신앙을 회복하라) 지금이 곧 여호와를 찾을 때니 마침내 여호와께서… 오사 공의를*(가서 정의를)* 비처럼 너희에게 내리시리라 (10:12)

5. **(배가 불러 나를 잊었다)** 그런즉 너의 하나님께로 돌아와서 인애와*(사랑과)* 정의를 지키며 항상 너의 하나님을 바랄지니라 (12:6)
- 그들이 먹여 준 대로 배가 불렀고 배가 부르니 **그들의 마음이 교만하여** 이로 말미암아 **나를 잊었느니라** (13:6)

6. **(여호와의 도는 정직하다)** (우상 관계를 단절할 때 내가 너를 지켜주고)*너는 필요한* ***생명의 열매를 나에게서 언제나 얻을 수 있을 것이다*** (14:8) 여호와의 도는 정직하니*(주님의 길은 올바르다)* **의인은** 그 길로 다니거니와 그러나 죄인은 그 길에 걸려 넘어지리라 (14:9)

호 욜

요엘 [욜] (1270쪽)

1. **(여호와께 돌아오라)** 너희는 **이제라도 금식하고 울며 애통하고** 마음을 다하여 내게로 돌아오라 하셨나니 (2:12) 너희는 옷을 찢지 말고 **마음을 찢고** 너희 하나님 여호와께로 돌아올지어다 그는 은혜로우시며 자비로우시며 노하기를

더디하시며 인애가 크시사 뜻을 돌이켜 재앙을 내리지 아니하시나니 (2:13)

2. **(이른 비와 늦은 비를 주신다)** 이른(가을철 파종기) 비와 늦은(봄철 수확기) 비가 예전과 같을 것이라 (2:23)

3. **(성령을 만민에게 주리라)** **그 후에**(*그런 다음에/ 2:27*) 내가 내 영(성령)을 만민에게(*종들에게까지도 남여를 가리지 않고 2:29*) 부어 주리니 너희 자녀들이 장래 일을 말할 것이며(*예언을 하고*) 너희 늙은이는(*노인들은*) 꿈을 꾸며 너희 젊은이는 이상(*환상*)을 볼 것이며 (2:28, 행2:17) **누구든지** 여호와의 이름을 부르는 자는 구원을 얻으리니(*주님의 이름을 불러 구원을 호소하는 사람은 다 구원을 받을 것이다*) (2:32)

☞ 오순절 날 모든 사람에게 성령이 강림하여 성취되었다(행2:1-4참조)

아모스 [암] (1275쪽)

1. **(비밀을 미리 보이신다)** 주 여호와께서는 자기의 비밀을 그 종 선지자들에게 보이지 아니하시고는(*미리 알리지 않고서는*) 결코 행하심이 없으시리라 (3:7)

2. **(하나님과의 만남을 예비하라)** 이스라엘아 **네 하나님 만나기를** (예배와 죄의 회개 등으로 합당하게)**준비하라** (4:12)

📖 마음이 청결한 자는 복이 있나니 그들이 하나님을 볼 것임이요 (마5:8)

3. **(회개를 재촉하다/ 아모스의 3가지 처방)** ① 너희는 나(여호와)를 찾으라 그리하면 살리라 (5:4) ② 너희는 악을 미워하고 선을 사랑하며 성문에서 정의를 세울지어다(*법정에서 올바르게 제판하여라*) (5:15) ③ 오직 정의를 물같

욜
암

이, 공의를 마르지 않는 강 같이 흐르게 할지어다 (5:24)

4. **(말씀을 듣지 못한 기갈이라)** 날이 이를지라 내가 기근을 땅에 보내리니 양식이 없어 주림이 아니며 물이 없어 갈함이 아니요 **여호와의 말씀을 듣지 못한 기갈**(배고픔과 목마름)이라 (8:11)

오바댜 [옵] (1284쪽)

1. **(나라가 주의 것이 될 것이다)** 구원 받은 자들이 시온(성전이 있는)산에 올라서 에서(선민을 괴롭힌 에서의 후손 에돔)의 산(영토)을 심판하리니*(다스릴 것이다)* **나라가 여호와께 속하리라** (1:21)

📖 세상 나라가 우리 주와 그의 그리스도의 나라가 되어 그가 세세토록 왕 노릇 하시리로다 (계11:15)

요나 [욘] (1287쪽)

1. **(요나가 이방선교 명령에 불순종하다)** 너는 일어나 저 큰 성읍 니느웨(이방 민족의 수도)로 가서 그것을 향하여 외치라 (1:2) **다시스***(스페인)***로 도망하려**…배에 올랐더라 (1:3) 여호와께서 …큰 바람을 바다 위에 내리시니 (1:4) 너희가 이 큰 폭풍을 만난 것이 (여호와를 피하여 도망한)**나 때문인 줄을** 내가 아노라 (1:12)

2. **(삼 일을 뱃속에 갇히다)** 여호와께서 이미 큰 물고기를 예비하사 요나를 삼키게 하셨으므로 **요나가 밤낮 삼 일**(예수 부활의 표적)**을 물고기 뱃속에 있으니라** (1:17)

암 옵 욘

3. **(물고기 뱃속에서 드린 요나의 기도)** 나는 감사하는 목소리로 주께 제사를 드리며 나의 서원을 주께 갚겠나이다 (이방 민족의)**구원은 여호와께 속하였나이다** (2:9) 여호와께서 그 물고기에게 말씀하시매 요나를 육지에 토하니라 (2:10)

4. **(니느웨 백성의 회개)** (하나님께 부르짖으며) **그 악한 길에서 돌이켜 떠난 것을 보시고 하나님이 뜻을 돌이키사** 그들에게 내리리라고 말씀하신 재앙을 내리지 아니하시니라 (3:10)

미가 [미] (1291쪽)

1. **(베들레헴에서 메시야가 나오리라)** **베들레헴** 에브라다야(베들레헴의 옛 이름) 너는 유다 족속 중에 작을지라도 이스라엘을 다스릴 자(다윗의 후손 메시야)가 네게서 내게로 나올 것이라 그의 근본은 상고에, 영원에 있느니라 *(그의 기원은 아득한 옛날, 태초에 까지 거슬러 올라간다)* (5:2)

📖 태초에 말씀(예수님)이 계시니라 (요1:1)

2. **(여호와께서 네게 구하시는 것은 6:8)** 오직 **정의를 행하며***(공의를 실천하며)* **인자를 사랑하며** 겸손하게 네 **하나님과 함께 행하는 것이 아니냐** (6:8하)

※ 카트 대통령이 좋아하는 구절

3. **(이스라엘의 타락에 대한 미가의 애가)** **아들이 아버지를** 멸시(경멸)하며 **딸이 어머니를***(에게)* 대적하며*(대들고)* **며느리가 시어머니를***(와)* **대적하리니** *(다툰다)* 사람의 원수가 곧 자기의 집안 사람이리로다 (7:6)

4. **(여호와는 구원의 빛이시다)** 나는 엎드러질지라도 *(다시)*일어날 것이요 **어두운 데에 앉을지라도***(지금은 어둠 속에 있지만)* **여호와께서** *(곧)* **나의 빛이** 되실 것임이로다*(되신다)* (7:8)

나훔 [나] (1299쪽)

1. **(피하는 자를 아신다)** 여호와는 선하시며 환난 날에 산성이시라 그는 자기에게 피하는 자들을 아시느니라 (1:7)

하박국 [합] (1302쪽)

1. **(나의 자리를 지키겠다)** 내가 **내 파수하는**(지킬) **곳**(초소)에 서며 성루에 서리라*(망대위에 올라가서 나의 자리를 지키겠다)* 그가 내게 무엇이라 말씀하실는지 기다리고 바라보며*(내가 호소하는 것에 대하여 주님께서 어떻게 대답하실지를 기다려 보겠다)* (2:1) 묵시(계시,환상)는 정한 때가 있나니... 비록 더딜지라도 기다리라 지체되지 않고 반드시 응하리라 (2:3)

2. **(이신칭의)** 보라 그의 **마음은 교만**하며 그 속에서 **정직**하지 못하나 의인은 그의 믿음으로 **말미암아 살리라** (2:4, 롬1:17, 갈3:11)

※ 바울의 이신칭의(믿음으로만 의롭다고 칭함을 받는다) 교리의 근거

3. **(주의 일을 할 때 경거망동하지 말라)** 오직 여호와는 그 성전에 계시니 온 땅은 그*(네)* 앞에서 잠잠할지니라 (2:20)

4. **(하박국의 기도)** 여호와여 내가 주께 대한 소문*(명성/하신 일)*을 듣고 놀랐

미
나
합

나이다 여호와여 주는 주의 일을 이 수년 내에 부흥하게 하옵소서 이 수년 내에 나타내시옵소서 진노 중에라도 긍휼*(자비)*을 잊지 마옵소서 (3:2)

<u>5.</u> **(하박국의 온전한 신앙고백)**... 외양간에 소가 없을지라도(삶의 위기가 닥칠지라도)(3:17) 나는 여호와로 말미암아*(주님 안에서)* **즐거워하며 나의 구원의 하나님으로 말미암아***(나를 구원하신 하나님 안에서)* **기뻐하리로다** (3:18) **주 여호와는 나의 힘이시라** (3:19)

스바냐 [습] (1306쪽)

1. **(공의와 겸손을 구하라)** 너희는 **여호와를 찾으며** 공의와 겸손을 구하라 너희가 혹시 여호와의 분(진)노의 날에 숨김을 얻으리라 (2:3)

<u>2.</u> **(너로 기뻐하리라/ 하나님의 이해)** 너의 하나님 여호와가 **너의 가운데에 계시니***(너와 함께 계신다)* (3:17상) **그는 구원을 베푸실 전능자이시라** (3:17중) **그가 너로 말미암아 기쁨을 이기지 못하시며 너를 잠잠히***(조용히)* **사랑하시며***(너를 보고서 기뻐하고 반기시고 너를 사랑으로 새롭게 해주시고)* **너로 말미암아 즐거이 부르며** *(너를 보고서 노래하며)* **기뻐하시리라** (3:17하)

학개 [학] (1310쪽)

<u>1.</u> **(성전을 재건축하라)** (바벨론 포로 귀환 후 착공 2년 만에 14년간 중단된 상황에서 학개에게) 너희는 산에 올라가서 **나무를 가져다가 성전을 건축하라** 그리하면 내가 그것으로 말미암아 기뻐하고 또 영광을 얻으리라 (1:8)

2. **(하나님과의 관계를 회복할 때에 복을 주신다)** (성전 재건 공사를 중단한 때에 깜부

기 재앙 등으로 소출이 줄었으나 너희가 내게로 돌이키지 않았다 2:15-19 요약) 그러나 **오늘**(성전 재건을 다시 시작한 날)**부터는 내가 너희에게 복을 주리라** (2:19)

스가랴 [슥] (1313쪽)

1. **(성전 재건은 하나님의 영으로 된다)** 이(성전 재건)는 힘으로 되지 아니하며 능력(*권력*)으로 되지 아니하고 오직 **나의 영**(성령충만)**으로** 되느니라 (4:6)

☞ 내 힘이 아닌 하나님의 힘으로 살 때 신앙생활이 변할 수 있다

2. **(포로 된 까닭/ 금식보다 순종을 원하신다)** 너희는 **진실한**(*공정한*) **재판을 행하며** 서로 **인애와**(*관용과*) **긍휼**(*자비*)**을 베풀며**(7:9) 과부와 고아와 나그네와 궁핍한(가난한) 자를 **압제하지**(*억누르지*) **말며 서로 해하려고** 마음에 도모하지 말라 하였으나(*동족끼리 해칠 생각을 하지 말아라*) (7:10)

3. **(나귀 새끼를 타신 예수)** 네 왕이 네게 임하시나니 **그는 공의로우시며 구원을 베푸시며 겸손하여서 나귀를 타시나니** 나귀의 작은 것 곧 **나귀 새끼** (겸손과 평화를 상징)니라 (9:9)

4. **(요새로 돌아오라)** **갇혀** 있으나 소망을 품은 자들아 너희는 (*이제*) 요새로 돌아올지니라... 내가 네게 갑절이나(*두배 로*) 갚을 것이라 (9:12)

5. **(여호와는 내 하나님이시라)** 그들이 내 이름을 부르리니 **내가 들을**(*응답할*) 것이며 나는 말하기를 **이는 내 백성이라** 할 것이요 그들은 말하기를 **여호와는 내 하나님이시라** 하리라 (13:9)

6. **(오실 메시야 예언)** 여호와(*주님*)께서 천하의(*온 세상의*) 왕이 되시리니 그

날에는 **여호와께서 홀로 한 분**이실 것이요 **그의 이름이 홀로 하나이실 것이라**(*그 날이 오면, 사람들은 오직 주님 한 분만을 섬기고, 오직 그분의 이름 하나만으로 간구할 것이다*) (14:9)

📖 오직 유일한 여호와시니 (신6:4) /※ 세계인의 선호 구절 ('16년 성경 앱 통계)

말라기 [말] (1327쪽)

1. **(순결한 예배를 원하신다)** 나 하나님께 은혜를 구하면서 우리를 불쌍히 여기소서 하여 보라 **이같이**(주를 멸시, 더러운 떡과 속인 재물로 제사) **행하였으니 내가 너희 중 하나인들 받겠느냐** (1:9)

📖 눈 먼 희생물, 훔친 물건, 병든 것, 흠이 있는 것들을 속여 제물로 드리면서 은혜를 구하면 받지 아니하고 저주가 임할 것이다 (1:6-14 요약)

2. **(멸시와 천대를 당한 제사장)** 제사장은 만군의 여호와의 사자가 됨이거늘 (*주 나의 특사이기 때문이다*) (2:7) 너희는 옳은 길에서 떠나 많은 사람을 율법에 거스르게 하는도다 (2:8) **내 길을 지키지 아니하고** 율법을 행할 때에 **사람에게 치우치게** 하였으므로(*너희가 나의 뜻을 따르지 않고 율법을 편파적으로 적용한 탓이다*) 나도 너희로 하여금 **모든 백성 앞에서 멸시와 천대를 당하게**(*받게*) **하였느니라** (2:9)

3. **(아내를 배신하지 말아라)** 그는 네 짝이요 너와 서약한 아내로되 네가 그에게 거짓을 행하였도다(*그 여자는 너의 동반자이며, 네가 성실하게 살겠다고 언약을 맺고 맞아들인 아내인데도, 네가 아내를 배신하였다*) (2:14)
- 오직 **하나**(한 남편에 한 아내)를 만들지 아니하였느냐(창2:24참조) **이**(일부일처제)는 **경건한 자손을 얻고자 하심이라** 그러므로 네 심령을 삼가 지켜

(너희는 명심하여) **어려서 맞이한***(젊어서 결혼한)* **아내에게 거짓을 행하지 말지니라***(아내를 배신하지 말아라)* (2:15)

4. (하나님의 것을 도둑질하지 말라) 우리가 어떻게 하여야 (하나님께) 돌아가리이까 하는도다 **사람이 어찌 하나님의 것**(십일조와 봉헌물)**을 도둑질 하겠느냐** (3:7-8) 나의 것을 도둑질하였으므로 너희가 저주를 받았느니라 (3:9)

5. (십일조로 하나님을 시험하여 보라) 너희의 **온전한 십일조를 창고에 들여** 나의 집에 양식이 있게 하고 **그것으로 나를 시험**(확인)**하여** 내가 하늘 문을 열고 **너희에게 복을 쌓을 곳이 없도록 붓지 아니하나 보라** (3:10)

📖 십일조는 모든 사람에게 알맞은 하나의 투자 방법이다 (템플톤)/ ☞ 하나님을 시험하지 말라 (눅4:12, 민6:16) 하셨으나 십일조는 예외로 두시고 복의 근원이신 하나님의 신실하심을 확인하게 하셨다/ ※ 록펠러는 어머니와의 신앙 약속을 잘 지켜 세계 최고 부자가 되었다 ① 십일조 생활을 해야 한다 ② 교회에 가면 맨 앞자리에 앉아 예배를 드려야 한다 ③ 교회 일에 순종하고 목사님의 마음을 아프게 하지 않는다.

6. (기념책에 기록하셨다) 여호와를 **경외하는 자와 그 이름을 존중히 여기는 자를** 위하여 여호와 앞에 있는 **기념책***(비망록)***에 기록하셨느니라** (3:16)

7. (주의 날이 온다) 용광로 불 같은 날이 이르리니*(용광로의 불길같이, 모든 것을 살라 버릴 날이 온다)* **교만한 자와 악을 행하는** *(악한 일을 하는)* **자는 다 지푸라기 같을 것이라***(같이 타 버릴 것이다)* (4:1)

- (그러나) **내 이름을 경외하는 너희에게는 공의로운 해가**(메시야가) **떠올라서 치료하는 광선을 비추리니***(죄인들을 치유하여)* 너희가 나가서 외양간에서 나온*(풀려 난)* 송아지 같이 뛰리라*(처럼 뛰어다닐 것이다)* (4:2)

☞ 록펠러는 자신이 **병에 걸린 것이 하나님의 뜻**(주라…눅6:38)임을 알았다. "건강을 돌려주십시오. 하나님의 뜻에 따라 번 돈을 쓰고 싶습니다"고 기도했다. → 그는 50세에 사망 선고를 받았지만 세계 최고 자선 사업가가 되고 98세까지 골프를 치며 건강하게 살 수 있었다.

8. **(율법을 준수하라/ 구약의 결론)** 너희는 내가 호렙(시내산)에서 온 이스라엘을 위하여 **내 종 모세에게 명령한 법**(율법) **곧 율례와 법도를 기억하라** (4:4)

9. **(세례 요한을 먼저 보내겠다)** 보라 여호와의 크고 두려운 날(예수의 강림)이 이르기 전에 **내가 선지자 엘리야**(세례 요한)**를 너희에게 보내리니**(*너희에게 엘리야 예언자를 보내겠다*) (4:5)

📖 오리라 한 엘리야가 곧 이 사람(세례 요한)이니라 (마11:14)/ ☞ 구약 시대(세례 요한까지/ 예수 출생 이전)를 마무리하고 새로운 시대(신약 시대 : 재림 이전)가 열리다

〈하버드 대학교 도서관에 붙어 있는 명문 30훈 중에서〉

① 잠을 자면 꿈을 꾸지만 지금 공부하면 꿈을 이룬다.

② 오늘 할 일을 내일로 미루지 마라

③ 피할 수 없는 고통은 즐겨라.

④ 성적은 투자한 시간의 절대량에 비례한다.

⑤ 공부는 시간이 부족한 것이 아니라 노력이 부족한 것이다.

⑥ 미래에 투자하는 사람은 현실에 충실한 사람이다.

⑦ 공부할 때의 고통은 잠깐이지만 못 배운 고통은 평생이다.

⑧ 늦었다고 생각했을 때가 가장 빠른 때다.

〈주요 성경 낱말의 뜻〉

1. 고르반 : (부모님께 드릴 것을)하나님께 드림이 되었다 (막7:11)
2. **그리스도** : 기름부음을 받은 자/ 구세주/ 메시야
3. 노엘 : 크리스마스를 상징 프랑스어 (큰 기쁨의 좋은 소식)
4. 달리다굼 : 일어나라 (막 5:41)
5. 마스길 : 깨닫다. 교훈
6. 만나 : 이것이 무엇이냐 (출16:15)
7. 에바다 : 열리라 (막7:34)
8. 모세 : 물에서 건져냄 (출2:10)
9. **벧엘** : 하나님의 집 (창28:17)
10. **살롬** : 평화, 평강(축복 삿6:24), 히브리어 인사(안녕하세요),
11. 셀라 : 찬양하다. 올림. 목소리 높여 찬양하라 (시편에 71회 사용)
12. 실로암 : 보냄을 받았다 (요9:7)
13. **시온** : 예루살렘의 시적 예언적 명칭.다윗 왕국의 수도. 유대
14. **아멘** : 믿습니다. 그렇게 되기를 소원합니다.(고전14:16) 진실로
15. 에벤에셀 : 여호와께서 여기까지 도우셨다 (삼상7:12)
16. **예수** : 하나님은 구원해 주신다 (마1:21)
17. 여두둔 : 찬양하라/ 다윗 왕 때의 3대 찬양대원. 악사(대상25:1-3)
18. 여호와 닛시 : 여호와는 나의 깃발 (출17:15) / 하나님의 승리를 상징
19. 여호와 라파 : 치료하시는 하나님 (출15:26)(말 4:2)
20. 여호와 살롬 : 여호와는 평강이시다/ 기드온이 단을 쌓고 붙인 이름 (삿 6:24)
21. 여호와삼마 : 여호와께서 거기에 계시다 (겔 48:35)
22. 여호와 이레 : 여호와께서 예비하심 (창22:14)
23. **임마누엘** : 하나님이 우리와 함께 계시다 (마1:23)
24. **할렐루야** :(너희들아) 여호와를 찬양하라 (구약160회)(계19:1-6)
25. **호산나** : 오! (우리를) 구원해 주시옵소서 (마21:9)

〈신나는 교회 건축 이야기 (간증)〉

하나님의 뜻에 합한 일에는 출애굽 때와 같은 하나님의 전적 인도와 헤아릴 수 없는 섭리와 예정하심이 지금도 매일 일어나고 있다는 것을 증언합니다. (신나는 건축 이야기. 2014.12.25/ 염광 교회 발행/ 참조 요약)

1. 손으로 기록하고 입으로 말한 그대로 다 이루어지다.

40억 원을 투자하여 2014년에 준공한다는 "교회건축 장기계획서"를 공동의회에 보고(2007.8월/)한 바 있으나, 인접 토지 매입 계약이 해약되어 재건축을 포기해야했다(2012.1월).그러나 7년 전 공동의회에 보고한 대로 **2014년에 준공되었고 총 투자액도 40억178만원으로 차이가 거의 없었다.** 사람은 계획을 세웠다가 포기도 하지만 하나님께서는 그것을 기억하시고 세밀하게 성취시키셨다.

또 교회 재건축계획서(2013.11월)상의 세부 내역은 계약금액 33억 원, 차입금 10.5억 원, 준공일 2014.12.24.일, 건축 작정헌금 9억 원이었다. 실제로 **계약금액과 차입금과 준공일은 재건축계획서와 단 1원도 단 하루도 차이가 없었고 건축 작정헌금도 2백만 원밖에 차이가 나지 않았다.** 마침내 구 건물 철거 8.5개월 만에 907평(지하2층, 지상4층)의 아름다운 성전이 준공되었다. 이렇게 빨리 준공되고 **계획한 숫자 여섯 가지가 말한 대로 모두 이루어진 것은** 오직 하나님의 은혜란 말 외에 달리 설명할 방법이 없다.

2. 응답되지 않는 기도에는 하나님의 깊은 뜻이 있었다.

인접 듀론빌딩(대지149평)을 사지 않고는 지상교회 건축이 불가능하기 때문에 온 성도들이 합심하여 듀론빌딩를 달라는 기도를 수년간하고 있던 중에 그 물건이 급매(10억원 할인)로 나와 28.7억 원에 매입계약을 체결(2011.3월)하였다. 그러나 이

중 매매로 해약되어 자연 지상에 본당을 갖춘 재건축을 포기해야 했다. 그러나 2년 후, 리모델링을 검토하다가 강대상의 위치만 180도 바꾸면 현 부지에 지상교회 건축이 가능하다는 설계사무소를 만나 **재건축을 하게 되면서 옆 건물 매입을 하나님께서 급히 막아 주셨다는 사실을 알게 되었다.** 만일 그때 그 토지를 매입해 달라는 기도가 응답되었다면 그 부채 때문에 **새 성전은 건축할 수 없었다는 사실이다.** 하나님은 교회의 능력에 맞는 현대지 위에 건축을 원하셨다. 그래서 더 좋은 것을 주시려고 토지매입 기도에 응답하지 않은 것이었다.

교회 뒤쪽 주택 2 가구도 매입하려고 하였고 팔지 않을 이유가 거의 없는 데도(11.2평 건축 가능 토지로) 이상하게도 매입할 수 없었다. 만약 그 집들을 구입하였다면 소음과 과잉투자와 준공 지연(암반) 등으로 교회가 큰 어려움에 빠질 수밖에 없었다.

3. 기도하면 모든 것이 합력하여 선을 이룬다.

새 성전 건축을 위한 특별새벽기도를 하였다. 통상 한 달 이상 걸리는 **건축허가가 신청 11일**(공휴일 제외) **만인** 2014년1월27일에 나왔다. 상세 설계도서(약3,500쪽 분량)가 3월에 나오면 4월에 착공할 판이다. 단 수의계약의 특혜를 주는 조건으로 상세설계 계획 가격(39억원) 대비 15% 싼 가격(33억원)으로 적격 업체를 찾아보고 2월9일 입찰공고를 내기로 하였다. 다행히 지명한 4개업체 중 (주)이공이 공사 승낙을 하고 43시간 만에 (상세 설계도는 한 달 뒤에 주기로 하고) 공사 계약을 체결했는데(2.10일), 회장은 이 계약이 한 달간 해외 선교한 선물이라며 기뻐하셨다. **업자는 "성탄절에 입당 예배를 하려면 착공 일자를 한 달 앞당겨 우기 이전에 지하층 공사를 마쳐야 한다"**고 말하였다. 정말 하나님은 설계업체와 시공업체를 지명하고 계약 금액과 준공 일을 계획서와 맞춤으로써 하나님의 뜻을 이루고 새 성전도 저절로 지어졌다. 이것이 바로 "하나님의 은혜요 사람의 노력으로 되는 것이 아니다"는 것이다.

새 성전 건축을 결정했지만 **예배장소**(600여석)**와 임시 사무실 준비는 생각하지 못했다.** 주일예배는 그동안 우리 교회와 유대관계를 맺고 있는 인근 학교 강당을 임대하면 되겠다는 생각을 했는데 주일 하루 임대료가 100 만원이고, 또한 장기 임대도 불가능하였다. 우연히 지역 국회의원을 통하여 구민회관(540석: 새 성전도 540석)을 소개받았으나 한 달에 2,3회만 예배처소로 임대가 가능하다고 했다. 그러나 그 해(2014년)에는 세월호 사건이 발생되어 추모 분위기로 **구민회관을 빌려 행사를 하려고 하는 자는 우리 교회밖에 없어서 그곳에서 계속하여 예배를 드릴 수 있었다.**

또 공사 중 사무실, 새벽기도, 아동센터로 사용할 계획이었던 유치부 건물을 철거하고 급히 임차해야 할 형편이 되었다. 인근의 정석학원을 임대한다는 소문이 있어 건물 주인을 수소문하여 **2시간 후에 건물 임대차계약을 맺었다.** 사무실, 새벽, 수요, 금요예배, 아동센터 문제들이 한꺼번에 해결되었다. 그 건물은 수리, 방음 공사가 필요 없고 그대로 사용하면 되고 규모(46.5평)도 아주 적당할 뿐 아니라 비어 있는 건물로 이 또한 하나님께서 미리 준비하신 장소임이 분명하였다.

4. 하나님은 미리 준비하시고 기다리고 계셨다.

처음부터 40억 원의 건축자금이 필요하다는 사실을 알았다면 건축을 시작하지 못했을 것이다. 1년 예산이 7억 원에 불과한 교회가 매월 3-6억 원의 공사비를 정한 날짜에 지급하는 것은 불가능하기 때문이다. 그러나 **건축을 시작하도록 성령이 역사(섭리)하고 공사비도 하루의 오차도 없이 신비로운 방법으로 아주 손쉽고 정확하게 부족함이 없도록 채워 주셨다.**

주택 경기가 최악인 2014년2월에 번동에 있던 교회 사택이 매각 되어 교직원 사택과 사무실의 임차보증금이 해결되었고, 담임목사 사택도 공사비 잔금 지급일에 맞추어 예약 매각(2014.7월)되었다,

1차 부족자금 3억 원은 1주 전에 동업자가"돈 필요하면 은행 이자만 내고 대출을 인수하라"는 제안이 있어서 해결되었고, 2차 부족자금 4억 원은 익년 1월에 받기로 한 상가 매각 대금을 매수자 사정으로 미리 지불하겠다고 하여 이를 받아 해결되었고, 마지막 잔금은 예약 매각된 사택 잔금(4억)과 생각지 않은 통행권분쟁이 합의되고, 그다음 날에 더 비싸게 매각(3.5억)되어 해결되었다.

은행이나 아는 사람 누구에게도 먼저 돈을 부탁하거나 차입 서류에 도장을 찍은 적이 없다. 필요할 때마다 누군가가 제안하고 또 주겠다고 하여 받았을 뿐이다. (철거된) 선교관을 매입(8억원)할 때에도 이런 역사(하루 내지 1주일 전에 백만 원 단위까지 알맞게 매입 자금이 조달되는 역사)(빛과 소금 책 237쪽)가 있었다.

진실로 **공사비 지급일에 꼭 맞추어서** (나의)**상가들이 줄지어 매각되어 교회 건축 자금 대출도**(상가 건축 때 받은 그 대출을 교회가 간단히 양수하는 방법으로) **쉽게 해결되고,** 상가 건축(2013년,가운동에 9동 상가 신축)을 통해 (자본금 3억원의) 10배의 축복을 받았고 또 건축위원장직을 잘 수행할 수 있도록 설계, 허가, 계약, 업자의 생리 파악 등의 건축 훈련을 시키셨다. 이는 일련의 신나는 교회 건축 과정이라 생각한다.

5. 하나님은 급박한 기도에는 바로 응답하신다.

벽돌공사가 지연 완료(10월 말)된 후에 준공이 걱정되어서 현장 소장에게 성탄절 준공에 대해 물어 보니 "제가 40개 교회를 건축해 봤지만 죽었다가 깨어나도 성탄절 준공은 불가능하다고" 했다. 너무나 답답하여(입당 예배에 보고할 책은 인쇄 중이고) 12월22일 밤 9시20분에 건축위원과 장로 모두에게 12월 24일까지 **준공이 나도록 긴급 특별 기도하자는 문자를 보냈다.** 근데 12월24일 오전과 오후 두 차례나 구청에서는 이웃의 민원 등으로 공사 현장에 왔다가 가고... **그럼에도 불구하고 준공 시한 24분 전인 17:36분에 준공이 떨어졌다.** 악성 민원이 시작될 그 찰나에 준공이 났다. 공사업체인 (주)이공 사장도 정말 준공되었느냐고 2번이나 현장 직원에게 전화할 정도의 기적이 일어난 것이다. 준공 후에 담장을 쌓고 사택 창문에 가림막을 설치하고서야 민원이 해결되었다.

또 지하 터파기 중 바위를 깨는 소음으로 인근 학교와 주민들의 공사 소음에 대한 민원으로 공사 진행이 어려워 긴급 터파기 기도회(5월 13-16일)를 하였는데 이웃 주민들이 모두 밖으로 나가고 집에 없었다. 정말 전농초교의 방학이 시작될 때까지 공사를 중단할 순간에 터파기 공사를 마무리(5월20일)하고 기초공사를 할 수 있게 하셨다.

6. 성전 건축은 하나님이 기뻐하시는 일로 축복의 통로이다.

나는 성전 건축할 때에 ××를 헌금하게 해달라는 서원기도를 7년간 드렸고 성전 건축 당시 10배로 축복해 주심으로 서원기도가 이루어졌다. 선교관 구입 헌금 후에 교회의 감사 헌금이 42%, 십일조 헌금 26% 늘었고 이듬해에도 전년에 비해 헌금이 30%나 증가함으로 수년간 성도들이 큰 복을 받았다는 사실이다.

건축면적은 62% 늘었으나 오히려 관리비는 줄었고 더불어 성도의 건축헌금도 12.4억 원으로 예산(9억 원) 대비 37.5%나 초과하였다. 온 성도들이 하나로 결속되고 신나게 건축되었다. 이 불황기에 우리 교회의 **나눔과 복지 예산은 건축 전 20%에서 40%로 배로 증가하였다.** 부채도 계획한 대로 7년 만에 상환 완료하였다.

중형 교회에 시무하는 전두호 위임목사는 대한예수교장로회 총회(제100회)에서 정치 부장 및 총회 연금재단 이사장의 중책을 동시에 맡았다. 참으로 건축이 축복의 통로임이 분명하다.

이 책은 교보문고, 영풍문고, Yes24, 알라딘, 인터파크를 비롯한 대형 서점 및 온라인서점에서 손쉽게 구매하실 수 있으며, 기타 전국서점에서도 주문하실 수 있습니다.

5% 요약성경[명언]

초판 발행 2025년 9월 15일

엮은이 오세환
펴낸이 방성열
펴낸곳 다산글방

출판등록 제313-2003-00328호
주소 서울특별시 마포구 동교로 36
전화 02-338-3630
팩스 02-338-3690
이메일 dasanpublish@daum.net
iebookblog@naver.com
홈페이지 www.iebook.co.kr

ISBN 979-11-6078-371-1 03230